# 円谷英二の卓越化

特撮の社会学

The Distinction of Eiji Tsuburaya

真鍋公希
Koki Manabe

ナカニシヤ出版

# まえがき

これから三〇分、あなたの目はあなたの体を離れ、この不思議な時間のなかに入っていくのです…

――『ウルトラQ』（1966）

映画が誕生して以来、私たちはスクリーンを介して非日常の光景を見ることができるようになった。たとえば、火山が噴火し、地震によって大地は割れ、嵐で大木がなぎ倒されるといった大自然の驚異。実戦さながら、あるいは実戦以上にアクロバティックな戦闘機の空中戦や、爆撃で瓦礫の山となった街並み。それだけでなく、映画では現実にはありえない光景までもが視覚化される。星々がきらめく宇宙の果てや深海の底にある異世界も、目の前で人が液状に変形し、近未来的なデザインのメカが光線を放ち、巨大な怪獣が街を闊歩する空想の世界も、映画は生き生きとした動くイメージとして描き出すことができる。

このような映像を作り出すうえで重要な役割を果たしてきたのが特撮（特殊撮影技術）である。特撮によって表現されたスペクタクルは、それが作り物であるとよく知られているにもかかわらず、人々に鮮烈な驚きやショックを与えてきた。その映像は、現実にはありえない不思議な出来事がたしかに起こっているように感じさせ、私たちをスクリーンのなかの物語世界へと誘う。一方で、その光景はどこか訝しく、それが作り物にすぎないことを暗に伝えている。そこに漂う「嘘くささ」は観客にタネを推理するよう促し、舞台裏への興味をかきたてる。こうして私たちは、スクリーンに映し出された映像を信じることと疑うことのあいだを何度も往復させられる。その独特の経験は、心地よいめまいのようなものだ。

ただ非日常の光景が描かれるだけでなく、それが見る者の信疑の感覚を揺るがすものでもあること。特撮のセンス・オブ・ワンダーは、この二重の意味において成立している。本書は、このような特撮を見る経験の魅力をめぐる探究の第一歩である。

その特撮に対する注目が、近年、再び高まっている。きっかけは、二〇一二年の夏に東京都現代美術館で開催された企画展「館長庵野秀明 特撮博物館 ミニチュアで見る昭和平成の技」(以下、特撮博物館)が大きな話題を呼んだことだった。二九万人を超える来場者を集め(氷川 2014: 6)、その後、松山、長岡、名古屋、熊本の四都市を巡業したこの企画展は、CGなどのデジタル技術の普及によって利用機会が激減し、散逸の危機に瀕しているミニチュアなどの中間制作物に光を当てた。また、文化庁が主導するメディア芸術情報拠点・コンソーシアム構築事業では、二〇一二年度から三年間をかけて「日本特撮に関する調査」が実施され、特撮史の整理や戦後に活躍したスタッフへの聞き取りが進められた。さらに、二〇一九年に円谷英二ミュージアムが、翌年には須賀川特撮アーカイブセンターが福島県須賀川市に相次いで開館したほか、二〇二二年には特撮博物館が開催された東京都現代美術館で、特撮美術監督の井上泰幸の生誕一〇〇年を記念した展覧会も開催された。このように、ここ十年ほどで、特撮を「日本に固有の文化」として再評価する動きが進んでいる。

そして何より、『シン・ゴジラ』(二〇一六)と『シン・ウルトラマン』(二〇二二)の大ヒットである。この二作品は、特撮ジャンルの主たる観客層であった子どもや熱烈なファンのみならず、多くの一般観客を獲得した。それだけでなく、『シン・ゴジラ』は第四〇回日本アカデミー賞で作品賞をはじめ七つの最優秀賞まで受賞している。この二作品の成功は、特撮ジャンルにとって、一九五四年の『ゴジラ』が九六〇万人を動員し、一九六六年の『ウルトラマン』が最高視聴率四二・八%を達成して以来の快挙といっても過言ではない。

このゴジラやウルトラマンの「生みの親」と呼ばれているのが円谷英二(一九〇一-一九七〇)である。円谷は特撮の必要性がなかなか認められない時代から苦労を重ねて技術開発に邁進し、その努力は戦中のプロパガンダ映画や戦後の空想科学映画で結実した。その結果、精巧なミニチュアや着ぐるみを軸とする制作スタイルと、SF、戦争、怪獣・ヒーローものなど多岐にわたる作品を含む特撮ジャンルが確立され、今日に至っている。このように紹介されることの多い円谷は、その功績から「特撮の神様」とも称される。むろん、近年の特撮リバイバルも円谷が切り拓いた道の延長線上にある。

それゆえ、円谷についてはすでに多くの関連書籍が刊行されており、制作時のさまざまなエピソードが語られ、幾多の議論が展開されてきた。本書は、こうした蓄積を踏まえつつ、それらを社会学的な観点から再記述することによって、円谷についての理解を更新することを目指している。

円谷英二はなぜ、どのように「特撮の神様」になったのか。これが本書の中心となる問いである。こういうと、この問いをナンセンスに感じる人もいるかもしれない。戦中の『ハワイ・マレー沖海戦』（一九四二）や『ゴジラ』、そして『ウルトラマン』によって今日の特撮ジャンルの礎を築いたのだから、円谷が「特撮の神様」と呼ばれるのは当然ではないか、と。

だが、それが当たり前にみえるのは、円谷が「特撮の神様」と呼ばれるようになった現在の視点から振り返っているからにほかならない。潜在的には、キャメラマンであった円谷が特撮という未開拓の道を選ばない可能性も、ほかの技師たちとの競合に敗れる可能性も、『ゴジラ』の成功が一時的な流行で終わってしまう可能性もあったはずだからだ。現実には顕在化しなかったこうした可能性を視野に入れるなら、円谷が「特撮の神様」と呼ばれていることを自明のものとして片付けることはできない。本書が問うのは、このような複数の可能性のなかから私たちのよく知る現実の結果が浮上する過程と、それを生じさせた社会的背景である。

フランスの社会学者ピエール・ブルデューは『芸術の規則』のなかで、『ボヴァリー夫人』や『感情教育』を著した小説家ギュスターヴ・フローベールを論じているが、その一節で次のように述べている。

私たちが「先駆者」として扱うことで暗黙のうちにイメージしている人物としての彼〔フローベール〕は、すでに一定の仕事をなしとげており、それによって芸術の世界は変貌させられてしまったわけだが、それ以前の芸術世界において若いフローベールがなさねばならなかったこと、なそうとしたことを、まだ〔「先駆者」としての〕フローベールになっていない段階のフローベールの視点に立って見出そうと努めるのでなければ、彼の事業の独創性は明らかにはならないのである。(Bourdieu 1992: 145=1995: 160)

この引用の「芸術」を「映画」に、「フローベール」を「円谷英二」に置き換えてみてほしい。これこそが、まさに本書の立場である。

そして、本書のタイトルにある「卓越化」も、ブルデューが提出した「場の理論」における鍵概念の一つにほかならない。フランス語の原語は distinction であり、英語と同じく「区別」や「差異」を意味するが、ブルデューはこの概念に「他者との差異によって自身を際立たせる」というニュアンスを与えた。「俺はあいつとは違う」というわけだ。

もっとも、ブルデューにしたがえば、この差異化＝卓越化は常に主観的に自覚されているわけではない。たとえば、作家は「自身の理想に近づくために」あるいは「この表現が最適だから」と考えて、ほかの作家と違う表現を選択しうる。だが、その選択は否応なく周囲の評価にさらされ、作家たちの序列を生じさせる。こうして評価された一握りの作家たちが、「大作家」としての地位を築くのだ。巨視的に見れば、この過程は他者との差異を示すことで自身を卓越した存在へと高めるものになっている。

特撮という未開拓の領域に進み、ゲテモノといわれた怪獣映画を手掛け、電気紙芝居と揶揄されたテレビに率先して進出した円谷英二。当時の映画業界の常識にとらわれないこうした選択によって、彼は最終的に「特撮の神様」という唯一無二の存在へと聖化された。これを卓越化と呼ばずして何といおうか。

それゆえ、円谷英二はなぜ、どのように「特撮の神様」になったのか、という本書の中心的な問いは、円谷の卓越化の過程を問うことにほかならない。本書では、場の理論に依拠してこの過程を明らかにするとともに、それがもつ社会学的な含意を示すことを試みる。そして、この卓越化の過程で成立したのが冒頭で述べた特撮を見る経験である、というのが本書の見立てである。

*

議論に入る前に、本書の全体像を確認しておくことにしよう。まず、第一章では、特撮や円谷英二に関する先行研究を整理し、本書で取り組む問いを明確化する。次に、第二章では、場の理論の概要を紹介するとともに、理論的な問題設定を行うことで、円谷の分析を通して明らかになるであろう社会学的な知見を示す。第二章は理論的な検討が中心のため、円谷の分析に興味がある方は、この章を読み飛ばしていただいてもかまわない。分析で用いる重要概念は第二章の最後にまとめたので、適宜参照してほしい。

第三章では、円谷の経歴を概観するとともに、彼の執筆記事の傾向変化を数量的に分析する。これによって、円谷の執筆記事の傾向が、映画産業に参入してから『ゴジラ』が成功するまでの前期（〜一九五四年）、『ゴジラ』の成功から円谷特技プロダクションを設立するまでの中期（一九五五〜一九六二年）、円谷特技プロダクションの設立から死去するまでの後期（一九六三〜一九七〇年）の三つの時期で異なることを示す。

第四章から第六章が、各時期の円谷の執筆記事や作品制作の分析である。前期の円谷を論じる第四章では、当時の円谷が置かれていた映画産業内での状況に加えて、執筆記事での主張や作品制作にみられる円谷の傾向性についても検討する。中期を扱う第五章では、『ゴジラ』の成功を受けて円谷の記事執筆や作品制作がどう変化したか、そして、それが当時の映画業界でどのような意味をもっていたかについて論じる。後期の円谷が対象となる第六章では、映画産業の斜陽化に円谷がどう対処していったかが主題となる。

そのうえで、第七章では、円谷の記事執筆・作品制作が当時の観客にどのように受け止められ、引き継がれていったのかについて検討する。当時の観客の受容の様相については、アメリカの映画学者トム・ガニングが提示した「アトラクション」概念と映画の「動き」への注目という二つの論点が手掛かりとなる。また、円谷の記事執筆に加えて、一九六〇年代後半の少年マンガ雑誌に掲載された記事の影響についても考察する。

最終章の第八章では、本書の議論全体を振り返るとともに、現代の特撮文化が円谷をどう継承しているかについて論じる。また、付録では、第五章の議論で参照した多重対応分析についてデータの性質や解釈の過程を提示している。

さて、これから本格的な議論に入るが、分析の俎上に載せられるエピソードのほとんどは、すでにファンのあいだではよく知られたものである。その意味で、本書は円谷に関する新たな「事実」を提示するものではない。だが、視点が変われば同じ対象も異なって見える。ちょうど、特撮の映像が本当の街並みに見えることもあれば、ミニチュアに見えることもあるように。それと同じく、本書では周知の「事実」を社会学の視点から論じることで、そこに潜在する新たな意味を見出していきたい。

目次

【凡　例】

一、引用文中の〔〕は、原則として原文の前後関係を示すなどの目的から、引用者が追加・整理した情報を示している。

一、引用文において原文に存在する強調記号はすべて「、」に統一し、ルビは原文のまま抜き出している。引用者が追加した強調およびルビの場合のみ、その旨を〔〕または注で明記している。

一、引用文中の句点の後に続く／は、原文における改行を示している。

一、引用文中の旧仮名遣いおよび旧字体は現代仮名遣いおよび常用漢字に修正している。

一、本文中で言及する個々の映像作品や雑誌・書籍等の出版物のタイトルは、本文中ではすべて『』で表記している。ただし、引用文中ではこの限りではない。

一、映像作品のタイトルに続けられた（）は、映画作品の場合は封切り年、テレビ番組の場合は放送開始年を示しており、各章の初出にのみ掲載している。ただし、前後の本文中で公開年に言及する場合、および引用文中ではこの限りではない。

一、引用した書誌情報に関して、雑誌の場合は雑誌タイトルと巻号数およびページ数を、新聞記事の場合は新聞タイトルと朝刊・夕刊の区別および発行年月日を、そのつど表記している。なお、特定の雑誌については書誌情報の表記法を別途注で指示している。

一、邦訳のある文献からの引用に際しては、原文を参照した場合は、原文と邦訳の両方のページ数を表記している。また、この場合に限り、邦訳を参考にしつつも、訳語を統一するなどの目的で若干の変更を行った。なお、参照した邦訳と大きく文意が変わる場合は、注記でその旨を記載している。

一、円谷英二の執筆記事については『定本 円谷英二 随筆評論集成』から引用した。この引用については、（初出年『初出文献』：集成のページ数）という表記で統一している。

# 第一章　円谷英二の謎

日々刊行されている関連書やファンによる同人活動など、特撮に関する研究や論考は膨大な量にのぼる。とりわけ、作品の含意やテーマを検討する批評的な論考は無数に存在しており、なかでも『ゴジラ』（一九五四）は、現在でも様々な論が展開される特権的な作品となっている。[1] こうした論考には興味深いものも多いが、円谷が「特撮の神様」へと聖化された過程とその背景を問う本書とは議論の水準がまったく異なるため、本章の検討からは外れている。

また、もちろん円谷に関連する文献も星の数ほどある。その内容も多岐にわたるが、おおむね、資料の収集・整理に重点を置いているか、それとも分析・考察が中心となっているかによって二つのグループに分けることができる。

前者としては、特撮研究の第一人者である竹内博が円谷の執筆記事を整理し、年譜やフィルモグラフィを付した『定本 円谷英二 随筆評論集成』（円谷・竹内 2010）が挙げられる。特撮ジャンルの歴史的展開や文献リストの構築、スタッフへのインタビューを取りまとめたメディア芸術情報拠点・コンソーシアム事業「日本特撮に関する調査」の報告書（平成二四年度版〜平成二六年度版）も、こちらに含めてよいだろう。そのほか、制作スタッフのインタビュー

［1］この種の研究としては、高橋敏夫（1998, 1999）や加藤典洋（2010）などが挙げられる。

集（八木編 2022; 別冊特撮秘宝編集部 2016; 東宝ゴジラ会 2010）なども高い資料的価値を有した文献といえる。ここに挙げたのはほんの一部だが、それだけでも、円谷に関する基礎的な情報や資料の整理、制作時のエピソードの蓄積が進んでいることがわかる。本書は、これらで示された情報に基づいて議論を展開している。

後者としては、一九八三年に初版が刊行された『円谷英二の映像世界』（竹内・山本編 2001）や各種の雑誌、ムック本などに掲載されている諸論考が該当する。また、資料の徹底した検証を行った鈴木聡司（2020）や白石雅彦（2016a, 2016b, 2017）も、こちらに含めることができるだろう。この章では、これらの議論のうち、本書の問いと関連のあるものを検討することで、これから取り組む具体的な課題を明確にしたい。

ところで、本書は社会学的な観点に立っているため、同じく社会学的な観点から特撮を論じた諸研究を整理しておくことは、本書の立ち位置を示すうえで有益といえる。そこで、円谷論の検討に入る前に、社会学的な観点から特撮を論じた研究を概観する（第一節）。続いて、円谷英二の演出・制作上の特徴について、先行研究で指摘されてきた論点を整理し、残された課題を確認する（第二節）。そのうえで、円谷の卓越化の過程について、関連する研究に触れながら、本書で取り組む具体的な問いを設定する（第三節）。

## 一　社会学的な観点からの特撮論

社会学的な観点から特撮を論じた研究は、社会反映論の立場から作品を分析するものと、特撮をめぐる言説を分析するものの二つに大別できる。これらには、社会学者に限らず隣接領域の研究者によって取り組まれてきた研究も含まれる。以下では、それぞれの議論の特徴を整理し、これらと本書との位置関係を示したい。

### 一－一　作品の社会反映論的な分析

「歌は世につれ世は歌につれ」や「〇〇は社会の鏡」といった常套句が端的に表すように、社会反映論とは、作品にみられる特徴的な表現（や種々の文化現象）に、発表された当時の社会意識や社会構造が反映されているとみなす視点である。日本の社会学では、見田宗介による流行歌の分析（見田 2012［1967］）が、この立場の古典として名高い。

社会反映論的な立場から特撮を論じた研究として、好井裕明（2007）を挙げることができる。一九五〇～六〇年代の特撮作品を分析した好井は、反原水爆の強いメッセージが描かれていた『ゴジラ』のリアルな原水爆イメージが、その後の空想科学映画では希薄化し、怪奇現象をもたらす単なる理由づけへと変化していったと指摘した（好井 2007）。この議論は典型的な社会反映論である。そして、好井は別の論考で自身の特撮論を挙げながら、「映画を読み解く社会学に、固定した方法もないし、踏襲すべき手続きもない。その営みにとって必要なのは、人間や社会を映し出す「鏡」として映画を捉えようとするセンスであり、個別作品のなかで展開する映画的想像力に息づいている「自明なるもの」を鋭く感じ取り、それを自らが持っている「自明なるもの」と対峙させ、せめぎあわせ、そのズレや一致ぐあいを繊細に読み解こうとする志向」（好井 2017: 14）であるとも主張しており、社会反映論を文化社会学の方法の一つとして位置づけている。

また、記号学やカルチュラル・スタディーズが専門の池田淑子（2019a）も、「ゴジラ映画という「物語」には、当時の歴史的・社会的・文化的な要素が一定の論理的な形式で埋めこまれていると考えている。そこで、ゴジラという核の表象（シンボル）を物語の中で読み解くことで〔……〕日本人と核エネルギーや科学技術との特定の論理的な関係をあぶり出すことができる」（池田 2019a: 188）と自身のアプローチを説明している。そして、その結論は「ゴジラが惨禍をもたらす「敵」という立場から、国民を救い、幸福や平和をもたらす「救世主」に変容してゆくさまは、まさしく核の恐怖を忘却し、原子力を受容するプロセスそのものといえるかもしれない」（池田 2019a: 215）というものだった。この議論もまた、社会反映論的な分析といえよう。加えて、こうした議論の展開はウルトラシリーズを論じた神谷和宏（2011, 2012）にもみることができる。

これら社会反映論的な特撮論と本書では、取り組んでいる問いがまったく異なる。そのため、ここで一つ一つの主張の妥当性を検証することはしないが、社会反映論的なアプローチに対しては次のような批判も存在する。

佐藤郁哉（2007）によれば、社会反映論的な分析は、一方で作品の変化を解釈するために社会意識・社会構造の変化が参照され、他方で社会意識・社会構造の変化の兆候として作品の変化を位置づける傾向にある。これは明らかな循環論法であり、議論の根拠づけに失敗している。加えて、社会反映論は文化現象と社会意識・社会構造のあいだに一対一の直接的な対応関係を想定している。その結果、「社会的な要因が実際に文化現象に対して影響を与えていく具体的なプロセスが示されていない」（佐藤 2007: 167）。このような問題を乗り越えるためには、作品や文化現象と社会をつなぐ「屈折要因」、いいかえると「実際に個人や集団、組織の認識や行動に対して、どのような因果経路を経てどのような種類の影響を与えていくか、〔……〕逆に、個人や集団、組織の行動が、社会全体のあり方に対してどのような影響を与えていくか」（佐藤 2007: 170）を丹念に分析しなければならない。

要するに、作品と社会のあいだの因果経路に関する経験的な分析を怠ると、社会反映論は単なる印象論に堕してしまう、というわけだ。作品から社会意識・社会構造を読み取ることを主たる目的にするのであれば、この佐藤の批判を無視することはできないだろう[2]。

円谷の卓越化の過程を問う本書は、まさに因果経路の分析を行うものであるため、方法論的にも社会反映論とはまったく別の立場にある。そして、このことは、もう一方の社会学的な特撮論、すなわち特撮をめぐる言説の分析を行った先行研究にも当てはまる。というのも、これらの研究は、作品の描写がもつ含意それ自体よりも、そうした作品描写の生産／受容の過程とそこにみられる価値意識に照準することによって、社会反映論に対する佐藤の批判を具体化したものとみなせるからだ。次項では、これらについて確認することにしよう。

### 一-二　特撮をめぐる批評言説の分析

特撮作品の批評言説を分析の俎上に載せた研究としては、ましこひでのり（2015）が挙げられる。ましこは、ゴジラとモスラの両シリーズを軸として、作品だけでなくそれらの批評言説に表れる歴史意識や政治性を分析した。たとえば、右派による『ゴジラ』批評では、「軍国主義化を合理化するために作品から恣意的に寓意をひきだしたり、反核や反戦などのモチーフの存在を矮小化したり、非難したりする」（ましこ 2015: 81）ことがあるが、こうした言説には、「批評家たちの無自覚なナショナリズムや地政学的感覚」（ましこ 2015: 198）が色濃く表れている。このように、ましこは批評言説をメタな視点から分析する「「特撮怪獣論」論」（ましこ 2015: 23）を展開した。この議論は、作品が受容者（批評家）にどのように受け取られたかという受容過程の問題を扱っているといえるだろう。

また、森下達（2016）は、社会反映論的な研究を含む作品論が、ともすると「よりおもしろい解釈をそこから引き出さんとする解釈ゲームに陥ってしまう」危険性を指摘し、「ポピュラー・カルチャーに固有の力学」を捉えた分析が必要だと主張する（森下 2016: 19）。森下のいう「ポピュラー・カルチャーに固有の力学」とは、特定のジャンルをめぐって生じる作り手と受け手の相互作用であり、これを捉えるために、森下は当時の批評言説や近接ジャンルであるSF文学との関係を分析対象とした。この方針のもと、森下は『ゴジラ』で描かれた社会問題がその後の作品では切り離され、怪獣のキャラクター化が進展したことで「非政治的」になっていった過程を具体的に記述している。

両者の研究は論点こそ異なるが、ともに特撮作品をめぐる「政治性」に関心を寄せている。それゆえやはり、円谷英二についての議論を展開しようとする本書とは問いの水準が異なる。ただ、森下の研究では、特撮ジャンルの形成に関して本書と部分的に重なる問題を扱ってもいる。そこで次に、この点について、森下と本書の差異を確認することにしたい。

［2］一方で、作品批評などこれとは異なる目的が設定された分析において、社会反映論的な立論にどの程度の妥当性が認められるかは検討の余地がある。

森下は、自身の研究で扱う特撮ジャンルを次のように定義している。「「特殊技術撮影を用いて怪奇・幻想的なモチーフを描く日本映画であり、主として巨大怪獣が登場するものを指す」程度の意味で「特撮映画」という語を使用する。具体的にいうなら、ミニチュアや合成が用いられていても、戦争映画は「特撮映画」からは除く」（森下 2016: 17）。このように、森下による特撮ジャンルの定義は作品内容の類似性に基づいている。SF文学との関係を主たる分析対象の一つとしている森下にとって、それと類似する内容の作品が検討の中心となるのはある意味当然といえよう。

しかしその結果、一九七〇年代以降のオタク文化化によって着ぐるみを用いる手法が評価されるようになった（森下 2016: 201–29）という指摘はあるものの、森下の議論では、技術としての特撮という観点は部分的なものに留まっている。それに対して、本書は円谷の活動を分析するため、作品の内容ではなく技術としての特撮に主な照準を合わせている。それゆえ、当然ながら本書では、森下が検討しなかった戦争映画なども議論の射程に含まれる。また、森下は「ポピュラー・カルチャーに固有の力学」として特撮作品の批評言説やSF文学との関係に注目した。これらが特撮ジャンルの形成に大きな影響をもっていたことは間違いないだろう。しかし、こうしたジャンル内、あるいは近接するジャンル間での影響関係だけが特撮ジャンルの形成要因ではない。たとえば、当時の映画産業内で特撮ジャンルがどのような位置を占めていたのか、という問題も、十分検討に値するもののように思われる。円谷を分析する本書では、こうした産業内での位置づけに焦点が当たっている。

以上の二つの差異は研究関心から生じたものであって、森下の議論の妥当性を損ねるものではない。むしろ、森下の議論と本書は、特撮ジャンルの形成をめぐって互いに補完する関係にあるというべきであろう。

## 二　演出・制作における円谷の特徴

円谷にまつわる論考や同時代の制作者の証言をみると、彼の演出・制作上の特徴が多様に語られている。円谷が多岐にわたる作品を残したことに鑑みれば、このように様々な解釈が出てくることは無理もない。しかし、裏を返せば、こうした状況は円谷に関する統一的な解釈が確立されていないということでもある。

この現状を踏まえて、本書では、円谷の多様な仕事に通底する傾向を抽出することを試みている。この傾向を把握することが、円谷が「特撮の神様」に登り詰めるまでの過程を理解する鍵になるからだ。しかも、この傾向性は作品の演出のみならず、制作中のエピソードや執筆記事での主張にも読み取れる基底的なものである。その詳細は第四章以降の議論で示すことにして、ここでは、これまで言及されてきた円谷の演出・制作上の特徴を整理しながら、残された課題を確認したい。

## 二―一　リアルVSフィクション

『燃ゆる大空』（一九四〇）の本編キャメラマンを務めた宮島義勇は、円谷の理念が「映画の表現力の技術的拡張」にあったと語っている。

その頃、円谷英二が木村荘十二監督『海軍爆撃隊』（四〇）の航空シーンを全部特撮で処理する仕事をしていたが、『燃ゆる大空』でも特撮を使うので、航空撮影について話し合い、特撮についての激しい議論を繰り返した。円谷英二は優れた技術者で、その頃の映画技術をもっとも科学的に処理出来る人だった。「映画の表現力の技術拡張」が彼の理念だったが、僕は「映画技術が現実に立ち向かうことによって映画技術は発展するのであり、現実から遊離して逃避するのならば、映画技術は袋小路に追い込まれることになる」と批判した。

『燃ゆる大空』では、彼が特撮で撮影した部分はほとんど使わなかった。特撮シーンを本物の間に入れると、逆効果になることが多く、撮り直しをしなければならなかった。本物の飛行機の不時着シーンを見て、あの温厚だが、厳しい意見を言う円谷英二が苦笑してこう言った。

「本物はやっぱり本物だね」

『海軍爆撃隊』の特撮も作品自体が不評だったこともあり、あまり冴えなかった。円谷英二は彼の主張通りの仕事を続けて多くの功績を残したが、やはり機械論的技術主義の限界を抜けきれなかったと思う。（宮島・山口 2002: 82–3）

「現実に立ち向かうことによって映画技術は発展する」という宮島の立場からすれば、映画の表現力の根幹を技術に求め、特撮によってさまざまな表現を可能にしようとする円谷は「現実から遊離して逃避する」「機械論的技術主義」者であった。『映画技術』誌の「昭和15年度の優秀技術を選ぶ」（『映画技術』1(1): 13）で『海軍爆撃隊』の円谷の特撮を推薦し、交友関係も深かった宮島の円谷評は、辛口ではあるものの円谷の特徴をよく見抜いている。[3]

文芸批評家の福嶋亮大は、この宮島の円谷評を引用した後、両者がともに原稿を寄せた『映画撮影学読本』のそれぞれの担当箇所でも同様の対比が読み取れることを示し、最終的に「宮島が科学主義的に「本物」を追求したとすれば、円谷は構成主義的に「偽物」の世界を作り出そうとする。この両者の対立はまさに映画のリアリズムの根幹に関わる問題と言えるだろう」（福嶋 2018: 133）とまとめている。この言葉を借りれば、キャメラマン（撮影技師）として映画業界でのキャリアを本格的にスタートさせた円谷は、「構成主義的に「偽物」の世界を作り出そう」としたからこそ、宮島のようにファインダーを通して「現実に立ち向かう」ことから離れ、特撮の道を選んだといえる。

では、円谷が作り出そうとした「偽物」の世界では何が目指されたのか。宮島の語りにあった「本物はやっぱり本物だね」という円谷の発言は、偽物の映像を現実に近づけるべきだったにもかかわらず、当時の技術的な限界によってそれに失敗したことを受け入れた諦念のようにもみえる。もっとも、この回想だけで円谷の真意を推し量ることは難しいが、円谷が写実的な演出を追求していたと解釈する者は少なくない。そうした主張の際にしばしば引き合いに出されるのが、円谷が松竹下加茂撮影所のキャメラマンだった頃に、スターの顔を鮮明に写すことが求められていた当時の慣例を破って、林長二郎の顔を暗く写したというエピソードである。たとえば、『日本誕生』（一九五九）を監督した稲垣浩は、当時の円谷について次のように語っている。

私が下加茂に助監督ではいったころは、その円谷カメラマンも、あまりパッとしなかった。なんでも一番の人気スタアである林長二郎の顔を写実《リアル》に黒く写したというのでＢ級に落とされ、それで少し自棄《やけ》ぎみになって酒ばかり飲んでいた。（稲垣 1966: 136）

また、映画技術協会の事務局長を務めた島崎清彦も、『円谷英二の映像世界』に収録された論考で同様の解釈を述べている。

作品と画面の表現に対するリアリティの追求を重視してきた円谷にとっては、長二郎だからといって、場面の陰影部にある顔をことさら白く出すような不条理と嘘っぱちの虚飾には堪えられず、劇的シチュエーションに応じては敢えて暗調の中に顔を捉えるケースがあっても理の当然であって、そこに円谷の確固たる進歩性が芽をふいたのだと、私は解釈している。（島崎 2001: 41）

［3］宮島は新藤兼人との対談で次のように語っている。「『夜明け前』を撮る前に円谷と会ったのかな、おれはずっと三年ほど映画界と縁切っていたですからね。おまえ映画撮れよと言う。〔……〕彼とはいろいろな話をして、彼にいろいろな知恵を貸したし、あいつにも航空撮影で知恵を借りたよ。仲が良かったんだな」（宮島・新藤 1986: 233）。

さらに、円谷の執筆記事のなかにも、写実性を追求しているように受け取れる記述が存在する。たとえば、『太平洋の鷲』（一九五三）の制作について述べた記事では、「如何にして実戦争記録に近づけるか」という課題が語られている。

従来の特殊撮影はとにかくチャチな感じがして嘘が目立つ。その為迫力を欠くきらいがあった。そういう観点をたとえ一個所でも観客の前に曝らしたら、もうその映画は全篇駄目な映画になってしまう。今度の「太平洋の鷲」の特殊撮影を担当するに当たっては、私が今日まで研究を続けて来た技術の集大成を結集しようとしている。如何にしてスケールの大きい迫力のある海戦、空中戦等をスクリーンの上に再現しようと努力している。それは如何にして実戦争記録に近づけるかということである。（1953『映画ファン』：250）

これらを見れば、「円谷は写実的な表現を追求していた」という解釈を退ける理由など、どこにもないようにみえるかもしれない。だが、現実を忠実に再現しようとするだけであれば、「映画の表現力の技術拡張」の範囲はたかが知れている。円谷の理想は、本当に現実の再現に留まるものなのだろうか。むしろ、円谷は現実の忠実な再現を超えた何かを目指していたのではないか。このことを考えるうえで示唆的なのが、円谷作品の光学合成を担当した飯塚定雄が語る次のエピソードである。

この頃〔一九六〇年前後〕はまだ宇宙の色が濃紺の宇宙空なんだよな。俺らは「黒だ、黒だ」って言ってんのにね、「なぜ黒がダメなのか」って聞いたら、「映画は美しいモンじゃなきゃいけない」って〔円谷が〕言うんだよ。黒という世界は、観ているお客さんに不親切だっていうわけ。それでわざわざ濃紺の宇宙空なんだよな。だけど俺は『２００１年宇宙の旅』（68年）を観たときに、「見てみろ、黒じゃねぇか」って言ったんだよ。でも当時の映画っていうのは、キレイなもんだと、夢のもんだと。夢に黒なんてダメだっていう考え方があったんだよ。（飯塚・松本 2016: 119–20）

現実とはあえて異なる宇宙の描写にこだわったというこのエピソードは、円谷が常に写実的な表現を目指していたわけではないことを物語っている。では、この映画を「美しいモン」にしようとする演出と写実性の追求として解釈できる演出は、どのような関係にあるのだろうか。作品のテーマに応じた使い分けなのか。それとも、この相反する二つの演出方針は包括的に理解できるのだろうか。

## 二―二　モダニズムとロマン主義

先ほど紹介した福嶋は、飛行機に対する強い憧れや『狂つた一頁』（一九二六）への参加に注目して、円谷の美学をモダニズムの系譜に位置づけてもいる。

近代の機能美の集約された飛行機は、十九世紀のロマン主義的な情緒や自己意識から脱出しようとした二〇世紀前半のモダニストにとって、特権的な対象となった。

このような文脈を踏まえれば、円谷の飛行機愛もいわば世界的なモダニズムの日本的な変種だと考えられるだろう。（福嶋 2018: 99）

映画固有の表現を追求した枝正義郎のもとで修行した技術者が、やがて『狂つた一頁』や新興写真のような前衛運動とも接近遭遇する――、この履歴からは戦後の「怪獣もの」のイメージには収まりきらない円谷のもう一つのモダンな顔をうかがい知ることができる。円谷自身、晩年には「私が怪獣映画ばかり作るように思われるのは心外」だとして、特撮の研究を始めたのは本来「映画をより芸術的なものにしたかったから」だと記していた。裏返せば、日本の戦後とは、戦前のモダニズム的な映像技術がなぜか怪獣化し、娯楽化してしまった時代なのだ。（福嶋 2018: 108）

円谷の美学の基礎はモダニズム的な機能美にある。しかし、戦後にキッチュな怪獣を手掛けるようになったことが「モダニズムの美学を大きく歪めてしま」（福嶋 2018: 152）い、不本意にもモダニズムと反モダニズムのあいだで引き裂かれた「美学的二重人格」（福嶋 2018: 154-5）が成立した。福嶋の議論はこのようにまとめられる。

円谷が特撮の科学性を強調し、特撮による制作の合理化を主張していたことを踏まえると、この議論は一見説得的なもののように思える。しかし、福嶋がここで引用している円谷の「映画をより芸術的なものにしたかったから」という記述で含意されているのは、モダニズム的な機能美ではない。そのことは、引用の前後の文脈をみれば明白である。

はじめ私が、特殊撮影の技術を開発しようと思った動機は、なにも怪獣映画をつくりたいからではなかった。画家が、カンバスの上に、絵筆で表現していくように、私も映画の技術を思い切り使って、自由に、意のままに、場面場面を創造してみたかったからである。ずっと前に「キング・コング」という映画を見て、特殊技術の研究をはじめたということも嘘ではないが、本当の動機は、映画をより芸術的なものにしたかったからである。

広重の江戸名所図絵に、両国橋の夜景を描いた作品がある。〔……〕しみじみとした江戸時代のロマンが画面いっぱいにただよった表現の巧みさに、私は何とかしてこれを映画の上に表現してみたくなったものである。（1967『玉川児童大百科第十四巻』: 613-4）

ここにあるように、円谷のいう「芸術的」とは画家と同じように自分の思うとおりに場面を表現することであり、それを「主体なきメカニズムの美学」（福嶋 2018: 110）と解釈するのは無理がある。また、「しみじみとした江戸時代のロマン」が機能美と大きく異なることも明らかだろう。たしかに、円谷にとって飛行機が特権的な対象であったことは間違いないが、そこから一足飛びに円谷を「ロマン主義的な情緒や自己意識から脱出しようとした二〇世紀前半のモダニスト」に加える福嶋の議論は、性急なものといわざるを得ない。

では、円谷の美学はどのような系譜に位置づけるべきなのだろうか。これを考えるうえで参考になるのが、近現代美術史が専門の松下哲也（2021）による議論である。松下は、「円谷英二が手がけた特撮映画は、およそロマン主義以降の視覚文化の流れの中に位置づけられるべき作品」（松下 2021: 168）だと主張する。松下によれば、「この時代、西洋美術の「ロマン主義」と「表現主義」は、「感情」もしくは「精神」の視覚表現であるというニュアンスでしばしば同列に扱われた」（松下 2021: 170）。これを踏まえると、初期の円谷が主張していたローキー・ライティング（詳しくは第四章）は、感情や精神のような目に見えないものを描き出すために「ロマン主義的絵画と表現主義の視覚芸術が共有する表現のプロトコルを指す可能性が高い」（松下 2021: 174）というのだ。以上の議論は、ドイツ表現主義の影響が読み取れる『狂つた一頁』への参加や円谷のライティング論、そして先ほど引用した円谷の「芸術」に対する認識をより整合的に説明している。

ただ、「円谷はロマン主義者である」といえるかというと、それも難しい。というのも、一般に、ロマン主義は近代的な合理性から距離をおいた立場として特徴づけられるが、先ほど述べたように円谷は執筆記事で特撮による制作の合理化や特撮の科学性を強調しているからだ。それゆえ少なくとも、円谷は典型的なロマン主義者ではない。むしろ、ロマン主義ないし表現主義と呼べるような態度と、科学的・合理的なものを肯定する態度の両方が併存しているところに、円谷の特徴があるとみるべきだろう。いったいなぜ、円谷はこの対照的な二つの態度を身につけることができたのだろうか。

## 二-三　物へのフェティシズム

『ウルトラセブン』（一九六七）で、モロボシ・ダンとメトロン星人がちゃぶ台を挟んで対峙するシーンを演出したことでも有名な実相寺昭雄は、簡潔なカット割りで本編と滑らかにつなげる円谷の編集を評価し、その特徴を、「本編（特撮との対比に於けるそれ）への的確な対応」、「誤魔化しのない必要最小限のカット数」、「物へのフェティシズム」の三つにまとめている（実相寺 2001: 13）。実相寺によれば、この三つは「それぞれにからみ合い、分かち難い成り立ちをして」（実相寺 2001: 13）おり、とくに特撮技師としての活動が本格化してから『ゴジラ』以前までの円谷作品にみることができる。

ここでいわれている物へのフェティシズムについて、映画評論家・映画監督の樋口尚文（2021）は次のようにいいかえている。

> これをもう少しわかりやすくひも解くならば、「物へのフェティシズム」というより「物を状況としてではなく物そのものとしてフェティッシュに撮るまなざし」という言い方がふさわしいかもしれない。これはまさに「特撮」部分にとどまらず「本篇」部分をまたいだ作品全体の世界観づくりに関わることで、たとえば模型や操演を活かした飛行機の特撮が最大限に効果を発揮するのは、現実の飛行機を撮った「本篇」映像が物としての飛行機の質感をとらえ、さらに「特撮」映像が模型の飛行機そのものの質感を醸し、その両者が単に「飛行機が飛んでいる」という状況ではなく、映像によって仮構された「物の質感」によって結び合わされる時である。こうして概念ではなく映像のトーン・アンド・マナーによって「特撮」「本篇」が融合を見る時、単なるシナリオの絵解きではない「特撮の作る異世界」が現出するのだ。
>
> したがって、これは単に「物をフェティッシュに撮る」という事例を超えた、先述した「特撮」「本篇」を通貫する「美的管理」に関わることなのだ。（樋口 2021: 217）

樋口が的確に換言したように、物へのフェティシズムは物の質感を捉えることで本編と特撮の映像を媒介する役割を果たす。この効果によって、本編と特撮が滑らかに一体化した簡潔なカット割りが成立する。実相寺によれば、それは「マルチのカメラで回すだけ回し、しかもズームをつけておいて、適当に拾いまくり、後は編集で何とか誤魔化しちまおう、とする近年のコマーシャル流儀の特撮めいた素人っぽさ」（実相寺 2001: 15）とは正反対のものである――『ゴジラ』以降、特撮中心の映画になるにつれて、円谷作品にもこうした編集が増えてくるが、実相寺はこれを評価していない。

また、実相寺は議論の後半で本多猪四郎の映像的淵源がドキュメンタリーであることに言及し、「ドキュメンタリーも、対象へのフェティッシュな執着がなければ成り立たない」ことから「ドキュメンタリーから特撮へ、という道筋が浮かび上がってくる」（実相寺 2001: 33）とも述べている。このように、円谷の演出上の特徴を物へのフェティシズムに見出すならば、最初に紹介した宮島の円谷評に反して、円谷も現実の被写体（飛行機／模型）に「立ち向かって」いたことになるだろう。

ところで、福嶋は宮島の論を参照した後に実相寺の議論にも言及しているが、この対照性を検討しないまま両者の議論を接続している。また、実相寺は「いわゆる特技監督としての最盛期の作品群はフェティシズムという点ではやや後退している面がある。それは、本編と特撮のバランス上、特撮の作る異空間がフェティシズムを超えて空想的になっていったことと、もうひとつは物から出発していない点にある、と思われる。或は物への信奉からかけ離れた空想性、想像性が題材となっていることが多いからだ、とも思える」（実相寺 2001: 14）と述べているにもかかわらず、福嶋は実相寺の議論を援用した直後に「戦時下の円谷はそのフェティッシュな欲望を飛行機や模型に振り向けたが、戦後はそこに怪獣という新しい対象が加わったのだ」（福嶋 2018: 144）としており、この部分の論理展開にも問題があるように思われる。

実相寺の議論に話を戻そう。物へのフェティシズムは、本編と特撮をゆったりとしたリズムで滑らかにつなぐ円谷の編集の巧みさの前提となる。だが、それは単なる媒介要因ではない。

物へのフェティシズムがなくなってから、テレビの特撮ものでは、作り物のトラブルがよく起きた。それは前述した単一縮尺の段階を超えて、ミニチュアが単なる安っぽさに堕していた愛情の欠落である。仏作って魂入れず、の状態に止まったミニチュアも何と多かったことか。（実相寺 2001: 15）

それにミニチュアに対するフェティシズム。おもちゃをいじる楽しさってあるじゃない。その精神があることを大事にしてた。単にチャチなのは嫌いだった。空気感が大切なんだな。（実相寺・河崎 2018: 150）

ミニチュアへの「愛情の欠落」、「仏作って魂入れず」、「おもちゃをいじる楽しさ」の「精神」。こうした表現からは、実相寺が、円谷の映像に本編と特撮の滑らかな接続以上の何かを感じていることを予感させる。

そして、それは実相寺が『南海の花束』（一九四二）での飛行機の不時着シーンにおける転落のカットを論じている部分にも表れている。実相寺は、作品中盤の山場であるこのシーンがあっさりと簡潔に描写されていることへの驚きを述べながら、転落のカットが「じっと据えっ放しで、ミニチュアのカットとしてはかなり長い」ことを指摘し、このカットから「きちんとした作り物で仕事をしている自信」（実相寺 2001: 14）を読み取っている。

ここで、ミニチュアのカットに「自信」を感じたということは、それが本編と区別して認識されていることを意味する。ここからわかるのは、実相寺のいう本編と特撮の滑らかなつながりとは、特撮が本編に溶け込むことではない、ということだ。

物へのフェティシズム、物への拘《こだわ》りを基調にして、本ものかミニチュアかの論議ではなく、その境界を互いに少しずつ犯しながら、一体化させていく計算が巧みである。それは、ある種の意外性の計算、と言える。

本もので処理可能なカットを、又は情景描写を故意に特撮に委ね、特撮が自由な描写をモンタージュしうる所を、じっと我慢しておく、といったことである。今、円谷さんの映画を見直してみると、この使い分けの意外性は、非常に参考になる。（実相寺 2001: 15–6）

本編と特撮が完全に一体化してしまえば、そこに意外性は生じない。円谷の編集の妙は、両者を完全に融合させるのではなく、一体化しながらも異質性を保っているところにある。円谷の映像の特徴をこのように捉えているからこそ、実相寺は円谷の映像を「寓話の世界」（実相寺 2001: 10）や「特撮の作る異空間」（実相寺 2001: 14）と呼ぶのだろう。そしてこのとき、物へのフェティシズムは、本編と特撮を媒介すると同時に、いわばそれが画面から滲み出ることによって、両者の完全な融合を阻害するという両義的な役割を果たしている。

そのうえ、実相寺は「円谷さんの特撮を見ると、お話とうまくからみ合ったこのフェティシズムに酔わされる」（実相寺 2001: 14、強調は引用者）とも論じている。本編と特撮が異質性を保ちながら滑らかにつながることで、その映像を見た観客は独特の酔い心地を覚える。これはまさに、私たちが本書の冒頭で確認した特撮を見る経験ではないか。つまり、物へのフェティシズムは単なる編集上の特徴ではなく、特撮を見る経験の特徴を概念化したものでもあるのだ。

以上にみてきた実相寺の議論を整理しよう。実相寺は円谷の演出上の特徴として、本編への的確な対応、誤魔化しのない必要最小限のカット数、そして物へのフェティシズムの三つを挙げた。これら三つによって、円谷の映像には、本編と特撮が異質性を保ちながら一体化しているという絶妙なバランスが成り立ち、独特の「異空間」が描き出される。そして、この映像によって「フェティシズムに酔わされる」経験が生じる。

このように、実相寺の議論では、物へのフェティシズムに多義的な意味が担わされている。だが、実相寺が指摘したほかの二つの特徴と比べて、物へのフェティシズムは映像から具体的に読み取ることが難しい。実際、本編との対応やカット数の少なさは『ゴジラ』の演出の詳細な分析（実相寺 2001: 20-7）で示される一方、先ほど紹介した『南海の花束』論など、物へのフェティシズムに言及した箇所は印象論的な指摘にとどまる傾向にある。そのため、物へのフェティシズムは円谷に帰属されるべき特徴ではなく、むしろ実相寺が事後的に読み込んでいるもののようにも思える。

このことは、実相寺の論考が書かれた背景の一つとして、『スター・ウォーズ』（一九七七）をはじめとした新しい技術を使った作品の登場が挙げられていることからも示唆される。

エレクトロニクスに支配されたロボットの跋扈は産業世界に止めておいて欲しい。コンピューターのプログラマーが映画界を我物顔にのさばる日が来るのなら、私は落ちてゆく先を探さなきゃならない。〔……〕私の円谷英二讃仰は、歪んだ郷愁から出発しているのかもしれない。しかし、エレクトロニクスとアニメーションの異常の繁殖の中で疎まれっ放しの特撮ものに、縫いぐるみの怪獣ものに、いま、私は心を寄せている。
（実相寺 2001: 11）

ミニチュアや着ぐるみを使った特撮への「郷愁から出発」した結果、実相寺は円谷の映像に物へのフェティシズムを見出した。このように解釈した場合、「円谷は物へのフェティシズムをもって撮影に臨んだ」わけではなくなるため、被写体とどう対峙したのかをめぐる宮島と実相寺の相違も解消される。その意味でも、実相寺の議論をこのように捉えることは検討に値するものといえるだろう。

また、特撮を見る経験まで射程に含まれていることが実相寺の円谷論の魅力なのだが、フェティシズムというキーワードを用いることで、議論を映像上の特徴から「フェティシズムに酔わされる」経験へと横滑りさせている感は否めない。そもそも、「フェティシズムに酔わされる」経験は観客の側にそれを読み取る構えがなければ成立しない。そうであるならば、映像上の特徴だけでなく、それを読み取る観客側の条件についても検討が必要だろう。それでは、実相寺が「フェティシズムに酔わされる」と表現するような特撮を見る経験を可能にする観客側の条件とは、いったいどのようなものであろうか。

## 二―四　非経済的な制作

とくに晩年のウルトラシリーズの制作において、自分が納得できる映像に仕上がるまで何度も撮り直しを命じたというエピソードから、円谷の制作態度が完璧主義的だったと語られることは稀ではない。こうしたこだわりゆえに、ウルトラシリーズではスケジュールの遅れや製作費の超過が常態化していたことも、ファンのよく知るとおりである。

その一方で、円谷は執筆した記事のなかで、何度も特撮による制作の合理化に言及している。一見したところ、こうした記事上での主張と実際の制作態度のあいだには、大きな矛盾があるように思える。この矛盾をどのように解釈したらよいのだろうか。この問題に関連して、批評家の切通利作は次のような解釈を提示している。

〔『ウルトラQ』の特撮スタッフへの怒りについて〕それはおそらく、出来上がった画面のクオリティに関してのものであるというより、使えるカットをどれだけ撮っていればいいのかという判断に感じる甘さへの怒りであることがうかがえる。〔……〕

その一方で、円谷プロの「経営者」の視点では、予算オーバーを極力抑える中でどれだけ必要なカットが用意できるかという意味での、監督の力量に目を光らせているのである。

これは後年よくいわれる「初期ウルトラシリーズで円谷英二は全体に目を光らせ、気に入らないカットは撮り足しを命じた」ということの意味合いが、いま伝説化されているものとは、いささか異なることを示している。

遠慮なく無尽蔵に撮り直しを命じていたのではなく、最小限の撮り足しカットを挿むことで、場面のクオリティを円谷プロ作品として恥じないものにするとともに、それが最初から計算できない判断のありようには厳しい目を向けていたのである。（切通 2021: 63-4）

円谷は完璧主義的に自分の意に沿う映像にするために撮り直しを命じたわけではなく、「使えるカット」が十分にあるかを問題としており、それを計算しながら撮影できていなかったからこそスタッフを叱責した。こうした切通の解釈は、制作の合理化を説いていた執筆記事での主張と実際の制作態度の溝を整合的に説明できる点で有力なものといえる。

この切通の解釈が正しければ、円谷自身は、「使えるカット」を撮るために事前に計画を立てて撮影に臨んでいたはずだ。しかし、実は円谷も計画的に制作を進めていたわけではない。その典型的な例が、完成したミニチュアセットの「ロケハン」である。これについて、円谷のもとで特殊美術を担当した井上泰幸は次のように語っている。

美術というものは、セット造りの前に監督のコンテが出るわけではないし、どのようにも対応できる舞台を提供しなければならないのです。オヤジ〔＝円谷〕自身、撮影前に具体的なシーンのイメージが特にあったわけでもなく、それでこちらが撮影当日に監督が気に入った角度から撮影が出来るよう、巨大なセットを造ることが当然のようになっていたのです。この手法は一見効率が悪いように思われそうですが、東宝特撮にとって重要な要素ではないかとも思っています。実際、オヤジは特撮セットが完成してから、セットのロケハンをして、どの方向からどのように撮るかを考えていましたから。（キネマ旬報社編 2012: 98）

ここで注目すべきは、円谷がミニチュアセットのロケハンをしていた理由として、「具体的なシーンのイメージが特にあったわけでもな」いと井上が指摘していることである。もし具体的なイメージがあれば、完成形から逆算することで撮影を計画的に進めたり、複数の手段を比較して最適なものを選んだりすることができる。ミニチュアセットでの撮影であれば、イメージから逆算してキャメラ位置を事前に決め、美術スタッフは撮影される部分だけを仕上げるというように撮影を効率的・経済的に進められる。だが、円谷は完成形から逆算して指示を出すわけではなく、撮影当日に「どの方向からどのように撮るかを考え」「気に入った角度から撮影」していた。

円谷がセットの「ロケハン」をしていた理由が、井上のいうように撮影の時点でまったく何のイメージをもっていなかったためであるかどうかについては、ここではまだ判断を保留したい。ただ、こうした円谷自身の非経済的な制作態度を踏まえると、場面のクオリティに応じて「使えるカット」を計算できていないこと以外にも、スタッフを叱責し撮り直しを命じた理由があると考えるのが自然だろう。

また、飯塚定雄は、切通の解釈と矛盾する次のような興味深いエピソードを語っている。

『ウルトラマン』のときにたまたまオヤジがラッシュを観てたら、セットのバレ（＝不要な部分の映り込み）があったんだよ、上の方に。角がちょっと見えただけなんだけど。俺たちにしてみれば、狭いステージで引き尻が目いっぱいだからそれは分かるわけよ。だけどオヤジが「なんだこれは」って言ったんだ。そしたら撮影助手の誰かが「これはライトのバレです。でも円谷さん、これはテレビでは切れます」って言ったの。途端にオヤジがものすごく怒り出したんだよ。「お前、何を言ってるんだ。俺たちはフィルム撮ってんだ。撮り直せ」って一喝だよ。それで撮り直したよ。「フィルムでバレてても、テレビで切れますって、何ごとだあ」って、ものすごかったもん。つまりオヤジは映画を撮っているって言うんだよ。やっぱり映画の人間なんだなって思ったよ。実際にあれは放送されればテレビフレームでカットされたよ。見えないわけよ。でも映写したらスクリーンには映っているわけだ。だから許せなかったんだな。キャメラマンに「お前、何で食ってんだー」って、「何で、食ってん

だ」って言ったんだよ。「お前は、自分の画に責任を持てねぇのか」って。（飯塚・松本 2016: 184）

ここでフィルムに残っていたライトのバレは、テレビでは切れるため場面のクオリティにはまったく影響しない。そのため、これは本来「使えるカット」であるはずだ。にもかかわらず、円谷はこれを許容せず撮り直しを命じている。このような非経済的な制作態度は、いったいどのように解釈すればよいのだろうか。切通の主張に反して、やはり円谷は完璧主義だったのか。それとも、これらの非経済的な制作態度には、完璧主義とはまた別の理由があるのだろうか。

## 三　「特撮の神様」への道

前節でみてきたように、ときに矛盾するものも含めて、円谷の特徴はさまざまに語られてきた。それほどに人々が語りたくなるほどの何かを、円谷はもっているということなのだろう。そして、こうした円谷の求心力の象徴が「特撮の神様」という称号にほかならない。本書の中心的な問いは、円谷が「特撮の神様」の地位に到達するまでの過程を明らかにすることであった。本章の最後に、この問いに関連する研究に触れながら、本書で取り組む具体的な問いを明確にしていきたい。

### 三―一　特撮技師への転身

円谷は映画業界での本格的なキャリアをキャメラマン（撮影技師）としてスタートさせた。そのため、キャリアの初期から映画の技術的側面に関心をもち、工夫を凝らしてきたことは間違いない。とはいえ、特撮に否定的なキャメラマンが多かった当時において、特撮を専門にするのは当然の選択ではなかった。そのうえ、円谷の場合、一九三六年にはドキュメンタリー映画の『赤道越えて』や劇映画の『小唄礫 鳥追お市』で監督も経験している。こうした経歴だけをみると、円谷はキャメラマンとして仕事を続けることも、監督へと転身することもありえたように思える。だが現実には、そうしたほかの選択肢ではなく、特撮の道が選ばれた。この選択の背後には、いったい何があったのだろうか。

そして、特撮の道を選んだとしても、そこで名を揚げることができるとは限らない。業界内での注目が低かったとはいえ、特撮に関連する技師はほかにも存在したからだ。ここで円谷がほかの技師たちと差異化できたからこそ、円谷は「特撮の神様」へと聖化された。では、円谷とほかの技師たちの明暗を分けたのは何だったのか。

この点について、円谷英二研究家の鈴木聡司（2021）は「なぜ円谷英二は日本特撮界の変革者たり得たのか？」という本書とも重なる問いを立て、「一九三七年晩秋の時点で、円谷（当時三六歳）と同様に特殊技術の研鑽に励んでいた面々」として、円谷を映画業界に誘った枝正義郎、ハリウッドから帰国しダニング・プロセスという合成技術を紹介した松井勇、円谷が撮影として参加した『かぐや姫』（一九三五）でアニメーションを担当した政岡憲三、教育映画で特撮を積極的に使用していた原田三夫、円谷とも親しく戦後は『楊貴妃』（一九五五）などの色彩技術としてもクレジットされているキャメラマンの横田達之の五名を挙げ、「横田を除く先輩格の四名と較べてしまうと、この時期の円谷には、実績の点で拭い難い遜色が窺えてしまう」と述べている（鈴木 2021: 144–6）。

たしかに彼〔円谷〕の場合、映画『新しき土』（一九三七年）で使用されたスクリーン・プロセス技術に対する評価こそ高かったものの、枝正のような斯界の大ベテランやアメリカ帰りの新進気鋭と目された松井などに比して、今一つメジャーになり切れていない憾みがあったのだ。我々は「特撮の神様」となった後の円谷英二しか知らないので違和感を覚えてしまいがちだが、『かぐや姫』（一九三五年）の時点では、アニメーション作家として名を売っていた政岡の方がメジャーな存在だったはずなのだ。（鈴木 2021: 146）

このきわめて重要な指摘を行った後、鈴木は、先輩格の四名ではなく円谷が「特撮界の変革者」になった理由として、(一) 枝正らはいずれも戦前の時点で独立のスタジオやプロダクションを立ち上げていたが、それがかえってマイナスに働いたこと、(二) 東宝の重役森岩雄とのつながりを形成するうえで、東宝の技術部長であった酒井宏や同じく東宝の重役である増谷麟という国活(国際活映株式会社、円谷も一時期所属していた)関係者のバックアップがあった可能性、(三) 松井が紹介したダニング・プロセスに批判的だったにもかかわらず、必要に応じて臆面もなく使用した円谷の老獪さ、という三つの仮説を挙げている(鈴木 2021: 146–9)。いずれも興味深い仮説である。

その一方で、鈴木は円谷の開発したスクリーン・プロセスが評価につながったという通説については、その重要性を否定してはいないものの、あまり重視はしていない。だが、とりわけ松井と円谷の差異を考えるうえでは、やはりスクリーン・プロセスという技術の特性が大きく作用したと考えられる。というのも、松井が紹介したダニング・プロセスと円谷が開発したスクリーン・プロセスでは、同じ合成技術であっても処理過程が異なるからだ。具体的には、前者はフィルムの調色処理が追加で必要になるうえに、撮影中に合成の様子が判断できないのに対して、後者はほかの場面と同様のフィルム処理だけで済ますことができ、スクリーンに投影した背景と前景での演技を同時撮影するため合成の様子も確認しながら進められる。後ほど詳しく見るように、この違いは、当時のキャメラマンたちのあいだで大きな意味をもっていた。

一般に、戦前期の円谷を語る際には、彼の先進性やそれゆえの対立・苦悩に焦点が当たってきた。だが、その多くは、円谷の視点に立った説明――特撮の重要性を理解しない保守的な考えによる不遇の時代といった――になっており、円谷と対立していたキャメラマンたちに共有されていた価値観が具体的にどのようなものだったかについては、ほとんど言及されていない。この価値観を明らかにしなければ、円谷が当時どのような立場にあったのか、そして、なぜ率先して技術開発に取り組み、キャメラマンから特撮技師へと転身したのか、といった点を十分には理解できないだろう。いったい、円谷とほかのキャメラマンたちの差異はどこにあるのだろうか。

## 三―二　作者という認識

あの人は監督じゃない。特技監督なんだから。円谷という人がすごいのは、特技監督というものを認知させちゃったことなんだよね。監督じゃないにもかかわらず『ゴジラ』と言えば円谷というふうになっちゃったでしょ？（押井 2017: 412）

本書を手に取っている人の多くには周知の事実だろうが、『ゴジラ』の監督は本多猪四郎であり、ウルトラシリーズでの円谷の立場は監修で、各話にはそれぞれ別の監督が存在する。だが、円谷がゴジラやウルトラマンの「生みの親」と呼ばれていることもあって、特撮にさほど興味のない人には、どちらも円谷が監督した作品だと誤解されることも稀ではない。この誤解は、円谷が作者として、作品と強く結びつけられて認識されていることを意味している。アニメーション作家の押井守がいうように、ここに円谷の「すごさ」がある。

そして実は、円谷が監督ではないと理解している人も、円谷を作者とみなす認識を暗黙のうちに共有している。というのも、第二節では円谷の演出上の特徴についての議論を確認してきたが、これらは円谷を作品と強く結びつける認識がなければ成り立たないからだ。もし、こうした認識を一切もっていなければ――円谷を作品に関わったスタッフの一人、あるいは技術部門の代表程度にしかみていなければ――特定の場面の演出を見て「円谷の意図を考察しよう」などとは思わないだろう。

また、『ゴジラ』をはじめとした空想科学映画の成功が円谷の成果として人々に認められたのも、円谷を作者とみなす認識が成立したからこそといえる。もし仮に、円谷と作品が十分に結びつけられていなかったとしたら、いくら作品がヒットし特撮技術が評価されたとしても、それが東宝特撮部門の集団的成果として認識されたり、本多猪四郎ら監督に帰属されたりといったことがありえたはずだからだ。このように、円谷を作者とみなす認識が成立したことは、円谷が「特撮の神様」として聖化される不可欠の条件となっている。

本来的には特撮という映画制作の一部門の担当者であるにもかかわらず、作品全体を統括する作者として人々に認識されているということ。「映画の作者は監督である」という認識が一般的な今日において、この状況はきわめて特異なものといえる。

こうした状況はなぜ成立したのだろうか。すぐに思いつくように、その要因の一つは、『ゴジラの逆襲』(一九五五)以降の作品で円谷が「特技監督」とクレジットされるようになったことにある。しかし、同時期にはすでに「美術監督」や「音楽監督」のクレジットが掲載された作品もある。むろん、そのなかには著名な人物も数多くいるが、円谷ほど強く作品と結びつけられ、しかも広く認知されている者はおそらく存在しない。このことに鑑みれば、「特技監督」というクレジットだけでは、円谷を作者とみなす認識が一般化している現状を十分に説明できないのは明らかだろう。それでは、円谷はいつ、どのようにして、作者の地位にたどり着いたのだろうか。

### 三―三　業界内・社会的な地位の確立

もちろん、「特撮の神様」たる円谷は単なる作者ではない。ジャンルの創始者という唯一無二の存在である。たとえば、評論家の唐沢俊一は円谷について次のように述べている。

> 円谷さんが作り上げた中で何が凄いものかといえば、技術がどうこうとか、このカメラアングルがどうとか、円谷式のメソッドがどうのこうのというまえに、〝怪獣映画〟という枠そのものを創造した。この功績がいちばん大きいと私は思いますね。(唐沢 2001: 29)

そして、怪獣映画という「枠そのもの」を創り出したからこそ、押井のいうように円谷の名は一種の「ブランド」

であり、同時代からすでに、円谷の名前があるだけで作品の評価にまで関わってくるほどのカリスマ性を帯びていた。

その後テレビで特撮シリーズが始まって『ウルトラQ』とか『マイティジャック』とかああいうのをやっても、子供たちはみんな円谷だと思っちゃう。それは言ってみれば一種のカテゴリそのものであるし、監督の名前である以上に、もうブランドなんだよ。円谷の特撮と円谷じゃない特撮と、ふた通りしかなかったんだから。日活でも大映でも特撮はやったんだけど、あれは言ってみれば本家じゃない、子供からすれば真似っこだという感覚だよね。実際に『ガメラ』や『(大巨獣)ガッパ』にしたって『(宇宙大怪獣)ギララ』にしたって『大魔神』にしたって、『ゴジラ』に比べればこんなに違うもん。「やっぱり円谷だよな」というさ。「やっぱり羊羹はとらやだよ」というのと同じようなことだよ。(押井 2017: 414)

このように、戦後、円谷は怪獣映画や空想科学映画の領域で確固たる地位を築いた。しかし、円谷の卓越化は特定のジャンル内にとどまるものではない。より注目すべきなのは、当時の映画産業内、そして社会的にも円谷が高く評価されていたことである。たとえば、一九六三年一月二九日に朝日新聞の夕刊に掲載された東宝の広告では、「東宝が誇る芸術家」として「黒澤明、稲垣浩のグランプリ監督」の次に「世界が注目する東宝特撮の巨匠円谷英二」と紹介されている(『朝日新聞』夕刊 1963. 1. 29 : 5)。当時の怪獣映画・空想科学映画は多くの観客を動員することが期待できるジャンルだったことを踏まえれば、広告に掲載された謳い文句をそのまま受け取ることはできないが、それでも、ここで黒澤、稲垣と並ぶ位置づけを与えられていることは注目に値するだろう。

また、当時において、怪獣映画や空想科学映画といったジャンルは「ゲテモノ映画」と呼ばれるなど、決して評価されやすいジャンルではなかった。円谷はしばしば「特撮は怪獣映画を撮るためだけのものではない」とも主張していたが、その背景には、このようなジャンル間の序列がある。こうしたジャンルの序列に巻き込まれてしまえば、業界内での地位を高めることはできなかったはずだ。それゆえ、「東宝が誇る芸術家」の一人として挙げられていることは、円谷がこうしたジャンルの序列に巻き込まれることなく、怪獣映画や空想科学映画の成功を自身の評価へと結びつけていったことを意味している。はたして、円谷はどのように自身への評価を高めていったのだろうか。

＊

本書は円谷の卓越化の過程を明らかにすることを目指しているが、以上でみてきたように、その過程は次の三つの段階に分けられる。すなわち、ほかの技師たちとの競合に打ち勝つ第一ステップ、作品の作者の地位を確立する第二ステップ、そして、ジャンルの序列に巻き込まれずに自身の評価を高める第三ステップ。これから、この三つのステップを、円谷の多様な仕事に通底する傾向性と当時の映画業界の構造の関係性を軸としながら描いていきたい。

# 第二章　場の理論という視座

前章でみた問いに答えるために、本書ではフランスの社会学者ピエール・ブルデューによって提出された場の理論に依拠して、円谷の執筆記事や作品制作の様子を分析する。しかし、社会学に限定したとしてもさまざまな理論があるなかで、なぜ場の理論なのか。その理由は大きく二つある。

第一に、場の理論に依拠することで、円谷の活動について、その時々の状況を踏まえながら体系的で一貫性のある分析ができるようになる。キャメラマンから特撮技師への転身、特技監督という地位や作者としての認識の確立、映画産業内での評価の獲得やテレビへの進出と、円谷はさまざまな困難に直面しながら活躍の場を広げていった。この事実は、円谷の活動が時期ごとに異なる背景をもっていることを意味している。こうした背景の違いには十分に注意しなければならないが、その反面、背景の違いを強調しすぎることで一貫性を欠いた分析に陥る恐れもある。詳しくは後述するが、場の理論は分析を進めるうえでの指針となるため、この問題を解決できる視座となっている。

第二に、日本映画の黄金期と呼ばれる一九五〇年代を転機として卓越化を果たしていく円谷の足跡には、場の理論に依拠した先行研究の指摘とは異なる様相が表れている。そのため、この様相を明らかにすることは、円谷についての理解を更新するだけでなく、社会学的な知見を発展させることにもつながる。つまり、本書は、場の理論を通して円谷についての理解を深めようとする試みであると同時に、円谷英二という事例を通して社会学的な知の更新を目指す試みでもあるのだ。

このことを示すために、本章ではまず、場の理論の基本的な概念について説明する（第一節）。次に、本書の問いになぜ場の理論が適しているのかを理論の特性に沿って検討する（第二節）。そのうえで、場の理論を用いた文化社会学的な研究を整理することで理論的な問題設定を行うとともに、これに取り組むうえで円谷が適切な事例といえることを示す（第三節）。なお、分析で用いる重要概念については本章の最後（☞六五頁）にまとめている。

## 一　基本概念と思想的背景――分析視座としての場の理論（一）

場の理論に依拠するといっても、この理論は、ブルデューが置かれていた当時のフランスの思想状況や彼が実施した調査・研究と密接に結びついているため、本書における場の理論の解釈自体が一つの問題となりうる。それゆえ、まずはこの点について、本書の立場を端的に示しておきたい。

本書では、場の理論を「さまざまな社会領域でなされる人間の諸活動を統一的に把握するための分析視座」と捉えている。ブルデューは分析の対象となる行動全般を実践（pratique）と呼んでいるため[1]、「行為者の多様な実践を統一的に理解するための分析視座」といいかえてもいいだろう。

場の理論に依拠して行為者の実践を分析する際には、次の三つの概念が重要になる。すなわち、身体化された諸性向（disposition）の体系である「ハビトゥス（habitus）」、各行為者が位置づけられる分化した社会領域としての「場（champ）」、そして行為者の所有する各種の「資本（capital）」である。このうち、champは「界」と訳されることも多いが、本書の場合、映画業界を指す日常語である「映画界」との表記上の区別があいまいになるため、訳語には一貫して「場」を採用することにした。これら三つの概念の意味にも変遷があるが、それについては磯直樹（2020）

が詳しい。本書では磯の指摘を踏まえ、三つの概念が体系化された一九七〇年代後半以降のブルデューの議論を中心的に検討している。

ブルデューは、この三つの概念と実践との関係を「〔(ハビトゥス)(資本)〕＋場＝実践」(Bourdieu 1979: 112=1990 (I): 159、〔〕は原文ママ) という公式にまとめている。ここから、ハビトゥス・場・資本はそれぞれが行為者の実践の規定要因となっていることがわかる。とはいえ、これら三つが実践を規定するあり方は決して単純とはいえない。それでは、三つはそれぞれどのように実践を規定するのだろうか。そして、これらの概念は相互にどのような関係にあるのだろうか。以下では、この二点に注目しながら、三つの概念の要点を整理していきたい。

## 一―一　ハビトゥス

人々は社会生活のなかで、日々の経験に基づいて物事の感じ方・考え方・振る舞い方などを徐々に身につけていく。いいかえると、行為者の現在の感じ方・考え方・振る舞い方は、その行為者の過去の経験に左右され方向づけられている。たとえば、幼いころから音楽に触れる機会が多ければ、楽器の音色や音程の微妙なずれを聞き分けられるようになるだろうし、経済的に余裕のない生活を長く続けていると、裕福になった後もつい「コストパフォーマンス

[1] それゆえ、計画や思考を実行に移すという日本語の日常的な用法と、本書でいう実践は意味が大きく異なることに注意されたい。また、思想的な文脈では、マルクス主義の用語である praxis も実践と訳されるが、pratique 概念はこれとも明確に区別される。「一言指摘しておきますが、私は praxis という概念を用いたことは一度もありません。この語は、少なくともフランス語では、――かなり逆説的なことですが――いささか理論的誇張法の気配を帯びており、青年マルクス、フランクフルト、ユーゴスラヴィア・マルクス主義などのように、マルクス主義を洒落たものにしている言葉なのです。私は常に、単に pratique についてのみ語って来ました」(Bourdieu 1987: 33=1991: 40)。なお、pratique は慣習行動と訳されることもあるが、この語の射程は無意識的な振る舞いに留まるものではないため、本書では一貫して実践と訳出している。

を重視」した購買傾向をとってしまうこともあるだろう。こうした現象は、過去の経験が抽象化されたかたちで身体に記憶され、新しい状況に直面した際に、その記憶が呼び起され活用されていると理解することができる。図式(schème)[2]や性向とは、いわばこの抽象化された個々の身体的記憶であり、これらの体系のことをブルデューはハビトゥスと呼ぶ。

ハビトゥスとは、持続性をもち移調が可能な諸性向のシステムであり、構造化する構造として、つまり実践と表象の産出・組織の原理として機能する素性をもった構造化された構造である。そこで実践と表象(représentation)とは、それらが向かう目標に客観的に適応させられうるが、ただし目的の意識的な志向や当の目的に達するために必要な操作を明白な形で会得していることを前提としてはいない。(Bourdieu 1980a: 88=1988: 83-4)

歴史の生産物たるハビトゥスは、個人的・集団的実践を、歴史が産み出した諸図式(schèmes)に沿って生産する。それは過去の経験の能動的な現前を保証する。それら過去の経験は、各々の組織体に知覚・思考(pensée)・行為の諸図式(schèmes)という形で沈殿し、どんな明確な規則よりも、顕在的などんな規範よりも間違いなく、実践相互の符合と、時間の推移の中での実践の恒久性を保とうとする傾向をもっている。現に進行しつつあるものの中に存続する過去、自らの原理に従って、つまり内部法則、それを通して、時局変動の直接の制約には還元できない外部必然性の法則がたえず作動するような、そうした内部法則にしたがって構造化される実践の中に自己実現し恒久化する傾向をもつ過去、これが諸性向のシステムである。(Bourdieu 1980a: 91=1988: 86)

行為者が身体化した構造であるところのハビトゥスは、過去の経験が「知覚・思考・行為の図式という形で沈殿」

することで「構造化された」ものであり、「歴史が生み出した図式に沿って」過去の経験を再現するように実践や表象を「構造化する」。ここで実践に加えてハビトゥスの産物とされている表象とは、ハビトゥスに含まれる「知覚・思考」の図式が作動することで生じる認知や観念のことを指している。[3]このように、ハビトゥスは行動として表出していない行為者の思考や知覚までも産み出す原理である。

まとめると、ハビトゥスは生得的ではなく社会的に構築されたものであり、行為者が新しい状況に直面した際に作動することで、実践や表象を、過去を再生産するような方向へと規定するものといえる。だが、ハビトゥスによって産出される実践が単なる過去の再生産に過ぎないならば、わざわざハビトゥスなる概念を導入するまでもなく、習慣といった既存の概念で事足りるのではないか。こうした疑問に対して、ブルデューは次のように答える。

ハビトゥスとは、歴史的・社会的に状況づけられたハビトゥス生産の諸条件を限界としてもつ生産物——思考、知覚、表現、行為——を、（制御を受けながらも）全く自由に産み出す無限の能力なのだから、ハビトゥスが保証する自由、条件づけられ、かつ条件づきの自由は、初期条件づけの機械的な単なる再生産からも、予見できない新奇なものの創造からも、等しくかけ離れたものである。(Bourdieu 1980a: 92=1988: 87)

［2］磯（2020: 169–72）は、フランス語における schéme（シェム）と schéma（シェマ）は明確に区別される概念であるにもかかわらず、邦訳では両者とも図式やシェムと訳され混同されてきたと指摘している。両者の差異は次のようにまとめられる。「シェム概念はどちらかといえば行為者に帰属する構造であり、行為と認識を支える原動力になる。一方のシェマ概念は、対象の認識の仕方であり、認識対象に結び付けられた諸々のイメージの体系である」（磯 2020: 170）。本書では、引用文中では原語を表記することでこの差異を示すこととした。また、本文中の「図式」は一貫して schéme の意味で用いている。

［3］加藤晴久（2015: 191）も、表象は考え（pensée）に置き換えられるとしている。

それにしても、なぜ習慣とは言わないのでしょうか。習慣ということでおのずと考えられているのは、反復的、機械的、自動的なもの、生産的であるよりもむしろ再生産的なもの、といったことだからです。ところが、私が強調したいのは、ハビトゥスとは何か強力な生成母胎であるという発想です。ハビトゥスとは、簡単に言えばいろいろと条件づけられた産物であり、それを条件づける客観的論理を再生産しがちなものですが、にもかかわらずその客観的論理そのものを変えてしまうのです。それは一種の変換を産みだす機械みたいなものです。それによって、われわれは自分自身のハビトゥスを生産した社会的条件を「再生産」しますが、それも相対的に予測不可能なやり方でそうするのであり、生産の諸条件を知っていさえすれば、簡単かつ機械的に生産物を見分けることができるなどといったやり方によるのではありません。(Bourdieu 1980b: 134-5=1991: 170)

過去の経験を通して獲得された図式や性向の体系であるハビトゥスは、たしかに過去を無視した新しい実践を産み出すことはできない。しかし、それは習慣のように過去を機械的に再生産するものでもない。ハビトゥスによって産み出される実践は、「初期条件づけの機械的な単なる再生産」と「予見できない新奇なものの創造」という両極のあいだに位置づけられる。この意味で、ハビトゥスには「条件づけられ、かつ条件づきの自由」が保証されており、そこから生じる実践は、ときには実践を条件づけているはずの過去に含まれる「客観的論理そのものを変えてしまう」可能性さえもっている。このように、実践を条件づけている過去から逸脱する可能性を常にはらんでいるからこそ、ブルデューはハビトゥスを「無限の能力」をもった「強力な生成母胎」と呼ぶのだ。

これに対して、習慣や社会化といった既存の概念では、こうした逸脱や変化の可能性を捉えることができない。かといって、習慣や社会化の概念から外れるこの可能性を人間の「創造性」などと呼ぶと、その逸脱や変化がいかなる拘束も受けない真空状態から生まれてきたような錯覚を与えてしまう。習慣／創造性といった概念対は、一方は過去を反復し続ける自動人形として行為者を捉え、他方は過去の経験に左右されない自由な主体として行為者を捉える点で対立しているが、現実の実践のあり方を覆い隠してしまう点では共犯関係にある。この種の疑似対立を乗り越えるための概念がハビトゥスなのである。

そうだとすれば、次に問わねばならないのは、ハビトゥスによって産出される実践を過去の単純な再生産から変化させる要因とは何か、ということであろう。

ハビトゥスは特定の状況とのかかわりのなかでしか現われません。ハビトゥスが諸性向の体系、すなわち潜在性、可能性の体系であることを思い出して下さい（文化的相続についての私の分析を、父親の職業と息子のそれとのあいだにある直接的かつ機械的な関係に還元するのがいかに馬鹿げているか、おわかりいただけるでしょう）。ハビトゥスは、最初に力を加えてやらないと動かないバネのようなものだと考えなくてはなりません。どんな刺激を受けたか、場の構造は何かによって、同じハビトゥスが異なる、時には正反対の実践をもたらすのです。（Bourdieu & Wacquant 1992: 109=2007: 177–8）

ハビトゥスは、行為者が直面した社会的世界に対する反応として作動する。それゆえ、同じハビトゥスを身体化していても、行為者の置かれている環境が異なれば、実践の様相は大きく変わる。村田賀依子（2014）が「身体化された過去と客観的・具体的世界をさまざまにつなぐ可能性をもつこの部分に、行為者の創造性を見出すことができる」（村田 2014: 107）と論じるように、行為者の実践は、ハビトゥスと社会的世界の結びつけられ方によって、常に複数の可能性に開かれている。したがって、ハビトゥスはたしかに行為者の実践を規定するのだが、それ単体で行為者の実践を推測することはできない。ある実践を理解するためには、ハビトゥスとともに行為者を取り巻く環境を把握し、両者の関係を検討することが求められる。そして、このようなハビトゥスの作動を左右する環境として中心的に想定されているものが場だといえよう。

社会の進化は次第に、固有の法則を持つ、自律的な世界（私が場と呼んでいるもの）を出現させます。〔……〕こうして、一つの根本規範を持つ、他の領域のノモスに左右されることのないノモスを持つ社会領域、自律した社会領域が出現します。そのような世界は、そこで生起することを、そこに賭けられている賭け金＝争点（enjeux）を、他の世界の原理と基準に還元できない原理と基準にしたがって評価します。（Bourdieu 1994: 159=2007: 195）

近代を社会領域の分化が進展した時代と捉える視点は多くの社会学者に共通しているが、それはブルデューも例外ではない。その分化した諸社会領域を指す概念が場である。まずもって、場はそこに参入する行為者たちが占める「さまざまな位置（あるいは地位）の構造化された空間」（Bourdieu 1980b: 113=1991: 143）として定義される。ハビトゥスが行為者の身体化した内在する構造であったとすれば、場は行為者を一つの点として含む外在する構造である。ある場において、行為者は固有の「賭け金＝争点」をめぐって闘争を繰り広げるものと理解される。そのため、場に参加する行為者のあいだにはさまざまな対立関係を読み取ることができる。このような解釈が可能なのは、賭け金＝争点の価値を認める「根本規範」が行為者たちに共有されているからこそである。ただし、こうした闘争関係は行為者に闘争として明確に意識されている必要はない。

対立を規定する根本規範を共有することで、特定の場はそれ以外の社会領域から区別され、行為者はその場に固有の規範や論理に従うことを求められる。その結果、たとえば芸術場に対する経済場や政治場からの要請のような「種々の外的規定要因の影響は、場に固有の諸力や諸形式を媒介としてしか、けっして及ぼされることはない」（Bourdieu 1992: 322=1996: 89）という性質、すなわちその場の外部にある社会領域に対する相対的自律性が生じる。

もっとも、これはほかの社会領域にまったく影響されないということではない。場の外部で生じた変化は、その場に固有の論理によって変換され間接的に影響を及ぼす。この性質については第二節で改めて取り上げたい。

そして、次の引用で示されているように、それぞれの場の構造は、場で争われている資本を行為者がどれだけ所有しているかによって定義される。

> 場の構造とは、闘争に加わっている行為者間の、もしくは機関同士の力関係の一つの状態です。こういってよければ、以前の闘争を通して蓄積され、その後の戦略（stratégies）を方向づけている特定の資本の一つの分配状態です。こうした構造を動因としてさまざまな戦略が生じてきますが、結果的にその戦略が構造を変化させてゆくことになります。〔……〕
>
> 力関係の一定状態において、特定資本を（多かれ少なかれ完全に）独占している者、つまりある場の特徴をなす特定の権力もしくは権威の基盤を独占している者は、保守の戦略に傾きがちです。文化的財の生産の場においては、こうした戦略は正統性の防衛にむかう傾向があります。他方、最もわずかな資本しかもちあわせていない者（その多くは新参者であり、したがって大抵は年齢がいちばん低い者ですが）は、転覆の戦略、異端の戦略へと傾きがちです。（Bourdieu 1980b: 114–5=1991: 144–5）

〔ハビトゥスは〕目的を明示的に措定することなしに、また手段を合理的に計算することなしに、適合した、そして絶えず更新される戦略を生み出す（ただしそれら行為がその所産であり、それら行為を定義するところの構造的諸拘束の範囲内で）ことを可能ならしめるのである。

目的の方に客観的に方向づけられた諸行動のシークエンスという、すべての場に見出されるものを指示するために戦略という語を用いざるをえないわけだが、この語にだまされてはいけない。もっとも有効な戦略とは、とりわけ無私の価値に支配された場においては、場の内在的な必然性によってつくられた諸性向の所産であるがゆえに自発的に、明白な意図や計算なしに、この必然性に適応する傾向性のある戦略である。(Bourdieu 1997: 166= 2009: 236)

ここでブルデューが述べる「戦略」も、場の理論における重要な概念の一つであり、この語が日常的に含意する「論理的一貫性をもった計画的な行動の選択」とは異なる意味をもたされている。ブルデューによれば、「戦略とは、意識的・理性的な計算が生み出すものでもなければ、無意識的プログラムが生み出すものでも」なく、社会的な経験を通して獲得された「ゲームのセンスのような実践感覚」(Bourdieu 1987: 79=1991: 102)である。

優秀なスポーツ選手は、刻一刻と変わるゲームの流れを感じながら、「とっさの判断で」あるいは「身体が先に動いて」自分に有利となるプレーを行動に移す。また、何時間もかけて「最善の一手」を指す棋士の判断にも、論理的な思考だけでなく経験に基づいたあいまいな「直感」が常に介入している。これらからわかるように、ゲームにおける個々の選択を成り立たせているのは明晰な思考だけではなく、身体化された過去(すなわちハビトゥス)によってもたらされる実践感覚である。そこで次々となされる行動の連鎖は明確な計画性をもたず、常に変化する状況に合わせてアドホックに――ただしある程度の一貫性を保って――構成される。これと同様に、社会的なゲームであるところの場における闘争に参加している行為者は、その時々の場の状況に適応しつつ、身体化したハビトゥスに導かれた戦略に基づいて実践を組織する。このように、戦略とは場の構造への適応的な反応であると同時に、その場における資本を獲得することで/するために場の構造を変化させようとするものでもある。

ここで、同じゲームに参加していても現状が優勢かどうかでプレーの内容が変わるように、行為者の採る戦略も、そのときの場において自身がどこに位置づけられているのか(つまり資本をどの程度所有しそれを投入できるか)に応じて別の様相をみせる。いいかえると、行為者に外在する環境であるところの場は、そこに固有の規範を有するという意味で行為者の実践を規定するのだが、場の規範が行為者を拘束するあり方は一様ではなく、行為者が占める場での位置によって変化する。それゆえ、行為者の位置を特定しなければ、ハビトゥスと特定の状況との関わりを検討することはできない。こうして、場での位置を決定するために資本概念が必要になる。

## 一―三　資本

行為者は実践によってさまざまな利潤を得ることがある。そうした利潤のなかには、経済的なものだけでなく、特定の社会領域すなわち場の内部でのみ意味をもつような業績や名声などもある。場合によっては、行為者は別の実践をしていたら得られたであろう経済的利潤を放棄してまで、場の内部でしか意味をもたない業績や名声を追求することさえある。先ほど述べたように、まさに場はこうした特殊な利潤をめぐって闘争が繰り広げられる空間であった。

ブルデューは、このような場に固有の価値をめぐる利害関心を把握するために資本の概念を拡張し、一般的な意味での経済資本に加えて、文化資本や社会関係資本という類型を提示した。文化資本の例としては、たとえば蔵書や絵画、学歴、そして審美眼や教養といったものが挙げられる。これらをみればわかるように、文化資本は行為者がものとして所有できる「客体化された形式」だけでなく、「制度化された形式」や「身体化された形式」（つまりハビトゥス化した状態）の三つの形式をとる。また、社会関係資本の例としては、人脈のような人間関係や「そうしたネットワークのおかげで動かすことのできる資本や権力の総和」を挙げることができる（Bourdieu & Wacquant 1992: 94–5=2007: 158）。

これらの資本はいずれも獲得するのにコストがかかるという意味で投資の対象であり、獲得された資本は元金として次なる実践へと運用され、また他者に相続する――たとえば、審美眼や教養であれば家庭での教え込みを通して、社会関係資本であれば紹介によって――ことも可能である。このように、ブルデューによって拡張された資本概念は、行為者の場での位置を特定するのみならず、各々の場において観察される非経済的な実践の背後にある「経済の論理」

を捉えることも可能にする。また、実践との関係でいえば、行為者の所有する資本は次なる実践へと投入できる資源となるという意味で、取りうる実践の可能性を規定する要因にもなっている。

もっとも、先ほど挙げたいくつかの資本はあくまで想起しやすい例にすぎない。ブルデューが「ある場との関係においてでなければ、ある資本が存在したり作用したりすることはありません」(Bourdieu & Wacquant 1992: 77=2007: 137) と警告するように、何が資本となるかは特定の時空間における特定の場が、いかなる固有の論理で駆動しているかに依存するからである。[4] このように、資本と場には相互に規定しあう循環的な定義が与えられている。

では、資本とハビトゥス、あるいは場とハビトゥスの関係はいかなるものであろうか。ブルデューは場とハビトゥスの関係について次のように述べる。

ハビトゥスと場との関係は第一には条件付けの関係です。場はハビトゥスを構造化します。ハビトゥスはある場あるいは部分的にオーバーラップする複数の場の内在的必然性が身体化された産物です。場同士の交叉や食い違いがあれば、分裂した、そのうえ引き裂かれたハビトゥスの原理になるでしょう。しかし同時に、ハビトゥスと場との関係は、知識の関係あるいは認知的構築の関係です。場がひとつの有意味な世界、意味や価値を付与された世界、自らのエネルギーを投入するに値する世界として成立するのに、ハビトゥスは一役買っているのです。

(Bourdieu & Wacquant 1992: 102–3=2007: 168–9)

特定の場での実践も、一つの社会的な経験にほかならないのだから、場がハビトゥスを構造化するというのはハビトゥスの定義から推測できる。[5] だが、それと同時に、場が場として行為者に経験されるためには、ハビトゥスが作動することで「場が一つの有意味な世界、意味や価値を付与された世界、自らのエネルギーを投入するに値する世界」として行為者に認識されなければならない。いいかえると、場は単独で成立するものではなく、常にハビトゥスを身体化した行為者による認識を必要とするのである。このように、場とハビトゥスも循環的に関係づけられている。そしてここから、場と相互規定の関係にある資本も、行為者によって資本として認識されなければならないことがわかる。

このハビトゥスによる資本の認識という観点は、「先の三つの種類の資本いずれもがとりうる形態」（Bourdieu & Wacquant 1992: 94=2007: 158）であるところの「象徴資本」という特殊な資本の概念にも大きく関係する。[6]象徴資本について、ブルデューは次のように定義している。

それらの資本はそれぞれの種別的論理を認める知覚カテゴリーを通して把握されたとき、あるいはこういってよければ、それら資本の所有と蓄積の恣意性を見落とす知覚カテゴリーを通して把握されたとき、象徴資本の形態をとるのです。（Bourdieu & Wacquant 1992: 94=2007: 158）

物質的、経済的、文化的、社会的などいかなる種類の資本であれ、それを認識し（知覚し）、識別し、それに価値を付与しうるような知覚カテゴリーをもった社会的行為者によって知覚されたとき、それは象徴資本となります（一例をあげるなら、地中海社会における名誉は象徴資本の典型的な形態です。象徴資本としての名誉は評判

［4］この点について、磯も次のように強調している。「文化資本とは何かを問うことにはあまり意味がない。そうではなく、ある「文化資本」を資本ならしめる界〔場〕の特性を問わなければならない。〔……〕理論的に重要なのはむしろ界〔場〕の特性である」（磯 2020: 216）。

［5］もっとも、行為者はさまざまな社会領域に参加しているのが普通であろうから、特定の場が構造化するのはハビトゥスの一部（特定の性向）だと考えられる。その意味で、特定の場と行為者のハビトゥスの循環関係はある場における場と資本ほど完全な相互規定の関係ではない。

［6］加藤（2015: 207）は、この意味とは別に、非物質的な財である文化資本と社会関係資本を総称して「象徴資本」と呼ぶこともあると指摘している。

を通して、つまり他人が抱く表象を通してしか存在しません。ある行為や特性を名誉あるいは不名誉として知覚し評価するだけの一連の信念を共有する人々が、その限りで抱く表象が名誉を成り立たせるのです)。(Bourdieu 1994: 116–7=2007: 142–3)

行為者の所有するさまざまな種類の資本が「それに価値を付与しうるような知覚カテゴリーをもった社会的行為者によって知覚されたとき」、つまり特定のハビトゥスを通して知覚されたときに、それは象徴資本としても成立する。そのため、象徴資本は特定の行為者(と所有された資本)に対して「他人が抱く表象を通してしか存在し」ない。また、特定の行為者に象徴資本が認められるということは、特定のハビトゥスを身体化している周囲の人々によって「それらの資本の所有と蓄積の恣意性」が見落とされることでもある。これは、象徴資本を有する行為者が権力を行使する場面において、彼/彼女であること自体が権力の正当な根拠として認められていることを含意する――「あの人がそう言うのだから従うよりほかにない」というように。その意味で、「象徴資本とは、マックス・ウェーバーがカリスマと呼んだものを指す別の方法」(Bourdieu 1980a: 243=1988: 233)である。要するに、資本のなかでもそれを所有する行為者の権威や信用を正当化する効果をもつ(ように他者に認識されている)ものが象徴資本といえる。

まとめると、それぞれの場で認められた資本は、第一に行為者の場での位置を意味するものとして、第二に行為者が投入できる資源として、行為者の実践を規定している。また、特定の行為者が所有する資本は名誉のような象徴資本としても識別されることがあり、その場合には行為者が権力を発揮することの正当性を担保する効果をもつ。しかし、何が資本たりえるかは場によって異なり、さらに場は場として認識するハビトゥスによってはじめて成立する(加えて、象徴資本は他者の認識に完全に依存する)。一方で、資本は場の構造を規定する要因であり、場で特定の位置を占める行為者はその経験によってハビトゥスを構造化していく。

このように、ハビトゥス・場・資本はそれぞれに実践を規定するのだが、これら三つの概念は循環的な定義を与えられている。そのうえ、ハビトゥスによって産出された実践は新しい資本の獲得を可能にし、場の構造変動を引き起こす可能性を有してもいるのだから、実践もまた、三つの概念によって単に規定されているわけではない。以上のことから、「〔（ハビトゥス）（資本）〕＋場＝実践」というブルデューが提示した公式は、三つの概念を独立変数として、従属変数である実践を説明するかのような見かけをしているにもかかわらず、まったく別のものとして理解する必要があるとわかるだろう。では、こうした概念の設定は、どのような思想的背景に起因するのだろうか。

## 一―四　客観主義に対する批判

ここでは、以上のような三つの概念が構想された思想的背景の一つとして[7]、ブルデューが行った客観主義に対する批判を確認したい。人々は日々、さまざまな実践を積み重ねている。それらのなかには主観的に意味づけられたものもあれば、無意識的に遂行されるものもあるだろう。だがいずれにせよ、研究者はこうした人々の主観から離れて彼／彼女らの実践を観察し、そこに特定の規則性を見つけ、なされた実践の意味や機能を説明することができる。端的にいって、客観主義とは、このように当事者の外部の視点に立って分析を行う立場を指す。

しかし、客観主義を標榜する研究者は、こうした観察の結果を論じる際に「人々の実践にはこうした規則性がある」というべきところを、「人々は（意識的に／暗黙のうちに）規則に従っている」という論理に置き換えてしまっているのではないか。これが、ブルデューの客観主義に対する批判の要諦であった。

規則性、すなわち統計的に測定できる一定の頻度数で産出されるものとそれを説明できる定式から、自覚的

[7] これら三つの概念が構想された背景については、ブルデューが取り組んだ調査との関係などに注目した磯（2020）の議論も参照されたい。

に編集され自覚的に遵守される規則あるいは神秘的な頭脳機構ないし社会機構の無意識的な規制へと移行することは、現実のモデルからモデルの現実へと横すべりする最も平凡な二つのやり方である。(Bourdieu 1980a: 67=1988: 61)

こうした説明の横すべりが望ましくない理由は二つ考えられる。一つは行為者を規則に従うだけの存在へと矮小化してしまうことであり、これを避けるためにハビトゥス概念が必要となったのは先ほど確認したとおりである。そして、もう一つの理由は、研究者が観察した規則性や構造を現実に存在するものとして扱ってしまうことにある。

問題なのはしたがって、構造の実在論から逃れることだ。一次的経験と手を切り、客観的な関係を構築する上では必要な契機たる客観主義が、それらの関係を、個人と集団の歴史の外ですでに構成された実在として取り扱うことによって実体化する時には必ずや行き着く構造の実在論を、しかも、社会的世界のもつ必然性の説明力を全く欠く主観主義に陥らずに逃れることである。(Bourdieu 1980a: 87-8=1988: 83)

しかし、なぜ「構造の実在論」に陥ることが問題なのだろうか。それは、構造の存続には行為者の(何らかの)認識が不可欠だからである。

マルクスは、自分の理論的モデルから社会的世界の主観的真理を排除し、その代り、力関係のようなこの世界の客観的真理をそれに対置しました。ところが、社会的世界がこの力関係という客観的真理に還元されたとしても、それがある程度までは正当であるとして承認されなかったならば、この世界は動かなかったでしょう。社会的世界を正当なものとする主観的表象は、やはりこの世界のトータルな真理の一部をなすものです。(Bourdieu

1980b: 25=1991: 33）

たとえば、一万円札を使ってものを買うことが何度も観察されているとしよう。だが、ここですぐに「一万円札でものを買える」という規則が実在すると考えてはならない。というのも、こうした規則性が成立しているのは、一万円札に価値を感じたり発行元となる国家を信用していたりといった行為者の認識がある場合に限られるからである。もっとも、毎回の支払いで行為者がそうしたことを意識していなくてもよい。むしろ、こうした認識が「当たり前」のものとして意識されずに保持されているからこそ、私たちは戸惑うことなく支払いを済ますことができる。その意味で、この種の認識は行為の「地」として機能しているわけだが、もし、この認識が完全に失われてしまえば「一万円札でものを買える」という規則性はもはや成立しないだろう。

このように、行為者の認識は規則性が成立するための条件の一つである。それゆえ、「この世界のトータルな真理」を捉えるためには、行為者の認識から離れた規則性と、その規則性を成り立たせている行為者の認識を包括的に説明しなければならない。「社会科学は、自分が「客観的」定義をかち取るためにまず破壊しなくてはならなかった対象の一次的表象を、対象の完全な定義の中に導入し直さなければならない」（Bourdieu 1980a: 233=1988: 222）のだ。

場や資本がハビトゥスを身体化した行為者による認識を必要とするという概念設定は、まさにこの問題を克服するためのものといえる。場や資本によって生じる規則性は客観的な視点からの分析で明らかになるとしても、そうした規則性が成立し存続するためには、行為者がハビトゥスを通して資本に価値があると感じ、場の規範を認識していなければならない――繰り返しになるが、その認識は意識されていなくてよい。前項までで確認した循環的な定義は概念構築の失敗ではなく、「構造は行為者を拘束するが、構造が行為者を拘束できるのは、ハビトゥスの作動によって行為者に何らかの認識が生じる限りである」という社会的世界のあり方を捉えるためのものだったのである。

## 二　理論の特性――分析視座としての場の理論（二）

場の理論における三つの基本概念は、一方ではそれぞれのかたちで――ハビトゥスは過去との関係において、場はそこに固有の規範を通して、資本は投入できる資源として――行為者の実践を規定するが、他方では相互に循環的な定義を与えられている。こうした循環的な定義は一見すると問題があるように思えるが、それは構造をめぐるブルデューの立場――構造は行為者を拘束するが、構造が行為者を拘束できるのは、ハビトゥスの作動によって行為者に何らかの認識が生じる限りである――に起因するものであり、人間を対象とする社会科学の特性に沿った正当な立場といえる。前節で確認した以上の点を踏まえつつ、本節では円谷の経歴を論じるための分析視座として場の理論に依拠する理由を、四つの観点で検討したい。

### 二―一　概念の開放性と探索的な研究

三つの基本概念が循環的に定義されることに思想的な必然性があるとしても、こうした定義では概念があいまいなものになり、結果として妥当な分析ができないのではないか。こういった疑問を抱く人もいるかもしれない。これに対して、ブルデューは哲学者のルートヴィヒ・ヴィトゲンシュタインに言及しながら次のように反論する。

彼〔ヴィトゲンシュタイン〕は、あまりにもきちんと構築されすぎた概念とか「前以って行なう定義」を初めとする、実証主義的方法論の偽りの厳密さというものが持つ「閉鎖効果」を告発しています。くどいようですが、最も凡庸な研究者たちが、プラトンの言葉を借りるなら、「子獅子の爪にやすりをかける」、つまり、科学的想像力による創造と革新に水をさし、おとしめようとする際に、〔……〕真に厳密な認識論なら、研究者を解放することができるはずなのです。というわけで、私が練り上げた概念のいくつかに対して「ぼんやりしている」という印象を抱くことがあるのは、それらの概念を概念的作業の産物とみなすからだ、と思います。〔……〕概念というのは、開かれたもの、暫定的なものであり続けてもかまいませんし、ある意味では、そうあらねばなりません。さりとて、漠然としているとか、近似的であるとか、不明瞭であるということにはなりません。科学的実践に関するあらゆる真の反省は、こうした概念の開放性——これによって、それらの概念の「示唆的」性格、つまり、科学的効果を産み出す（見えないものを見させ、解説だけでなく、なすべき探求を示唆することによって）能力が作り出されるわけですが——とは、生成過程にあるあらゆる科学的思考に固有のものであるということを、証明しています。（Bourdieu 1987: 54–5=1991: 69–70）

ここでは、概念を操作的に定義し、それに対応する指標となりうる現実のデータを集め、仮説や理論を検証するという実証主義的な手続きが批判されている。ブルデューによれば、実証主義的な「厳密さ」は研究者の視野を狭めてしまう。そうではなく、概念とは「開かれたもの、暫定的なもの」であることによって「見えないものを見させ」「なすべき探求を示唆する」ものでなければならない。概念の開放性は不完全さの証ではなく、研究を探索的に進めるうえで有効に機能する。

磯（2020: 231–4）は、このブルデューの主張を、アメリカの社会学者ハーバード・ブルーマーが「感受概念（sensitizing concept）／定義的な概念（definitive concept）」の対比によって提示した問題の延長に位置づけている。感受概念とは「経験的な事例にアプローチする際に、どこを参照するかとか、どのように接近するかというような概括的な意味を与えるもの」（Blumer 1969=1991: 192）であり、基準が抽象的に定められた定義的な概念の対極にある。定義的な概念だけでは現実の多くの側面が切り落とされてしまうだろうし、感受概念だけでは科学的な厳密性を担保することができない。ブルーマーは、このトレードオフ関係を「ありのままの社会的世界についての経験科学として成立するためにわれわれの研究領域が抱えている、基本的な争点」（Blumer 1969=1991: 198）とみなした。

この議論を踏まえて、磯はブルデューがこのトレードオフ関係を乗り越えていると評価し、その理由について、場概念を例に説明している。「界〔場〕概念は抽象的かつ体系的に定義され、様々な事象を分析できるように組み立てられている」と同時に、それはヒューリスティックに用いられる。たとえば、「界〔場〕の境界の存在は理論的に明確に規定されている一方で、それは単純に演繹できるものではな」(磯 2020: 234) く、それぞれの経験的な研究のなかで検討されなければならない。こうして、「界〔場〕概念は記述の一般的指針 (orientation) としても機能」(磯 2020: 234) する。もちろん、このことはハビトゥスや資本概念にも当てはまる。

この磯の指摘は、次のようにいいかえられよう。すなわち、現実の対象を観察する際に場の理論に依拠することで、一方では「場の境界はどこに設定されるのか」「ここで獲得を目指されている資本とは何か」「この行為者のハビトゥスはどのようなものか、それは過去のどのような経験と対応しているのか」といった点に注意を向けることが求められ、それが個々の事例分析の精緻化へとつながっていく。他方で、ハビトゥス・場・資本といった概念が抽象的かつ体系的に設定されていることで、完全な手探り状態や非体系的な分析を回避でき、的確に研究を進めることが可能になる。このように、場の理論は論理的・科学的な厳密性と個別事例に応じた柔軟性を兼ね備えている。これが、本書の議論が場の理論に依拠する第一の理由である。

## 二―二　内的読解と外的分析の乗り越え

文化生産の場の分析において、ブルデューは内的読解と外的分析の二者択一の乗り越えという問題を提起する。内的読解とはテクストの解釈を通してその意味を明らかにしようとするアプローチであり、それらはテクストの意味を純粋で非時間的なもの――社会的なコンテクストからの影響をまったく受けていないもの――として扱ってしまう。同時に、この立場はテクストの創造者である作家を「自由な主体」へと祀り上げもする。その典型例として、ブルデューはサルトルのフローベール論を挙げる。

つまり創造者がみずからの人生の企図を自分に差し向ける契機としての、自由で意識的な自己創造行為である「本源的な投企」という自己破壊的な観念を、導入するのである。創造されざる「創造者」への信仰を打ち立てるこの創成神話（これはハビトゥスの観念とのあいだに、「創世記」が進化論とのあいだにもっているのと同じ関係をもっている）によって、サルトルは各々の人間存在の起源に一種の自由で意識的な自己決定行為を、すなわち純粋な自由のうちになされた出発時の選択のうちにその後のあらゆる行為を宿しているような、起源をもたない根源的な投企を設定するのであり、この超越論的否認によって、それらの行為を科学による把握から決定的に引き剥がしてしまうのである。(Bourdieu 1992: 265=1996: 26-7)

ハビトゥス概念を導入する意義の一つが、習慣や社会的拘束に従うだけの自動人形と過去や周囲の状況に縛られない自由で意識的な主体という二対の人間観を共に退ける点にあったことを思い出せば、ここでブルデューが行っているサルトル批判はすぐに理解できるだろう。テクストを創造した作家を理解するためには、サルトルのように作家を自由で意識的な主体とみなすのではなく、彼／彼女にのしかかるさまざまな外的規定要因を把握しなければならない。そして、こうした外的規定要因を踏まえることで、作家と「同じ」視点を——神秘主義的な追体験とは違うかたちで——理解することが可能になる。

逆説的なことだが、作者の主観的な意図（あるいはこう言ったほうがよければ、かつて私が作者の「創造的企図」と呼んだもの）に参加する可能性がいくらかでもあるとすれば、それはただ、作者がその内部に位置づけられ、彼のやりたかったことが明確化される母胎となった位置空間を再構成するのに必要な、たゆまざる客観化の作業を達成することによってのみである。別の言い方をすると、文学場を構成する数々の位置の空間における作者の位置づけをとらえ直すのでなければ、作者の（または一般に行為者の）視点をとり、それを理解する――ただし、その位置を現実に占めている者が実際上おこなっている理解とはまったく異なった理解の仕方で理解する――ことはできないということだ。（Bourdieu 1992: 130=1995: 144）

このように、作家を取り巻く外的規定要因を把握し、テクストを固有の時空間に属するものとして扱うことで、内在読解の抱える問題を克服することができる。しかしながら、分析に外的規定要因を取り入れる際には、それらを作品や作家へと短絡させる外的分析に陥らないように注意しなければならない。いいかえると、作品の特徴が外的規定要因を反映したものである、という論理を乗り越えなければならない。

いっぽう外的分析はと言えば、それが文化的作品を社会世界の単なる反映と考えるにせよ、（法律に関してエンゲルスが用いた言い方を借りれば）「象徴的表現」と考えるにせよ、いずれにしてもその文化的作品を、それが表現しているとみなされる作者の社会的特徴に、あるいは作者が明示的・暗示的に名指して語りかけていた読者集団に、直接関係づける。自律的な社会的圏域としての文化生産の場を再導入すること、それは、洗練の度合に差はあれ、「反映」理論のあらゆる形式がこれまでおこなってきた還元という操作を逃れることである。（Bourdieu 1992: 284=1996: 46）

ここで「反映」理論として想定されているのは「文化的作品のマルクス主義的分析、とりわけルカーチとゴルドマンのそれ」（Bourdieu 1992: 284=1996: 46）であり、ブルデューはこうしたマルクス主義的な批評が、作品の特徴を作家や主要な観客の「階級」に直接結びつけることを批判している。そのため、この批判は第一章で取り上げたタイプの社会反映論的な分析に直接向けられたものではないのだが、外的規定要因を短絡的に結びつけてはならないというブルデューの批判の要点は、前章で確認した社会反映論に対する批判（☞四頁）と同型といえる。

また、外的規定要因を分析に組み込みながら「反映」理論を回避するために、ブルデューが提示する方針も、基本的には前章で確認したものと変わらない。すなわち、さまざまな外的規定要因と対象を直接に結びつけるのではなく、両者がどのような影響関係にあるのかという因果経路を考慮することである。場の理論において、こうした因果経路は場の「相対的自律性」の問題として捉え直すことができる。

> 種々の外的規定要因の影響は、場に固有の諸力や諸形式を媒介としてしか、けっして及ぼされることはない。つまり場が高度の自律性をもち、固有の論理を強く押しつけることができるほど、それだけ重要なものとなる再構造化——それは場の歴史全体をもろもろの制度やメカニズムのうちに客体化することにほかならない——を経た後でなければ、外的規定要因の影響はけっして及ぼされることはないのである。
>
> したがって、現実的・潜在的な位置と立場決定の空間（可能態の空間または問題系の空間）としての場に固有の論理を考慮に入れることによってはじめて、外的な諸力がこの論理に従って転換されたうえで、場の内部でいかなる形式をまというるかを適切に理解することができる。それは外的な諸力が持続的に形づくってきた生産者のハビトゥスを通して作用する社会的規定要因であってもいいし、経済危機や経済発展、革命や疫病のように、作品生産のまさにその時点で場に及ぼされる社会的規定要因であってもいい。換言すれば、経済的あるいは形態的規定要因は場の固有の構造を通してしか作用しないのであり、場合によってはまったく予期せぬ経路をたどることもありうる。たとえば経済発展が、生産者の、あるいは読者や観衆など受容者大衆の量的な増大という現象を介して、その最も重大な影響を及ぼすこともありうるように。（Bourdieu 1992: 322–3=1996: 89–90）

それぞれの場には固有の賭け金＝争点があり、それをめぐる闘争が行われている。これによって生じる場に固有の論理が、領域外の要因の影響を変換し、いわば屈折させる効果をもつ。そのため、領域外の要因は常に場の「固有の構造を通してしか作用しないのであり、場合によってはまったく予期せぬ経路をたどることもありうる」。このように、場の概念は反映論的な分析が見落としがちな因果経路を発見し解釈するための視座となる。この点でも、場の理論は本書の問題関心に沿った分析視座といえよう。

### 二―三　闘争モデルの妥当性

場の理論では、行為者は場に固有の資本をめぐって闘争を繰り広げるものとして理解される。もっとも、第一節で確認したとおり、この闘争関係も行為者に「闘争」として明確に意識されている必要はない。

> 〔場に参加することによって〕位置づけられている以上、彼〔文化生産者〕は自らを位置づけ、他から差別化しないわけにはいきません。そしてそれは、いかなる差別化の探求とも無縁なところでおこなわれるのです。ゲームに参加するときには、ゲーム感覚を備えたすべての人々にたいしてそうであるように彼にも種々の制約や可能性が提示されるわけですが、彼はゲームに内在しているそれらの制約や可能性を、すべて「なすべきこと」として、つまり創造すべき形式、案出すべき方法、要するに大小の差はあれ「存在志向」を賦与された一連の可能態として、暗黙のうちに受け入れるのです。(Bourdieu 1994: 72=2007: 88–9)

場への参加は、「いかなる差別化の探求とも無縁なところで」行為者に他者との差別化を促す。たとえば、ある行為者は「この表現が最適だから」などと考えて——他者から差異化したいという意識なしに——特定の表現形式を選択することがある。この選択は、しかし客観的には、場のなかで特定の資本を獲得するための振る舞いとして理解される。本書の冒頭で述べたように、ブルデューのいう「卓越化(distinction)」とは、明確な意識を必要とせずに他者から差別化し場で優位な地位を占めようとすることである。要するに、「資本の獲得を目指す闘争」や「卓越化」は行為者の主観を離れたところに見出される分析のためのモデルであり、必ずしも現実に敵対関係があるわけではない。

この闘争モデルは、たしかにさまざまな社会領域に見て取ることができるように思われる。しかし、社会関係を闘争として眺めることが、ありとあらゆる社会領域を理解するうえで常に有用かと問われれば、それに同意するのは困難だろう。この点について、ベルナール・ライールは次のように指摘している。

> 「場」の概念は、その創始者によって、「現実の実践諸領域」を説明することができる唯一の文脈であるとしてしばしば提示される。けれども、その概念は、ありうるすべての認識関心のうちから特別な一つを選択したものであるということだけでなく、特定の一分析レベル（長期持続と一度期の歴史との間にある）を選択したものであるということも含意している。それは、社会的行動を説明するための、そして社会空間全体を網羅するための最も適合的な唯一の文脈（*le* contexte）として定義されるのだが、結局のところ、特定の一類型の社会的文脈を指し示しているにすぎず、このまさに同じ文脈の一定の側面（全体ではない）にアクセントを置くものなのである。（Lahire 2012=2016: 139–40）

> 厳密な科学的概念としての場は、一つの実践分野（法、文学など）に属するすべての事実、すべての制度、すべての相互行為、すべての実践を考慮に入れるのではなく、場に特殊な資本の領有あるいは再定義をめぐる闘争に関係するものだけを保持するような選択的枠組みなのである。（Lahire 2012=2016: 154）

場の理論が想定する闘争モデルは、人々の実践を理解するための「特定の一類型の社会的文脈を指し示しているにすぎ」ない「選択的枠組み」である。同じ対象を異なる認識関心に基づいて分析することも可能であるし、闘争モデルとは別のモデルのほうが妥当な社会領域や関係性[8]も存在する。そのため、場という概念ですべてを説明しようとするのではなく、適切な使い分けがなされるべきではないか。ライールのこの提案は、穏当かつ適切なもののように思われる。そして、この提案を踏まえるならば、場の理論に依拠するそれぞれの研究では、場の概念や闘争モデルを採用することが本当に妥当なのかについて、検討を行う必要がある。

これについての本章の立場は次のとおりである。まず、映画制作をめぐる領域を場と捉えることの妥当性は、次の二点に集約できる。第一に、制作される映画はその時々の社会状況から影響を受けつつも、制作に固有の条件やこれまでの作品史に大きく規定されているという意味で、一つの特殊化した社会領域とみなすことができる。第二に、制作された映画は観客数や種々の批評を通して評価されるが、制作者がそうした評価にまったく影響されず、無関心でいることはありえないと考えられる。したがって、映画制作に携わる行為者を、これらの評価などをめぐって競合するものとして捉える闘争モデルには一定の説明力が認められる。

そのうえ、場の概念や闘争モデルは、本書の問いにとっても適切な視座といえる。映画の作者として認められること、しかも聖化された存在として認められることは、映画制作に携わっていた人々のなかのごく一部しかありえない。円谷はこの希少な地位に到達した存在であり、その意味で場での卓越化に成功した人物とみなすことができるからだ。したがって、場の理論に依拠した円谷の経歴の再記述は、この卓越化の背景となる要因を理解するために有効な方法である。以上のことから、対象の基本的な性質としても、また問いとの関係においても、闘争モデルを本書の「選択的枠組み」として用いることは妥当といえよう。

## 二-四　異質な社会領域の構造比較

次の引用で論じられているように、場の理論はハビトゥス・場・資本といった抽象度の高い基本概念によって構成されているため、同一領域の時代別あるいは地域別の比較のみならず、異なる社会領域――そのうえ時代や地域も異なっていてよい――の構造を比較できるという利点がある。

政治場という概念にはいくつかの利点があります。この概念は政治あるいは政治ゲームという現実を厳密に構成することを可能にしてくれます。また、構成されたこの現実を、宗教場、芸術場といった他の現実と比較することを可能にしてくれます。周知のように、比較とは社会科学において構成および分析のもっとも有効な道具の一つです。「社会学とは比較研究である」とデュルケームが言っています。何人もの偉大な歴史家がこの命題を受け継いで比較研究をすぐれた認識手段とすることに努めました。（Bourdieu 2000: 51=2003: 73-4）

要するに、場の概念を用いれば、一般性の中の特殊性、特殊性の中の一般性を把握する手段を手に入れることができるわけです。どれほど特殊・専門的なモノグラフィー（フローベールの時代のフランス文学場とか、芸術場の真っ只中でマネが実現した革命とか、十九世紀末葉の文学場内での闘争――いずれも現在私が行っている研究です――などに関する）にも、場の動き方に関する一般的命題を要求することができますし、場の動き方の一般理論から、個別的場（例えば、個人住宅の生産業者の場――この研究も、これから取りかかろうと考えています）の個別的状態の動き方に関するきわめて有力な仮説を引き出すこともできるわけです。（Bourdieu 1987: 168-9=1991: 223）

［8］闘争モデルとは異なるモデルのほうが適切だと考えられる関係性の例として、ライールは家族を挙げている。「したがって家族は、そこで「家族資本」――とても謎めいた――の領有をめぐる闘争が主に観察される空間を構成するものではない。親子関係や夫婦関係は、闘争であるだけでなく、連帯や相互扶助や協同でもある」（Lahire 2012=2016: 164-5）。

芸術、宗教、政治、経済……といったまったく異なる領域を、場の構造という「構成された現実」の相において比較することで、「一般性の中の特殊性、特殊性の中の一般性を把握する手段を手に入れることができる」。比較には常に何らかの共通の基準、つまり差異の前提となる同一性が必要になるが、ブルデューはその同一性を、抽象化した諸概念によって描き出される構造の次元に求めている。

そして、こうした比較可能性に開かれているからこそ、場の理論に依拠してなされたモノグラフが提示する経験的な知見は、別の研究を進める際の「有力な仮説」として機能する。たとえば、ブルデューが『ディスタンクシオン』で示した社会空間の差異化原理――資本の総量とその内訳（経済資本／文化資本の比重）が主要な原理となる――は、一九七〇年前後にフランスで行われた調査の分析結果によって示されたものであるが、日本社会の分析を新しく始める際には一つの仮説――同様の構造が観察できるだろう――として参照できる。もちろん、これは仮説であるから、実際の分析結果としては、同様の構造が観察されることもあれば、異なる構造が描出されることもあるだろう。だがいずれにせよ、こうした経験的なデータによる検証を経て、個々の領域の構造レベルの性質が明らかになっていく。

本書の議論が場の理論に依拠する四つ目の理由は、この構造レベルでの比較可能性にある。というのも、この特性によって、円谷英二という対象が社会学的にも興味深い対象であることを明確にできるからである。この点について、次節で詳しくみていくことにしよう。

## 三　場の理論と経験的な知見

この節では、場の理論に依拠して文化領域を論じた先行研究を検討することで、本書で取り組む理論的な問いを設定する。議論を先取りしておくと、本書が取り組む社会学的な問いは次の二つである。

（一）「芸術と金銭の対立」とは異なる構造下では、行為者の卓越化はどのような過程を経るのか
（二）商業的な成功を伴った「知覚規範の形成」はいかにして成立するのか

いずれの問いも、ブルデューがフランスの文学場・芸術場を分析することで提示した「芸術と金銭の対立」構造が前提となるため、この点から順を追って確認していきたい。

## 三―一　「芸術と金銭の対立」構造

ブルデューは、フランスの文学場が一九世紀末に高い自律性に達したことで「裏返しの経済」が成立したと分析している。

相対的に自律性をもった（ということはもちろん、特に経済場や政治場にたいして相対的に従属してもいるということである）この圏域は、固有の論理において象徴財の性格――商品と意味という二面性をもった現実であり、そのいわゆる象徴的な価値と商品価値がたがいに独立した状態にとどまっているという性格――そのものの上に基礎を置いている裏返しの経済に、それなりの場所を与えている。もっぱら市場を対象とした文化生産と、部分的にはこれにたいする反作用としての象徴的所有化を前提とした「純粋」作品の生産、これら二つの生産様式の出現へといたった特殊化のプロセスを経た末に、文化生産の場は、現状ではきわめておおざっぱに言ってひとつの差異化原理に従って形成されている。その原理とは、文化生産のさまざまな事業が市場および明示的・暗示的な需要にたいしてとっている、客観的・主観的距離にほかならない。というのも、生産者の戦略はすべて、需要への臆面もない全面的な従属と、市場とその要請にたいする絶対的な独立という、実際にはけっして越えられることのない二つの限界のあいだに分布しているからである。（Bourdieu 1992: 201-2=1995: 227）

文学場は、場における象徴資本と経済資本のあいだに成立したトレードオフ関係によって、限定生産の下位場と大量生産の下位場に分極する。文学場のなかで相対的自律性の高い極である限定生産の下位場は「脱利害的な価値観をいやでも承認し、いわゆる「経済」(「商業的なもの」)および(短期的な)「経済的」利益を否定するところに成り立つもので」「否定された「経済」資本としての象徴資本の蓄積へと向かってゆく」(Bourdieu 1992: 202= 1995: 228)ように行為者の実践を方向づける。そのため、限定生産の下位場において、そこに固有の象徴資本を獲得しようとする行為者は経済資本を否認しなければならない。

このように、ブルデューは一九世紀末のフランスでの文学場・芸術場の性質として、「芸術と金銭の対立」構造を提示し、そこでは「経済資本の否認による卓越化」が生じると指摘した。そして、この経験的な知見は、現代文化を対象とした研究でも観察できるものとして、しばしば参照されてきた。

たとえば、ガブリエル・ロスマンとオリバー・シルケは「芸術と金銭の対立」構造を理論仮説に採用して、アメリカのアカデミー賞受賞について計量分析を行っている(Rossman & Schilke 2014)。また、ジュリアン・デュヴァルは、本書の付録でも用いた多重対応分析によってフランスの映画場を分析した(Duval 2006)。両研究の詳細は割愛するが、ともに基本的には「芸術と金銭の対立」構造を支持する結果が提示されている。

また、国内の質的な研究でも、「芸術と金銭の対立」構造が想定されてきた。その一例として、同人誌即売会で参与観察やインタビュー調査を行った七邊信重(2010)が挙げられる。七邊は、同人界(場)では、経済的利益を否定して「活動自体の楽しさ」と「同人仲間内での人気・承認の獲得」が追求されることを指摘した。この結果から、七邊は、同人界(場)には「表現の可能性の追求」を目指す芸術場とは異なる固有の論理が存在する一方で、その構造自体は文学場と同じく経済資本と象徴資本の対立が基調になっていると結論づけている。

そして、南田勝也(2001)によるロックミュージック場の分析では、ロックミュージック場を〈アウトサイド〉指標、〈アート〉指標、〈エンターテイメント〉指標の三つによって特徴づけ、〈アウトサイド〉指標と〈アート〉指標に向かうことを「下方向の卓越化」と定義して、大衆化を志向する〈エンターテイメント〉指標に対置している（南田 2001: 40-62）。この「下方向への卓越化」に注目すると、南田の分析でも基本的には経済資本と象徴資本の対立構造が想定されているといえるだろう。しかし実は、南田の議論には、経済資本と象徴資本の対立には還元できない論点も含まれている。本書にとって、とくに重要な指摘はこれである。

### 三―二　卓越化の過程

その指摘とは、対抗文化が興隆した一九六〇年代には、三つの指標が相互に結合可能だったというものだ。

対抗文化との相互関係のなかでロックは自律的な音楽文化に成長したわけだが、ともすれば閉鎖的な共同体意識や芸術志向に陥りがちな特性も、対抗文化自体が流通システムの新しいかたちを用意したことで、それほど矛盾や葛藤を感じさせずに「商品としてのロック」と並存できた。つまり、ロック文化生成の段階で、〈アウトサイド〉と〈アート〉を尊重するためにポピュラリティを犠牲にするという選択をせずにすんだのである。（南田 2001: 32）

対抗文化の興隆という時代背景によって、ロックミュージック場における経済資本と象徴資本の対立は、一九六〇年代には緩和されていた。そして、こうした構造下では、経済資本の獲得が象徴資本の獲得にまで展開することさえある。

ビートルズが達成した驚異的な売り上げ記録の数々は新しい文化を担う自負心をもつ人にとっての追い風になっ

たし、ボブ・ディランのロックへの転身の「成功」を証明したのは、シングル盤「ライク・ア・ローリング・ストーン」がチャートを駆け上ったからこそである。（南田 2001: 30）

この指摘は、経済資本と象徴資本の対立構造がみられない（調停されている）場においては、「経済資本の否認による卓越化」とは異なる卓越化が成立する可能性を示唆している。しかし、南田の議論では、この卓越化がいかなる過程を経るのかは明らかになっていない。一般に、ポピュラリティの獲得（とその帰結としての経済資本の獲得）が重視される場であっても、経済資本の獲得が常に象徴資本の獲得につながるわけではない。むしろ、経済資本を獲得しても一時的な流行に留まるだけで、象徴資本は獲得できないまま忘れ去られることのほうが多いといっても過言ではないだろう。この点に鑑みれば、経済資本と象徴資本の対立構造がみられない場において成立する「経済資本の否認による卓越化」とは異なる卓越化の過程を明らかにすることは、場の理論に依拠して蓄積されてきた社会学的な知見を発展させるための重要な論点といえる。

円谷の地位上昇が始まった一九五〇年代は、黒澤明や溝口健二らが国際映画祭で評価されるとともに、一九五八年には年間観客数がのべ一一億人を突破した日本映画の「黄金期」である。当時において、芸術的正統性と大衆的娯楽性は一致も背反もしなかったように思われる——実際、今日では巨匠とされる黒澤らの作品の興行収入も、決して低いものではなかった。また、『ゴジラ』（一九五四）などの商業的成功は、それが一時的な流行で終わる可能性も十分あったにもかかわらず、最終的には円谷の聖化にまで発展した。このように、円谷は「経済資本の否認による卓越化」とは異なる卓越化の過程を検証するための適当な対象なのである。本書の第四章から第六章では、この卓越化の過程を明らかにする。

## 三―三　知覚規範の形成

次に、「商業的な成功を伴った「知覚規範の形成」はいかにして成立するのか」という本書の二つ目の問いについて検討することにしよう。ブルデューは、限定生産の下位場と大量生産の下位場の違いの一つとして「生産周期の差異」を挙げている。

> ある事業は、それが市場に供給する生産物が、あらかじめ存在する需要にたいして、しかも既成の諸形式において、より直接的に、あるいはより完全に対応すればするほど、それだけ「商業的なもの」の極に近づくことになる。したがって生産周期の長さは、場における文化生産の事業の位置を測定するにあたって、おそらく最良の尺度のひとつとなるであろう。こうして一方には短期的な生産周期の事業、他方には長期的な生産周期の事業という構図が得られる。前者はだいたい予測がつく需要にあらかじめ合わせてリスクを最小限に抑えることを目的としたもので、急速に陳腐化してしまう生産物を迅速に流通させることで利益を加速度的に得させてくれる、そんな販売ルートと宣伝手段（コマーシャル、広報活動など）をもっている。後者は文化的投資にはつきもののリスクを受け入れ、とりわけ芸術関係の商売に固有の法則に従うところに成り立っている。つまり完全に未来を向いているこの生産様式は、現在の時点で市場をもっていないので、生産物のストックを作りだす傾向があるのだが、このストックはつねに、単なるモノ（として価値がはかられるもの、たとえば紙の重さで何グラムいくらというように）の状態に戻ってしまう危険にさらされているのである。（Bourdieu 1992: 203= 1995: 228-9）

大量生産の下位場では、経済資本を獲得するために「あらかじめ存在する需要」に順応した作品が制作される。こうして即座の経済的利益をあげた作品は、しかし一時の流行として「急速に陳腐化してしまう」。そのため、大量生産の下位場では次々と作品が制作され消費されてゆく（「短期的な生産周期の事業」）。それに対して、限定生産の下位場において制作される作品は「現在の時点で市場をもっていない」。こうした作品は自ら需要を作り出さねばならないのであって、必然的に流通するまでに時間がかかる（「長期的な生産周期の事業」）。もちろん、需要を作り出すことに成功するとは限らないから、限定生産の下位場で制作された作品は、常に「単なるモノの状態に戻ってしまう危険にさらされている」。

この限定生産の下位場における新たな需要の創出という特徴は、ブルデューが別のところで論じる「知覚規範の押しつけ」をめぐる議論と対応している。

> 文化生産の自律性が増せば増すほど、作品が読者や観客（たいていの場合は批評家）にたいして、その作品自体がもたらす固有の知覚規範を押しつけるまでに必要な時間もそれだけ長くなるという事実だ。需要と供給のこうした時間的なずれは、限定生産の場の構造的な特徴となりがちである。文学場の中でも経済的には被支配的だが象徴的には支配的な極に成立する、本来的には反・経済的なこの経済圏域においては、〔……〕少なくとも短期的には、自分の競争相手しか読者がいないということもありうる（たとえば第二帝政下で、検閲制度ができて大手の雑誌が若手作家に門戸を閉ざしたとき、多くは短命であったものの小雑誌が次々と発刊されたが、その読者の大部分は当該雑誌の寄稿者と友人たちであった）。（Bourdieu 1992: 122=1995: 135）

限定生産の下位場において制作される（前衛的な）作品は、既成の知覚規範[9]――その作品のどこに注目して何を感じればよいのか、あるいはどのように評価すればよいのか、といった美的判断を方向づける規範――に沿った性向（ないし図式）では適切に理解することができない。そのため、「その作品自体がもたらす固有の知覚規範を押しつけ」て、受容者に新しい性向を身体化させる必要があるが、もちろんそれには時間がかかる。限定生産の下位場の生産周期が長期的なのは、この「知覚規範の押しつけ」に必要な時間が長いからである。「需要の創出」をめぐる議論と「知覚規範の押しつけ」に関する議論は、このように接続することができる。この議論は、前衛的な作品が受け入れられるまでに時間を要するメカニズムを適切に説明している。

それでは、即座の商業的成功が伴った場合に、新しい知覚規範の押しつけは成立するのであろうか。また、成立するとすれば、それはいかなる過程をたどるのだろうか。この点について、ブルデューは明確な議論を展開していない。だが、①ブルデューの分析の中心が限定生産の下位場にあったこと、②大量生産の下位場を「需要への臆面もない全面的な従属」の極に近い他律的な領域と定義していること、そして③文化生産の場の自律性を擁護すべきだと主張していること（Bourdieu 1992: 459-72=1996: 237-51）の三点に鑑みれば、ブルデューは商業的に成功した作品による知覚規範の押しつけには否定的だったように思われる[10]。

また、仮に商業的に成功した作品で知覚規範の押しつけが生じることを認めたとしても、その過程は限定生産の下位場の場合とは大きく異なるはずだ。そのため、この過程について理解するためには、ブルデューが論じなかったタイプの事例を分析する必要がある。

さらに、「知覚規範の押しつけ（imposer）」というアイデアは、受容者を作品から一方向的に影響を受けるだけの存在と捉えている点でも十分とはいいがたい。実際には、新しい知覚規範が成立する過程で、受容者がより中心的な役割を果たすこと――その意味で、作品による知覚規範の押しつけというよりも、作品をめぐる知覚規範の形成と呼ぶべき事例――も少なくないからである。たとえば、作品の鑑賞とは異なる受容者の実践が結びつくことで、新しい

［9］生理学的には「知覚」よりも「認知」というべきだろうが、本書ではブルデューの記述にしたがう。

［10］とりわけ、③に関する議論に注目すれば、ブルデューが商業的に成功した作品を、既存の知覚規範を再生産する（新たな知覚規範を押しつける必要のない）もの、あるいは場の外部からの要請によって形成された（場の固有性に立脚しない）知覚規範を押しつけるもの、とみなしていた可能性は大いに考えられる。もっとも、この点については学説史的な観点からの研究が不可欠であり、ここで提示した解釈はあくまで一つの仮説にすぎない。

知覚規範が成立するというケースがありうるだろう。

実のところ、特撮を見る独特の経験は、まさにこのような過程を経て成立したと考えられる。本書の第七章では、円谷の執筆した技術解説記事と作品受容のあり方を分析することでこのことを明らかにし、商業的成功を伴う知覚規範の形成過程について、新たな知見を提示したい。

＊

以上が本書の依拠する理論的視座の紹介と社会学的な問題設定である。本章の最後に、以降の分析で用いる重要概念の概要をまとめておく（表2－1）。以降の分析を読み進めるうえで、適宜参照してほしい。

**表 2-1　重要概念とその概要**

| 概念 | 概要 |
|---|---|
| 実践 | 分析の対象となる行為者の行動全般を指す概念。実践のなかには，意識的な行為から慣習行動のような無意識的なものまでが含まれる。「計画や思考を実行に移す」という日常的な用法とは異なる。 |
| ハビトゥス | 行為者が身体化した図式や性向の体系。行為者の過去の経験によって形成され，次なる実践や思考，知覚を生み出す産出原理とされる。そのため，ハビトゥスは基本的に，過去を再生産する方向で実践を規定する。ただし，それは過去の機械的な再生産ではなく，場や資本の状態によって異なる実践を産み出しうる。 |
| 場 | 行為者が参入する特定の社会領域。場に固有の資本をめぐる闘争が展開されるが，この闘争は理論的なモデルであり，実際に敵対関係として意識される必要はない。場の外部で生じた社会変動は，場に固有の論理によって変換され，間接的に影響を及ぼす。 |
| 資本 | それぞれの場で価値があると認められたもの。行為者は資本の獲得を目指して実践を展開する（ただし，資本の獲得についても行為者が明確に意識しているとは限らない)。資本は場における行為者の位置を規定するとともに，行為者が実践に投入できる資源ともなる。<br>資本のなかでも，行為者の権威や信用を正当化する効果をもつものを，象徴資本と呼ぶ。 |
| 戦略 | 場での一連の実践およびそれを方向づける論理。ただし，日常語が含意する「論理的一貫性をもった計画的な行動の選択」ではなく，「ゲームのセンス」のようなものとして想定される。戦略はある程度の一貫性を保つものの，明確な計画性をもたず，状況に合わせてアドホックに運用される。 |
| 卓越化 | 場において，ほかの行為者と差異化することを通して，資本を獲得しようとすること。ほかの諸概念と同じく，行為者が卓越化を明確に意識しているとは限らない。 |

# 第三章　円谷英二の歩み

すでに転機となった時期や出来事のうちのいくつかには言及したが、本章では改めて円谷の経歴をみていく。その際、伝記的事実や制作に携わった作品に加えて、ここでは円谷が執筆した雑誌・新聞記事の傾向変化にも注目する。というのも、これらの執筆記事も作品制作と同じく円谷の実践の一部であり、その傾向から円谷のハビトゥスや獲得した資本、場の構造変動などの様相を検討する手掛かりを得ることができるからだ。

また、円谷は特撮技師として作品制作に参加しているため、編集や演出に注目した作品分析を部分的にしか採用できないことも、執筆記事を重視する理由の一つである。たしかに、特撮が利用されているショット単体や特撮シーンの編集であれば、そこに円谷の影響を読み取ることができる。しかし、本編とのつながりなどに関しては監督に左右されることも多く、円谷の意図が十分に反映されていない作品も少なくない。[1] それゆえ、完成した作品とは異なる資

[1] 切通理作（2014: 77–93）によれば、本多猪四郎が監督した作品においては、円谷は編集まで終わらせた段階で特撮班のフィルムを本多に渡し、また本多も円谷の演出したショットを最大限利用しようと心掛けていたとされる。だが一方で、そんな本多でさえ「『太平洋の鷲』で円谷さんの苦心の特撮部分を大幅にカットするなどで衝突」（松島 1992: 314–5）したという指摘もある。ここからも、どの程度作品に関与できるか自体が円谷にとって大きな問題だったことがうかがえる。

料による検証が、円谷の場合にはとりわけ重要となる。

さらに、円谷が執筆した記事は、当時の観客の鑑賞経験にも少なからぬ影響を与えていた。円谷の卓越化の過程で生じた知覚規範の形成を捉えるためには、こうした執筆記事の影響を検討することが不可欠になる。この点は第七章で論じるが、執筆記事の観客への影響を分析する前に、円谷がどのような記事を、いつ、どんな媒体に発表していたのかを把握しておく必要があるだろう。

以上の理由から、本章では、円谷の伝記的事実を概略的に確認した（第一節）後に、円谷が執筆した記事の傾向変化を定量的に把握することを試みる（第二節）。これによって、円谷の歩んできた道のりを辿り直すことが、本章の目的である。

## 一　円谷英二の略歴

円谷の経歴は雑誌の特集や伝記マンガなど、さまざまな媒体で紹介されてきた。しかし、そのなかには資料との整合性が取れない記述も少なくない。そこで、ここでは竹内博がまとめた年譜（竹内 2010b）を軸として、ほかの制作者による文献なども参照しながら円谷の略歴を確認していく。

### 一―一　映画業界への参入と特撮技師への転身

一九〇一年に福島県の大手商家に生まれた円谷英二（本名、圓谷《つむらや》英一）は、一九一六年に須賀川町立尋常小学校高等科を卒業、上京して月島機械製作所の見習い工員として就職する。しかし、飛行機へのあこがれから製作所をすぐに退職して日本飛行学校に入学、翌年の四月には東京工科学校（現在の日本工業大学）の夜間部にも入学する。しかし、同年五月に教官が死亡する墜落事故が生じたために飛行学校は退学することになり、学費を賄うために内海玩具製作所の考案係の職に就く。

この上京後の足取りについては不明点も多く、文献によってさまざまな記述がみられる。たとえば、鈴木和幸（2001, 2019）による伝記では、教官が死亡する墜落事故が生じたために飛行学校を辞め、その後に東京工科学校に入学したとする一方、安藤清美は「日本飛行学校で航空機操縦士の練習生を募集していることを知ると、東京月島機械製作所を退社し、東京工科学校夜間部も辞めて日本飛行学校に入学」（『福島民報』2020. 3. 7: 14）したとしている。また、円谷自身は、事故が原因で飛行学校を退学し、神田の電機学校（現在の東京電機大学）に入学したと語っている（1965『The Student Times』: 374）。

しかし、鈴木聡司（2021: 143）が指摘しているように、教官の事故の一カ月以上前に発行された東京工科学校の入学通知書が現存することから、入学した学校は東京工科学校で間違いない。また、入学のタイミングも飛行学校に在籍中ということになる。そのため、鈴木聡司のいうように、飛行機事故とは別に、新たに東京工科学校にも通い始めた理由があると考えられる（鈴木聡司 2021: 143）。この理由について、竹内は「強度と安定性の高い飛行機を科学的に作ろう」（竹内 2010b: 769）としたと解釈しているが、明確なことは不明である。また、東京工科学校からの転校はやめた方がよいという実家からの手紙が現存しているものの、『The Student Times』での記述と合わせると、東京工科学校に入学した後に電機学校に転校した可能性もある（竹内 2010b: 769）。しかしながら、現在のところ、この点について事実関係は確認できていない。

以上のように、上京後の足取りについては不確定な点もあるが、いずれにせよ、上京してから映画業界に参入するまでのあいだ、円谷が機械・工学系の技術に関連する学校や職場に在籍していたことはたしかといえる。この経歴が円谷に与えた影響については、第四章で改めて取り上げたい。

さて、考案した玩具が大ヒットし、円谷はその賞与で仲間と花見に行くことになった。その席で起きた喧嘩を仲介したときに出会ったのが、天然色活動写真株式会社（以下、天活）の技師長・枝正義郎である。これをきっかけに枝正に誘われた円谷は、一九一九年に天活に入社、映画の世界に足を踏み入れることになる。

円谷が入社してすぐに天活は国際活映株式会社（以下、国活）に買収され、円谷も枝正とともに国活に移る。枝正のもとで撮影だけでなく美術や現像、時代考証なども経験した円谷は、一九二一年から二年間の兵役を経た後、一九二三年に再び上京する。だが、関東大震災の影響で東京の撮影所は大きな打撃を受けていたため、円谷は映画芸術協会や国活、小笠原プロダクションを転々としながら映画制作に携わることになった[2]。

一九二六年、円谷は衣笠貞之助の「新感覚派映画聯盟」に参加するために京都に移り、松竹下加茂撮影所の撮影助手となる。一九二七年には林長二郎（後の長谷川一夫）のデビュー作であり、当時大ヒットした『稚児の剣法』（監督：犬塚稔）にキャメラマンとして参加している。その後、一九三二年一一月に犬塚とともに松竹から日本活動寫眞株式会社（以下、日活）に移籍するが、「撮影表現上の技術的な問題で日活首脳陣、特に甲斐庸生撮影所長と対立」（竹内 2010b: 773）し、一九三四年二月、実質的には一年あまりで日活を退社する。

日活退社後はJ．O．スタヂオに所属し、合成技術の一種であるスクリーン・プロセスの開発などに従事、円谷の開発したスクリーン・プロセスは一九三七年の日独合作映画『新しき土』で利用され、監督のアーノルド・ファンクからも高評価を受けた。一方で、前年の一九三六年には劇映画『小唄礫 鳥追お市』を監督しているが、この作品に対する批評は芳しくなかった。たとえば、『キネマ旬報』には本作について以下のような批評が掲載されている。

> 勝太郎と共に歌謡曲の人気歌手である市丸を、新劇俳優と共演させて、甘い恋物語をとろうとしたところに、確然と融合しないものが認められたし、不自然にも覚えた〔。〕加えて、劇映画に長じない円谷監督の不手際もあり、劣作が出来てしまったわけだ。（『キネマ旬報』（571）: 214）

このように、松竹に移籍して以降の円谷は、いくつか成果を挙げる一方で否定的な評価を受けることも少なくなかった。つまり、当時の円谷は業界内で毀誉褒貶相半ばする立ち位置にあったのである。

円谷の所属していたＪ．Ｏ．スタヂオは一九三七年にＰ・Ｃ・Ｌ映画製作所などと合併し、東宝映画株式会社（以下、東宝）が設立される。このとき、円谷は森岩雄の要請で東京に異動し、特殊技術課の課長に就任する。それ以前から特撮技術の研究を行ってはいたが、この異動によって、円谷は本格的に特撮技師としての道を歩み始めることになった。異動直後にはほかのキャメラマンからボイコットを受けた[3]ものの、日中戦争から第二次世界大戦へと戦局が進展していくなかで、円谷は徐々に活躍の機会を得ていくことになる。具体的には、軍部の嘱託で教材用の映画制作に携わるとともに、阿部豊が監督した『燃ゆる大空』（一九四〇）や山本嘉次郎が監督した『ハワイ・マレー沖海戦』（一九四二）といった戦争プロパガンダ映画の特撮部分を担当した。

もっとも、『燃ゆる大空』の制作で円谷が置かれていた状況は芳しいものではなかった。この点について、森岩雄は以下のように述べている。

> しかし「燃ゆる大空」の阿部豊監督はじめ撮影のスタッフは、まだ十分に研究もおこなっていない特技撮影を採用することは反対で、あくまでも飛行機を実戦的に飛ばすということを中心にして作りたいと主張して止まない。また、航空本部もその意見を採用し、浜松の飛行場を中心に大演習をおこなう計画があるので、その機会に十分撮影の便宜を計るということで、「燃ゆる大空」は実景主義で行くことになった。〔……〕
> その結果はどうであったか。〔……〕「燃ゆる大空」は飛行機の実戦演習の部分はなるほどよいカットはあった

［2］この再上京時の足跡についても不明点が多い。詳しくは竹内（2010b: 770-1）と鈴木聡司（2021: 143）を参照されたい。

［3］このボイコットについて、円谷は後年に次のように語っている。「その機械〔開発したスクリーン・プロセス〕について私は東京在勤になったのですが、さて東京へ来たもののキャメラマン諸氏が、私にキャメラを回させないのですね」（1960『科学讀賣』: 318）。

が、劇としては穴だらけで迫力がなく、結局は特殊技術を後になって挿入して、なんとか仕上げる始末となった。
(森 1975: 246–7)

一方、この作品の本編の撮影を担当した宮島義勇は、「『燃ゆる大空』では、彼が特撮で撮影した部分はほとんど使わなかった。特撮シーンを本物の間に入れると、逆効果になることが多く、撮り直しをしなければならなかった」(宮島・山口 2002: 83) と回想している。宮島のいう撮り直しが本編であるとすれば、森の記述と矛盾することになる。この両者の食い違いについてはさらなる調査が必要だが、少なくとも、この作品の時点ではまだ、円谷が不完全なかたちでしか制作に関与できなかったことはたしかといえよう。

このように制作面での制約は大きかったものの、円谷は『燃ゆる大空』で日本キャメラマン協会から特殊技術賞を受章している。この受賞について、宮島は「彼の撮ったシーンはほとんど使用していないため、彼の特種《ママ》技術賞は東宝特種《ママ》技術課を代表してと考えたほうがよさそうである」(宮島・山口 2002: 別冊注解 17) と述べているが[4]、いずれにせよ、業界内で特撮の必要性が認められ始めたことは間違いない。そして、「一億人が見た」ともいわれる『ハワイ・マレー沖海戦』でも、円谷は日本撮影者協会[5]から技術研究賞を受賞した。

ここからわかるように、総じて、戦時下という社会状況は円谷にとってプラスに働いた。この期間に、円谷は特撮という新たな制作部門の地位を確立していったのだ。しかし、戦争という例外的な社会状態によってもたらされたこの成功は、長くは続かなかった。一九四八年、円谷は軍部の教材用映画の制作を理由として公職追放指定を受け、東宝を退職することになる。

## 一-二 『ゴジラ』の成功

東宝を退職した円谷は、自宅に「特殊映画技術研究所」を設立して各社の特撮パートを下請けするとともに、インスタント写真撮影機の製造販売なども行った。その後、研究所は一九五〇年に東宝撮影所内に移転、円谷も一九五二年に指定解除されて東宝に正式復帰する。

そして、円谷の人生にとって最大の転機となったのが、一九五四年の一一月に公開された『ゴジラ』の制作であった。この作品が観客動員数のべ九六〇万人に達したことで、依然として懐疑的なまなざしを向けられることも多かった特撮に対する風向きが大きく変化する。円谷はこの作品で日本映画技術賞（日本映画技術協会）を受賞し、一九五五年公開の続編『ゴジラの逆襲』では、クレジットが「特殊技術」から「特技監督」に変更された。当時は代表的なスタッフしかタイトルに載ることができなかったことに鑑みれば、この変更は単なる名称変更以上の意味をもっていたと考えられる。『ゴジラの逆襲』以降の一五年間で、円谷が「特技監督」としてクレジットされた作品は四五作品にのぼる（表3－1）。

また、『ゴジラ』の成功は、円谷が制作に参加できる作品の幅を広げることにもつながった。このことは、円谷が「特技監督」とクレジットされた作品一覧（表3－1）をみれば明らかだろう。怪獣映画の作品数が増加するのは、意外にもゴジラのシリーズ化が決定的となる『モスラ対ゴジラ』（一九六四）以降であり、それ以前に制作された怪獣映画は『ゴジラの逆襲』（一九五五）、『空の大怪獣ラドン』（一九五六）、『大怪獣バラン』（一九五八）、『モスラ』（一九六一）、『キングコング対ゴジラ』（一九六二）と、実は年間一本未満のペースでしか製作されていない。

［4］一方で、宮島は『映画技術』誌で、特撮による映像が中心となった『海軍爆撃隊』（一九四〇）の特殊撮影を昭和一五年度の優秀技術として挙げている（『映画技術』1(1):13）。このように、宮島が円谷の仕事を全面的に否定しているわけではないことには注意されたい。

［5］日本キャメラマン協会は一九四一年の映画法施行に伴い、日本映画撮影者クラブへと改称した（日本映画撮影監督協会、「協会の歴史」〈https://www.thejsc.net/%E6%AD%B4%E5%8F%B2〉（最終閲覧日：二〇二一年八月三一日））。表記にブレがあるが、これと同一組織と考えてよいだろう。

表 3-1 「特技監督」とクレジットされた作品一覧（竹内（2010a）より筆者作成）

| 公開年 | タイトル | 監督 | 空想科学映画 | 怪獣 | その他 |
|---|---|---|---|---|---|
| 1955 | ゴジラの逆襲 | 小田基義 | ○ | ○ | |
| 1956 | 白夫人の妖恋 | 豊田四郎 | | | ○ |
| | 殉愛 | 鈴木英夫 | | | ○ |
| | 空の大怪獣ラドン | 本多猪四郎 | ○ | ○ | |
| 1957 | 極楽島物語 | 佐伯幸三 | | | ○ |
| | 地球防衛軍 | 本多猪四郎 | ○ | | |
| 1958 | 美女と液体人間 | 本多猪四郎 | ○ | | |
| | 大怪獣バラン | 本多猪四郎 | ○ | ○ | |
| 1959 | 孫悟空 | 山本嘉次郎 | | | ○ |
| | 潜水艦イ-57 降伏せず | 松林宗恵 | | | ○ |
| | 日本誕生 | 稲垣浩 | | | ○ |
| | 宇宙大戦争 | 本多猪四郎 | ○ | | |
| 1960 | 電送人間 | 福田純 | ○ | | |
| | ハワイ・ミッドウェイ大海空戦太平洋の嵐 | 松林宗恵 | | | ○ |
| | ガス人間第 1 号 | 本多猪四郎 | ○ | | |
| 1961 | 大阪城物語 | 稲垣浩 | | | ○ |
| | モスラ | 本多猪四郎 | ○ | ○ | |
| | 紅の海 | 谷口千吉 | | | ○ |
| | ゲンと不動明王 | 稲垣浩 | | | ○ |
| | 世界大戦争 | 松林宗恵 | ○ | | |
| 1962 | 大津波 | T. ダルニエルスキー | | | ○ |
| | 妖星ゴラス | 本多猪四郎 | ○ | | |
| | 大沈清伝 | 不明（国内未公開） | | | ○ |
| | キングコング対ゴジラ | 本多猪四郎 | ○ | ○ | |
| 1963 | 太平洋の翼 | 松林宗恵 | | | ○ |
| | 青島要塞爆撃命令 | 古澤憲吾 | | | ○ |
| | マタンゴ | 本多猪四郎 | | | ○ |
| | 大盗賊 | 谷口千吉 | | | ○ |
| | 海底軍艦 | 本多猪四郎 | ○ | | |
| 1964 | 士魂魔道大龍巻 | 稲垣浩 | | | ○ |
| | モスラ対ゴジラ | 本多猪四郎 | ○ | ○ | |
| | 宇宙大怪獣ゴドラ | 本多猪四郎 | ○ | ○ | |
| | 三大怪獣地球最大の決戦 | 本多猪四郎 | ○ | ○ | |
| 1965 | 勇者のみ | F. シナトラ，井上和男 | | | ○ |
| | 太平洋奇跡の作戦キスカ | 丸山誠治 | | | ○ |
| | フランケンシュタイン対地底怪獣《バラゴン》 | 本多猪四郎 | ○ | ○ | |
| | 大冒険 | 古澤憲吾 | | | ○ |
| | 怪獣大戦争 | 本多猪四郎 | ○ | ○ | |
| 1966 | ゼロ・ファイター大空戦 | 森谷司郎 | | | ○ |
| | フランケンシュタインの怪獣サンダ対ガイラ | 本多猪四郎 | ○ | ○ | |
| | ゴジラ・エビラ・モスラ南海の大決闘 | 福田純 | ○ | ○ | |
| 1967 | キングコングの逆襲 | 本多猪四郎 | ○ | ○ | |
| 1968 | 連合艦隊司令長官山本五十六 | 丸山誠治 | | | ○ |
| 1969 | 緯度 0 大作戦 | 本多猪四郎 | ○ | | |
| | 日本海大海戦 | 丸山誠治 | | | ○ |

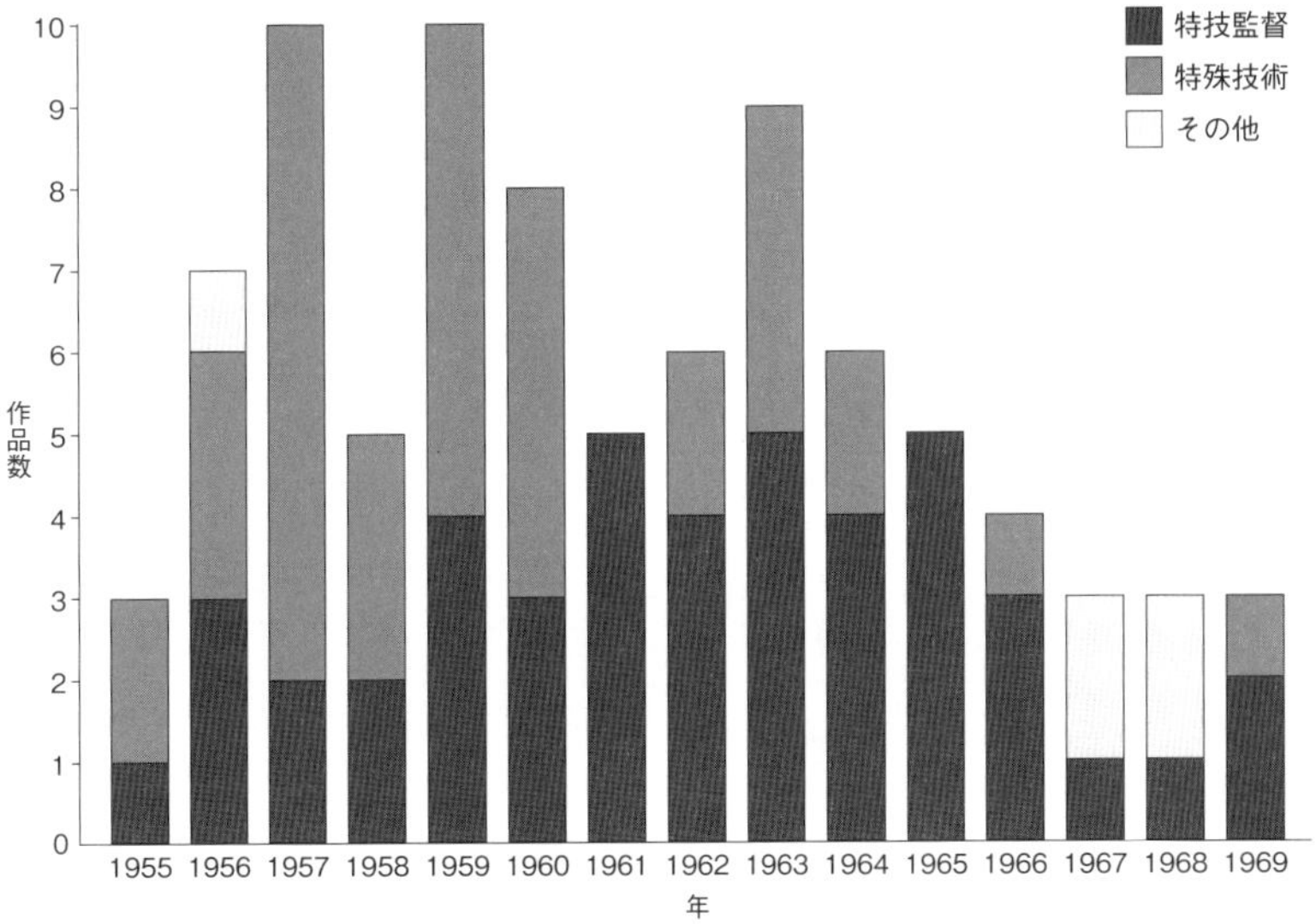


**図 3-1　クレジット別の作品数の推移**（竹内（2010a）より筆者作成）

一九五五年から一九六〇年ごろまでは、怪獣映画よりも、『地球防衛軍』（一九五七）、『宇宙大戦争』（一九五九）、『妖星ゴラス』（一九六二）のような宇宙を題材とした作品や『美女と液体人間』（一九五八）、『電送人間』（一九六〇）、『ガス人間第1号』（一九六〇）といったいわゆる変身人間シリーズ、原爆戦争をシリアスに描いた社会派作品の『世界大戦争』（一九六一）など、怪獣映画ではない空想科学映画の割合が高いのである。

さらに、同時期には古典文芸を題材とした『白夫人の妖恋』（一九五六）や『日本誕生』（一九五九）といった作品にも関与している。そのうえ、一九六〇年までは「特殊技術」としてクレジットされる作品も多く（図3-1）、黒澤明が監督した『蜘蛛巣城』（一九五七）や『隠し砦の三悪人』（一九五八）にも「特殊技術」として参加した。このように、『ゴジラ』の成功は円谷の制作者内での地位を上昇させ、円谷は制作に関与する作品の幅を広げていった。

## 一―三　怪獣映画への集中とテレビへの進出

図3-1をみるとわかるように、一九六〇年ごろになると、「特技監督」としてクレジットされる作品が増え、作品全体

に占める割合も高まる。ここからは、『ゴジラ』の成功に端を発した円谷の地位上昇が一九六〇年代になっても続いていた様子がうかがえる。だが、関与する作品ジャンルについては一九五〇年代とは対照的で、一九六〇年代に入ると、徐々に怪獣映画の比率が高まるようになる（表3－1）。

こうした怪獣映画への集中の背景には、テレビの普及によって一九六〇年代に急速に進行した映画産業の斜陽化がある。一九五八年に一一億人を突破した年間の総観客数は、わずか五年後の一九六三年には半数以下の五億人にまで落ち込んだ。[6] この映画観客数の急激な減少によって、安定して子ども観客の動員が見込める怪獣映画の製作が求められるようになったのだ。[7]

こうした怪獣映画を求める興行側からの要請は、企画だけでなく作品の内容にも影響するほどであった。その一例として、『フランケンシュタインの怪獣サンダ対ガイラ』（一九六六）についての中野昭慶の語りが挙げられる。

——オープニングから大ダコが出て来て船を襲って、またそのタコをガイラが追って出て来るという見せ場がありますね。溜めてから見せるという形ではなくなって来たということですか?

中野　これは何分以内で出してくれとか、会社から注文が来るんだよ。あと、何分おきに怪獣を入れてくださいと劇場とかからね。子供が騒ぎ出すと他の客から苦情が出るから飽きないようにって。（中野・染谷 2014: 129–30）

そのうえ、映画産業の斜陽化によって生じた怪獣映画への集中は、怪獣映画ではない空想科学映画の制作にも影響を及ぼしていた。たとえば、『妖星ゴラス』で部分的に怪獣を登場させたのは、経営上の理由から要請されたことであったとされる。

〔本多〕現場としてはおかしいよと言ったんだけど、この映画は怪獣が出なきゃしょうがないという、本社側の上の方の要請でしょうがなくて入れたシーンです。僕としてはあんな所にマグマ〔＝怪獣〕を出すのは不本意です。円谷さんと一緒に大反対したんだけどね。でも、なんとしても出せという。（竹内 2011: 49）

このように怪獣映画の制作へと傾倒していく（せざるを得ない）一九六〇年代にあって、円谷は一方で、一九六三年に円谷特技プロダクション（後の円谷プロダクション。以下、円谷プロ）を設立してテレビに進出したり、一九七〇年の大阪万博・三菱未来館の映像展示の制作に参加したりと、活動領域を映画以外へと広げていった。とくに、テレビへの進出は大きな話題となり、監修した『ウルトラマン』（一九六六）は最高視聴率四二・八％を記録した。もっとも、当初はSFものを想定していた企画が最終的には毎回怪獣の登場する形式に変更になったことに鑑みれば、手掛ける作品の幅を広げるという意味においては、テレビへの進出も理想どおりには進まなかったといえるだろう。このように、一九七〇年一月に死去する円谷の晩年の実践には、映画産業の斜陽化の影響が色濃く表れている。

## 二　執筆記事の量的内容分析

前節では円谷の個人史を概観した。それでは、円谷が積極的に執筆していた記事の特徴は、この足跡とどのように

［6］一般社団法人日本映画製作者連盟、「過去データ一覧」〈http://www.eiren.org/toukei/data.html（最終閲覧日：二〇二二年九月一日）〉

［7］また、一九五〇年代からコンスタントに製作されていた戦争映画も、『日本のいちばん長い日』（一九六七、岡本喜八監督、円谷はこの作品には関与していない）の商業的成功を受け、「八・一五シリーズ」としてシリーズ化される。円谷が携わった『連合艦隊司令長官山本五十六』（一九六八）と『日本海大海戦』（一九六九）はこのシリーズに位置づけられている。

結びついているのだろうか。本節では、円谷が執筆した記事の量的内容分析を通して、これを明らかにしたい。

## 二―一　対象と分析方法

円谷は映画関連の雑誌だけでなく週刊誌や新聞などでも多くの記事や対談、随筆等を発表しており、それらは竹内博によって『定本 円谷英二 随筆評論集成』（円谷・竹内 2010、以下『集成』）にまとめられている。この竹内の労作は、現時点でもっとも網羅的な文献リストといえるため、ここでは『集成』に採録された二六七件を分析に用いた。なお、掲載されている項目は二六六件だが、そのうちの一件が初出時に三回にわたって掲載された内容をまとめたものであったため、初出を確認したうえで三つに分割している。また、初出媒体が不明の記事が一件あったため、これを欠損データとして分析から外した。

分析の主眼は、時期ごとの執筆記事の傾向を探索的に検討することにある。そのため、記事内容や媒体の分類は細分化したカテゴリーではなく、それぞれ次の二値コードを用いて分析を進めた。

まず、記事内容については、（ア）映像を主題とした記事と、（イ）映像以外を主題とした記事の二種類にコーディングした。（ア）には特撮の技術解説や具体的な作品およびキャラクターなどを紹介する内容が、（イ）にはリレー小説や映像とは無関係な話題の対談、幼少期の想い出を語る内容などが含まれている。記事によっては両方の要素を含むものもあるが、その場合はタイトルや文章量を総合的に考慮して、どちらか一方に振り分けた。

コーディングの信頼性を検証するため、全記事からランダムサンプリングによって七三件を抽出し、第二コーダーによる記事内容のコーディングと照応すると、その結果は一致率が九一・八％、アルファ係数は〇・八四五であった。また、それぞれの九五％信頼区間の下限は一致率が八六・五％、アルファ係数が〇・七七五となっている。アルファ係数の九五％信頼区間の下限が暫定的な結論を出すことのできる最低ラインである〇・六六七（Krippendorff 2004: 241）を越えているため、このまま議論を進めても問題ない程度には信頼性のあるコーディングになっていることが確認できた。

そのうえで、各記事が掲載された媒体について、映画や写真関連の内容を専門的に扱う媒体か否かという機械的な基準を採用し、（a）映画関連の内容を扱う業界誌および映画雑誌と、（b）映画以外の記事も掲載される雑誌や新聞の二つに分類した。

媒体と記事内容の組み合わせによって、「映像主題・映画雑誌（ア・a）」、「映像主題・一般誌（ア・b）」、「非映像主題・映画雑誌（イ・a）」、「非映像主題・一般誌（イ・b）」の四つのカテゴリーを作ることができ、各記事はこの四つのうちのいずれかに排他的に振り分けられることになる。

## 二―二　分析結果

以上の基準にしたがってすべての記事を分類し、一年ごとに集計したものが図3－2である。

これをみると、『ゴジラ』が公開された翌年の一九五五年から記事数、とりわけ一般誌での映像主題の記事が顕著に増加しているとわかる。同時に、一九五四年以前は執筆記事数が少なく、そのほとんどが映画雑誌上に掲載されていたことも読み取れる。この執筆傾向の変化からも、『ゴジラ』の成功がもたらした影響の大きさがうかがえよう。

一方で、一九六〇年ごろから映像主題の記事に若干の減少傾向が認められ、それに代わって非映像主題の記事が増加しているようにみえる。これを検討するために、一九五五年以降の記事数と割合を示したのが表3－2である。

一年単位の集計では合計記事数が少ないうえに年ごとのばらつきも大きいため、この表から強い傾向を読み取ることは難しい。だが、一九六〇年前後から「映像主題」の記事数がやや減少する一方で「非映像主題」の記事が執筆されるようになり、一九六三年以降には「非映像主題」の割合が全体の四分の一を上回るようになったことが読み取れる。前節で確認したように、一九六〇年代に入ると「特技監督」としてクレジットされる作品の割合が増加する一方、ジャンルとしては徐々に怪獣映画に傾倒していくようになるが、こうした作品制作の傾向変化と並行して、執筆され

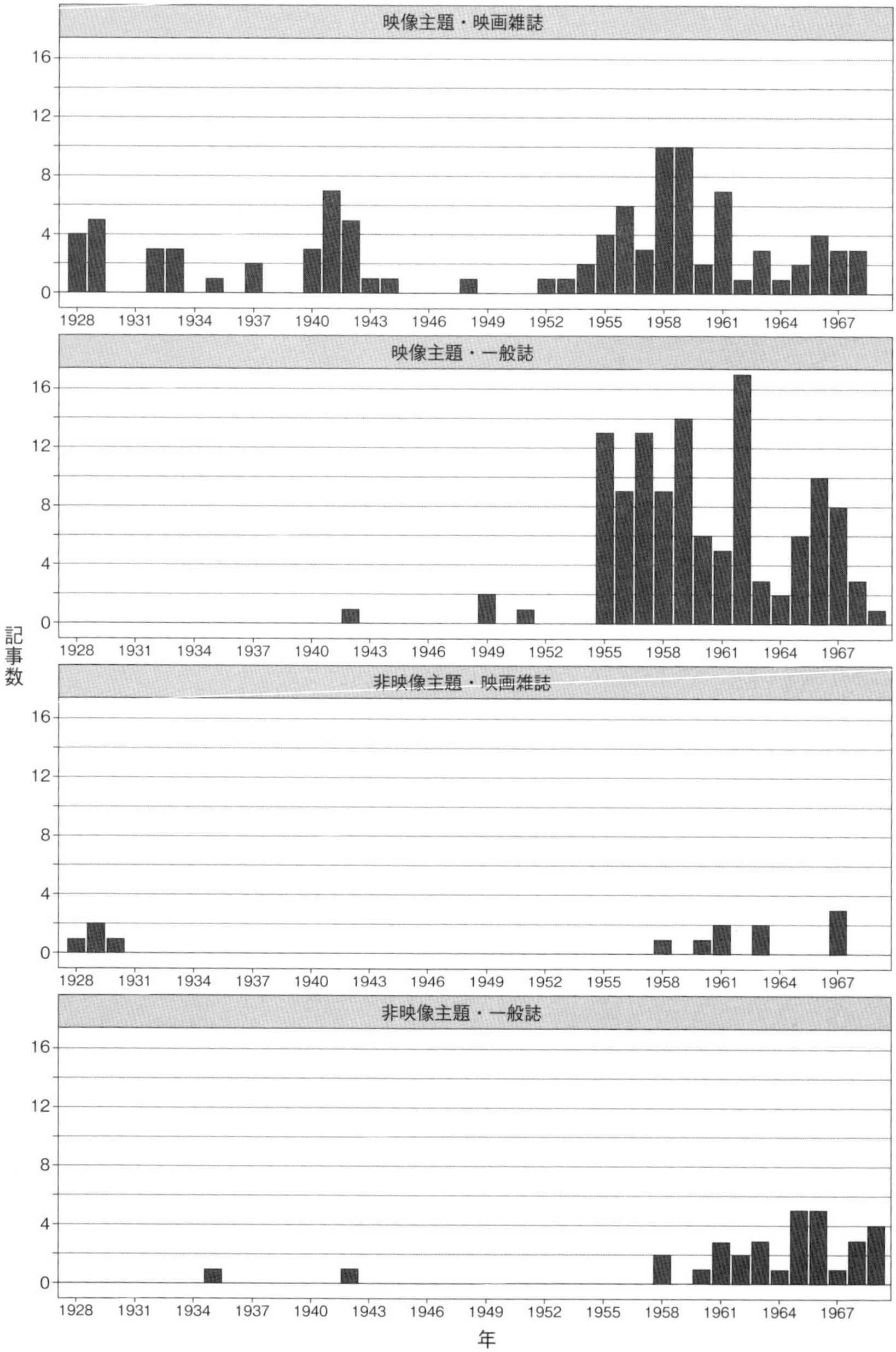


図 3-2　執筆記事の経年変化

表3-2　1955年以降の記事数と総数に占める非映像主題の割合

| 年 | 映像主題 | | | 非映像主題 | | | 合計 | 非映像主題の割合 |
|---|---|---|---|---|---|---|---|---|
| | 映画雑誌 | 一般誌 | 小計 | 映画雑誌 | 一般誌 | 小計 | | |
| 1955 | 4 | 13 | 17 | 0 | 0 | 0 | 17 | 0.0% |
| 1956 | 6 | 9 | 15 | 0 | 0 | 0 | 15 | 0.0% |
| 1957 | 3 | 13 | 16 | 0 | 0 | 0 | 16 | 0.0% |
| 1958 | 10 | 9 | 19 | 1 | 2 | 3 | 22 | 13.6% |
| 1959 | 10 | 14 | 24 | 0 | 0 | 0 | 24 | 0.0% |
| 1960 | 2 | 6 | 8 | 1 | 1 | 2 | 10 | 20.0% |
| 1961 | 7 | 5 | 12 | 2 | 3 | 5 | 17 | 29.4% |
| 1962 | 1 | 17 | 18 | 0 | 2 | 2 | 20 | 10.0% |
| 1963 | 3 | 3 | 6 | 2 | 3 | 5 | 11 | 45.5% |
| 1964 | 1 | 2 | 3 | 0 | 1 | 1 | 4 | 25.0% |
| 1965 | 2 | 6 | 8 | 0 | 5 | 5 | 13 | 38.5% |
| 1966 | 4 | 10 | 14 | 0 | 5 | 5 | 19 | 26.3% |
| 1967 | 3 | 8 | 11 | 3 | 1 | 4 | 15 | 26.7% |
| 1968 | 3 | 3 | 6 | 0 | 3 | 3 | 9 | 33.3% |
| 1969 | 0 | 1 | 1 | 0 | 4 | 4 | 5 | 80.0% |

る記事の傾向も変化しているのである。

この変化は一九五五年のように急激ではないため、明確な転換点を指摘することはできない。だが、一九六三年は円谷プロが設立された年であったことを踏まえれば、円谷がこれを転機として新たな執筆戦略を採るようになったと解釈することには一定の妥当性が認められるだろう。そこで、『ゴジラ』公開の翌年である一九五五年と、円谷プロが設立された一九六三年を境界として、円谷の執筆記事を三つの時期に分け、それをクロス集計表にまとめたものが表3－3である。

このクロス表の期待度数の最小値は前期の「非映像主題・映画雑誌」の二・四三で一より大きい。また、期待度数が五未満のセルは前期の「非映像主題・映画雑誌」（二・四三）と後期の「非映像主題・映画雑誌」（三・七〇）の二つであり、全体の二〇％を下回っている。これを踏まえ、表3－2にカイ二乗検定を行った結果、一％水準で有意（カイ二乗値：八二・七）となり、クラメールのVは〇・三九で中程度の関連性が認められた。したがって、各時期の執

表 3-3　時期ごとの媒体・内容別のクロス集計表

| 時期 | 映像主題 | | 非映像主題 | | 合計 |
|---|---|---|---|---|---|
| | 映画雑誌 | 一般誌 | 映画雑誌 | 一般誌 | |
| 前期（1928–54） | 40(80.0%) | 4(8.0%) | 4(8.0%) | 2(4.0%) | 50 |
| 中期（1955–62） | 43(30.5%) | 86(61.0%) | 4(2.8%) | 8(5.7%) | 141 |
| 後期（1963–69） | 16(21.1%) | 33(43.4%) | 5(6.6%) | 22(28.9%) | 76 |
| 合計 | 99(37.1%) | 123(46.1%) | 13(4.9%) | 32(12.0%) | 267 |

表 3-4　表 3-3 の調整残差

| 時期 | 映像主題 | | 非映像主題 | |
|---|---|---|---|---|
| | 映画雑誌 | 一般誌 | 映画雑誌 | 非映像主題 |
| 前期（1928–54） | 6.97 | –5.99 | 1.14 | –1.93 |
| 中期（1955–62） | –2.36 | 5.18 | –1.63 | –3.36 |
| 後期（1963–69） | –3.42 | –0.55 | 0.82 | 5.38 |

筆傾向には統計的に有意な差がある。

そこで次に、各時期の執筆傾向を特徴づけているセルを検討するために各セルの調整残差を求めると表３－４のようになる。

残差が大きく正の値を取っているセルが、各時期の執筆傾向の特徴をなしているものといえる。それゆえ、映画雑誌を中心に映像に関連する記事を執筆していた前期、映像関連の話題を多く論じているものの中心的な媒体を一般誌へと移した中期、一般誌を中心に映像とは関係ない話題についても論じるようになった後期、と各時期の執筆傾向を要約することができる。

それでは、こうした時期ごとの執筆傾向の違いは、映画場の構造やそこでの円谷の位置とどのように結びついているのであろうか。第四章から第六章では、それぞれの時期ごとに、この点について検討し、円谷の卓越化の過程を明らかにしたい。

# 第四章　キャメラマンから特撮技師へ

## 卓越化の過程（一）

わずか一年あまりでの日活退社、初めて監督した劇映画の不評、ほかのキャメラマンからのボイコット。一方ではキャメラマンとして参加した『稚児の剣法』（一九二七）のヒットや『新しき土』（一九三七）で手掛けたスクリーン・プロセスの成功などがあったものの、前期の円谷は否定的な評価や業界内での対立に直面する機会も多かった。いったいなぜ、円谷はこうした状況に置かれていたのか。そして、円谷はそれをどのように乗り越えたのだろうか。本章では、こうした疑問に答えることで、ほかの技師たちとの競合に打ち勝つ卓越化の第一ステップの様相を明らかにしていきたい。

年によってばらつきがあるものの、円谷は前期の時点からすでに記事執筆を行っている。前章の表3－3で示したとおり、この時期に執筆された記事の八割は「映像主題・映画雑誌」のカテゴリーに振り分けられている。より詳細には、映画雑誌のなかでも業界誌と呼べる雑誌への掲載が相対的に多く、特撮の意義や手法を積極的に論じている点に特徴がある。したがって、前期の執筆記事は映画制作者を中心的な読者として想定していると考えられる。

それでは、これらの記事では、具体的にはどのようなことが語られているのか。そして、この執筆戦略から読み取れる、円谷のハビトゥスと当時の映画場での位置はどのようなものであろうか。本章では、以下の順でこれらの点を検討する。まず、前期の執筆記事で主張されている内容を整理するとともに、円谷が身体化していたハビトゥスの特徴を明らかにする（第一節）。次に、円谷とほかのキャメラマンとの対立に注目し、円谷が当時のキャメラマンの下位場で異端の位置にあったことを示す（第二節）。そのうえで、円谷と監督や経営者との対立を手掛かりに、当時の映画場の全体的な構造と、それが円谷に与えた影響について考察する（第三節）。

## 一　円谷英二のハビトゥス

本節では、円谷が執筆記事で主張している内容のなかでも、「特撮の意義」と「演出効果の重視」という二つの論点に注目したい。その理由は次の二つである。第一に、これらの論点は前期のみならず中期や後期でも語られているが、とりわけ前期では強調される傾向にあるため、前期の執筆戦略の意味を検討するうえで重要といえること。第二に、これらの論点はすべての時期で主張されていることから、円谷のハビトゥスを検討する手掛かりともなること。

それでは、それぞれの論点では、具体的にはどのようなことが主張されているのだろうか。また、二つの論点に通底する特徴とは何か。そして、その特徴はどのように形成されたのだろうか。順を追って確認することにしよう。

### 一―一　特撮の意義

通常では表現できない映像を作りだすために、撮影時に工夫を施したり撮影後のフィルムを加工したりする技法は「トリック」と呼ばれ、円谷が映画産業に参入する以前から存在している。たとえば、尾上松之助が主演して一九一〇年代にブームとなった忍術映画では、この種のトリックが使われて人気を博していた。円谷が率先して行った特撮の技術開発も、基本的にはこうしたトリックの延長に位置づけられる。しかしながら、――こうした過去のトリックとの連続性において特撮の意義を正当化する、という論理を取ることもできたはずなのに――円谷は自身が取り組んでいる特撮を科学的なものと捉え、過去のトリックとの断絶を強調する。

特殊効果の当事者として甚だ残念に思われることは、一般の人たちは特殊効果というものが今だに《ママ》昔のトリックと同じ程度にしか考えられていないという事だ。トリックというのは、如何にも安手な感じで、誤魔化しと解されそうであるが、現在の特殊効果というものは、極めて科学的な精密度をもったもので、撮影学の大きな一部分をなしているものである。（1942『新映画』: 195）

この効果というパートの仕事は、例えば放送局の擬音効果の仕事の如く、いわば、縁の下の力持ちといった仕事なので、一部の人にはこれはインテリのやる仕事ではないと解されている傾向もあるが、実はこの仕事こそ科学のエキスパートによってなされるべきもので、将来は優秀な学者によってこれが担当されるようになると思う。〔……〕この特殊技術に就いては一般人は勿論映画界の人間に於いても甚だ認識に欠けている点があると思う。（1942『東宝映画産業報國会会報』: 206–7）

古典的なトリックとは異なり、特撮は「極めて科学的な精密度をもったもので、撮影学の大きな一部分をなしている」。そのため、その技術開発は本来であれば「科学のエキスパートによってなされるべきもので、将来は優秀な学者によってこれが担当されるようになる」だろう。ここで円谷は特撮の科学的側面を強調し、古典的で「如何にも安手な感じ」のトリックと差異化することで、自身が現在取り組んでいる技術開発を進歩的で将来性豊かなものとして提示している。

このように円谷が特撮の科学性を強調した背景の一つには、とりわけ戦時下において、キャメラマンたちのあいだで映画の科学・技術力を向上させることに関心が集まっていたことが挙げられる。たとえば、一九四一年に刊行された『映画技術』では「緊要なる映画科学の確立」と題された巻頭言が置かれている。

我邦の総ゆる国家面、社会面が、挙げて「科学」の大旆の下に新しい行動を起すのである。既に起こしているのである。映画だけが遅れてよい理由はない。否、映画こそ、最も最初に、最も高く大きく、それを実行しなければならない。

何故ならば、映画は過去に於て「科学」から生まれ、「科学」によって進歩し、将来も「科学」と共に発展するものだからである。謂い換えれば、映画は常に「科学」を母胎とするものだからである。

この厳然たる事実にも拘わらず、我邦に於て、「映画の科学」は未だ確立されていない。〔……〕その映画科学の確立が、我邦に不可能だと云う理由も根拠も全くないのである。我邦にも、それを実現す可き意志や頭脳は大いにある。がそれ等の集大成が行われていないだけである。その組織的な集積を以て日本映画科学を確立する事こそ、今日現在の急務と云わなければならない。(『映画技術』1(1):11)

これを踏まえると、科学性という観点については、円谷は当時のキャメラマンたちが共有していた問題意識に沿って特撮の意義を主張していたことになる。東京への異動時にボイコットを受けたことからもわかるように、当時において、特撮の必要性は同じ技術者であるキャメラマンたちにもなかなか認められていなかった。それゆえ、特撮の科学性を強調することには、特撮が「映画科学の確立」の一端を担っていることをアピールする意味があったといえるだろう。

そして、円谷によれば、この科学的な技術であるところの特撮は、制作の効率化や表現の自由度の拡大を可能にするという意義をもつ。

特殊技術の必要性は、撮影能率の増進、経済的な節約、企画の自由性等の要求によって発展した技術であって、技術家の道楽や贅沢のものでは決してないからである。(1941『映画撮影学読本下巻』:115)

映画の特殊性は凡ゆる現実の姿を、そのままに再現して見せることが出来ることであって、演劇のようにある一定の狭い舞台面に制約されることのない表現の自由性がある点であるが、更に特殊な技術の処理によって、現実に求められない、如何なる場面も描写する事が可能である事が何よりも強みであると言い得ましょう。〔……〕

最近吾国の映画技術界の関心を呼びはじめた、特殊技術と言うのは、つまりこの様な、普通の撮影手段では、描写出来ない場面の製作を担当する技術部門のことであって、表現技術上、甚だ重要なばかりでなくその利用方法の如何によって、撮影上の作業能率を挙げる上にも役立ち、殊に現下の如く物資不足の折柄資材の節約にも看過出来ぬものなのであります。（1942『社報（東宝）』: 200）

設備にも相当なお金がいりますし、技術家を養成するという厄介さもありますから、人を集めてすぐ仕事になるという様な訳には行きません。どうしても四年から五年の研究の基礎を作らなければならんのですから、会社としても大変なわけです。しかしそれもやがては、生産量の軽減になり、資材の節約に役立ち、能率の増進にもなるという利益だってあるのですからね。例えばロケーションで雲待ちをする為に空費する時間だって、金に換算すれば一作品でも相当のものになるかもしれません。これが為に雲を焼きこむ〔合成する〕方法があれば、それだけでも能率は大いに違いますからね。（1943『映画技術』: 210）

一方で、ロケーション撮影のような時間的にも金銭的にも負担の大きい作業を省略できるなど、特撮は「撮影能率の増進」や「経済的な節約」に貢献する。他方で、特撮は「現実に求められない、如何なる場面も描写する事が可能である」という点で、「企画の自由性」を拡大することにもつながる。もっとも、こうした利益を得るためには、設備を整えたり技術者を養成したりといった初期投資が必要になることはたしかである。この初期投資の負担は小さくないが、それは制作の効率化によって長期的にみれば回収できる。したがって、特撮の技術開発は「技術家の道楽や贅沢のものでは決してない」。

この主張のうち、撮影の効率化は主として経営者に対して、企画の自由性の拡大は主として監督に対して向けられたものと捉えられる。というのも、後ほど詳しくみるように、当時の円谷はキャメラマンだけでなく経営者や監督ともしばしば対立していたからだ。それゆえ、執筆記事の多くが業界誌に掲載されていたという特徴だけでなく、内容の面からも、前期の執筆戦略は主としてほかの制作者たちに向けられたものだったとわかる。

まとめると、円谷は特撮の科学性を強調しつつ、特撮が制作の効率化や企画の自由性の拡大のための有益な手段であると主張していた。こうして一つ目の論点を整理できたので、次に、「演出効果の重視」という二つ目の論点を確認しよう。

## 一―二　演出効果の重視

第一章では、「円谷は写実的な表現を追求していた」という解釈があることを紹介した。しかし、本書の見立てでは、円谷の演出観の核心は写実性の追求ではなく演出効果の重視にこそある。以下ではその理由を示していきたい。

最初に確認するのは、キャメラマンとして一本立ちした一九二〇年代後半の時点から、円谷が作品の演出に強く関与する意欲を示していたことである。

> 僕は、キャメラマンは美しく撮す《ママ》、というばかりでなしに、監督と同じだけの程度の研究を、脚本に就いてキャメラマンもしなければならないと考えている。（1928『下賀茂』: 36）

きれいな映像を撮るだけでなく、撮影によって脚本に沿った演出を加えていくこと。この意欲は、日活へ移籍した直後に執筆されたライティング論にも表れている。

仮初《かりそめ》めにも、キャメラマンの前には、無表情な記念写真的人間風景だけが居るのではなく、すべての生活や感情や雰囲気が向けられているのである。そしてそれらを把握すべき、劇的映画構成の重要な要素を担任して居るのである以上、それらを完全にキャッチして、内容を助長する為には、演出者（監督）に対するに、効果者として、同歩調を以って演出上の一旦にまで強力に働くべきであろう。（1933『映画文化』: 89、ルビは原文ママ）

キャメラマンはただ美しい映像を撮るのではなく、監督とは異なる立場から作品の演出に関与する「効果者」として、映画の「内容を助長する為に」「演出上の一旦にまで強力に働くべき」だ。ここでも円谷は、キャメラマンとして作品の演出に関与することを主張している。そして、ここにみられる「美しいだけの映像／撮影によって演出された映像」の対比に対応するライティング技法が、ハイキー・ライティングとローキー・ライティングである。

ハイキー・トーン・ライティング（高調子照明）とローキー・トーン・ライティング（低調子照明）との対比的説明は、いわば新しきものの比較の様なものであるが、各々の特性としては、前者のは現実其のままを忠実に露光する為の写真術的には、完璧な照明体であり、後者は、現実に帰らずとも所用の雰囲気なり感情なりを、明暗のグラデーションによって構成するための照明体である。（1933『映画文化』: 90）

円谷がこのライティング論を執筆した当時、ローキー・ライティングは単に暗い照明と思われがちで、多くのキャメラマンはヌケのよさなどの写真的な効果を出すためにハイキー・ライティングを用いていた。それに対して、円谷はこの論考で、「現実に帰らずとも所用の雰囲気なり感情なり」を表現できるローキー・ライティングの重要性を強調している。

この引用に続く文章で、円谷は、ローキー・ライティングによる描写が効果的な例として夜に卓上ランプを挟んでカップルが対話している場面を挙げる。このロマンティックな場面では「二人だけの甘美な雰囲気と、情緒を醸《かも》し出さなければならない」。そのため、撮影に十分な露光を確保したうえで、「ランプの光に頼って醸し出される雰囲気を破壊しない程度の照明に依って更にその情調を補修し、バック等にも雰囲気に相応した明暗のトーンを描きだ」すことが求められる。これを可能にするのがローキー・ライティングである。もし、ハイキー・ライティングで撮影すれば、「一様に明快なグラデーションになってしま」い、「写真として美しさはあっても、場所的効果は喪失してしまう」(1933『映画文化』: 90-1) だろう。

このように、円谷は演出効果の点でローキー・ライティングを擁護していた。[1] これを踏まえれば、「写実性の追求」という解釈の根拠として挙げられる林長二郎の照明をめぐる逸話も、場面に応じた演出効果を付け加えようとする試みであった蓋然性が高い。また、円谷が演出しようとしていたのが「雰囲気」や「情緒」のような目に見えないものだったことも重要である。これらを表現しようとすれば、その描写は必然的に写実的であることを超える。その意味でも、円谷が「写実的な表現を追求していた」という解釈には問題があるように思われる。

そして、こうした目に見えないものの表現についても、円谷は松竹時代から一貫した主張を展開していた。

歌舞伎劇は見て居るときの快感や興味はあの舞台面の色調と典型的なアクションや美しくて甘い台詞、それらを縫う様に流れる下座の噺に、そうしたものの調和から来る情調や雰囲気にあるのだが、この点では映画の方が工合の悪い組織を以って居る。〔……〕

テクニカラアの様な特殊の技術が今日本に許されない「源氏店」の様な伝統的な場面だけでも適用すれば効果があるだろうが、それが出来ない現在ではどうしてもテクニックと照明とで芝居の情調に近いものを得なければならない。事実外国物などのしっかりした照明の写真を見て居ると、調色のある以上に落付きのある良い感じを与えるものだから、私も其の点に大いに重きを置いて、在来の様な散漫な照明に頼らず方向のある光線の調和で

出来るだけ効果を挙げて見る考えである。（1928『下賀茂』：39–41）

僕は情緒物、とくに情話物が好きだから、「面影」もかなり良い気持ちで見てしまったが、慾を云えば服部君の持つ良いセンチメンタリズム─実際服部君は良いセンチメンタリズムを持っているんだ─が、気持ちの上ばかりでなく、もっと手法の上にまで流動的に表わされたとしたらもっともっと変化のある良い物になりはしなかったろうかと考えるのだが、どうだろう。（1929『下賀茂』：51）

このように、円谷は目に見えない雰囲気や情緒を──脚本の構成や役者の演技ではなく──ライティングをはじめとした技術によって表現することを目指していた。それを実現するための手段がローキー・ライティングであり、その後本格的に取り組み始める特撮なのだ。その意味で、特撮は単に「企画の自由性」を高めるのみならず、技術者による演出のための手段を拡張するものでもあった。

それゆえ、特撮の使い方をめぐっても、やはり円谷は演出効果を重視する。たとえば、『ハワイ・マレー沖海戦』（一九四二）の撮影中に『新映画』に掲載された「航空映画の特殊効果について」という論考では、アメリカ映画『テスト・パイロット』（一九三八）のファーストシーンで使われた特撮を解説した後、次のように述べている。

──説明してみれば実に他愛もない技術とも言えるし、専門的に見ればおそろしく手荒な技術である。しかし、彼らはそうしたもので感じだけを狙って心理的な効果を立派に収めているのである。〔……〕

［1］それに加えて、ハイキー・ライティングでは多数のライトが必要になるものの、光量が多すぎるために結局は露光を弱めなければならない点で無駄が多いことも円谷は指摘している。ここからは、前項で確認した撮影効率に対する意識が読み取れよう。

その点、日本映画に於ける特殊効果の技法というものは、過去に経験がないから、それ程思い切った冒険をやることが出来ないという憾《うら》みもあるのであるが、むしろその態度はまじめであり潔癖である。我々は特殊効果に於いても出来るだけリアルな表現をとろうとしている。それだけではやはり足りないのであって、こうした点について学ぶべきものがあると考えている。（1942『新映画』：199）

技術的には荒くとも「心理的な効果を立派に収めている」アメリカ映画に対して、日本では「潔癖」的に「リアルな表現をとろう」とするだけにとどまっているが、「それだけではやはり足りない」。この記述からも、円谷が写実性よりも演出効果を重視している様子がはっきりと読み取れる。

それと同時に、この引用からは、「他愛もな」く「おそろしく手荒な技術」であっても、演出効果が得られればよいと判断している様子がうかがえる。円谷がキャメラマンとして演出に関与することを目指していたことに鑑みれば、彼のアイデンティティは技術者にあったと考えるのが自然だろう。にもかかわらず、ここで円谷は技術的な完成度よりも演出効果を優先しているのだ。このことは、円谷がいかに演出効果を重視していたかを端的に物語っている。そして、『南海の花束』（一九四二）の合成について述べた次の一節でも、同様の主張がなされている。

唯オプチカル・プリンターでは四種類（飛行機・雲・稲妻・水）の合成を行っているので画面が少し汚れているし、フィルムの関係上多少画面が動揺している。しかし、吾々としては技術以上に心理的効果を挙げることに重点を置いた積りであるから、不合理な点は御容赦願い度い。雲は南方の感じを出して少しどぎつく作り三種類ほど用意したし、海の波も数種撮り分けた。（1942『映画技術』：192）

画面の汚れや動揺といった技術的な不備が残ってしまったものの、「吾々としては技術以上に心理的効果を挙げることに重点を置いた」のであって、そうした若干の不備はやむを得ない。こうした妥協は、技術的な完成度を完璧主義的に追求していたならば考えられないことである。次に示す引用のように、円谷の執筆記事のなかには一見すると技術的な完成度を求めているような記述もあるが、意識されているのはあくまで観客に与える効果であることに注意しなければならない。

「何だトリックか」と軽蔑されるような映画は、技術が未熟だからだ。本当にすぐれた技術によるものなら、到底トリックなしでは現わせない程の、真実感が現われてくるのだ。（1940『東宝映画プレス・ブック』: 105）

この引用において、円谷が重視しているのは技術的な完成度・成熟度ではない。重要なのは、「何だトリックか」と観客を白けさせることなく観客に「真実感」を与えることなのだ。そして、このことは裏を返せば、本物の映像や技術的な完成度の高い映像であっても、観客に効果を与えることができなければ意味がないということでもある。実際、円谷は『ハワイ・マレー沖海戦』の水柱の動きを現実よりも速く仕上げたと語っている。

田中　あれでハイ・スピードの最大は何倍ぐらいですか。
円谷　九倍が最高でした…。
田中　どの辺ですか。
円谷　真珠湾の水柱のところです。
野村　僕はちょっと遅いような感じがしたんですが。
円谷　水柱はあれでも本当のものよりかなり早いですよ。
〔……〕

円谷　〔水〕柱はとにかくゆっくりしたものらしいですね。
横田　実弾発射が嘘のようにゆっくりしておりました。
田中　画面的にそんな風に見せられると間が抜けます。
円谷　そうです。実際海軍の当時出撃した勇士に指導して貰って、撮影して見たものは編集が出来ないほど、間が抜けていました。
横田　そこに劇場的誇張がいるわけですね。（1943『映画技術』：219）

現実より速く表現した水柱でも「遅いような感じ」がしたという感想が寄せられているため、ここでは結果的に、想定した効果が十分には得られなかったようだが、ともかく、円谷が観客に与える効果を意識して制作に取り組んでいたことは間違いない。

それどころか、円谷は、強い効果が求められる場合には観客が特撮によって作られた映像だと勘づいてもよいとさえ主張している。

あくまで真実らしい感銘を与え、観客を圧倒するほどの迫力を盛り上げるために、技術効果も誇張して行って、観客にどうして撮影したものかと疑問を抱かせるくらい目立つ場面になってもよいのである。（1951『科学朝日』：239）

もちろん、ここで過剰な誇張が許容されるのは「あくまで真実らしい感銘を与え」るためである。また、この一文のすぐ後では「これとは反対に、十分特殊効果をあげながらも、「トリックかな」という意識を絶対に感じさせてはならないような場面」（1951『科学朝日』：239）でも特撮が使われることに言及している。そのため、円谷はいつでも誇張的な表現を許容しているわけではない。だがそれでも、条件が許せば観客に違和感を与えてしまいかねない強い誇張を容認するほどに、円谷が演出効果を重視していることはたしかといえよう。

このような主張を踏まえると、第一章でみた『太平洋の鷲』（一九五三）をめぐる円谷の語りにも、写実性の追求とは違った意味を読み取ることができるようになる。

従来の特殊撮影はとにかくチャチな感じがして嘘が目立つ。その為迫力を欠くきらいがあった。そういう観点をたとえ一個所でも観客の前に曝らしたら、もうその映画は全篇駄目な映画になってしまう。今度の「太平洋の鷲」の特殊撮影を担当するに当たっては、私が今日まで研究を続けて来た技術の集大成を結集しようとしている。如何にしてスケールの大きい迫力のある海戦、空中戦等をスクリーン上に再現しようと努力している。それは如何にして実戦争記録に近づけるかということである。（1953『映画ファン』: 250）

ここで円谷は、実戦争記録に限りなく近づけることを最終的な目的にしているわけではない。円谷が「如何にして実戦争記録に近づけるか」という課題を感じているのは、チャチな特撮では迫力がなく、「たとえ一個所でも観客の前に曝らしたら、もうその映画は全篇駄目な映画になってしまう」からである。いいかえると、観客に迫力を感じさせるために、記録さながらの映像が必要になっているのだ。このように、円谷にとって、映像の写実性は目的ではなく演出効果を得るための一手段にすぎない。だからこそ、写実性を追求していれば否定するであろう手荒な技術や不自然な表現であっても、それによって演出効果が得られていれば、円谷は問題視しないのである。

これまで確認したことをまとめよう。円谷は、演出に関与することに強い意欲を抱いており、とりわけ雰囲気や情緒などの目に見えないものを表現することによって観客に効果を与えることを目指していた。このことから、第一章で紹介した宮島義勇の「機械論的技術主義」という円谷評は、技術によって見えないものを表現しようとする円谷の試みを的確に捉えたものであったことがわかる。一方で、「円谷は写実性を追求していた」という解釈は妥当ではない。なぜなら、円谷は観客に効果を与えるためには誇張された表現もいとわず、逆に、十分な効果が得られていれば技術的な不備に妥協することもあったからだ。写実的な表現は観客に効果を与えるための手段の一つにすぎず、円谷の演出観の核心は演出効果の重視にこそある。

## 一-三 『南海の花束』

この円谷の演出観を踏まえたとき、実相寺昭雄が「きちんとした作り物で仕事をしている自信」を読み取った『南海の花束』の一シーンは、どのように理解できるだろうか。

『南海の花束』は南洋への進出を宣伝するプロパガンダ映画だが、軍部ではなく民間の航空郵便基地を舞台とした異色作で、監督は『燃ゆる大空』（一九四〇）と同じく阿部豊が担当した。物語は新たに支所長として赴任した五十嵐（大日方傳）と操縦士たちの軋轢と和解を軸に構成され、対立や事故を乗り越えて南洋空路を開拓していこうとする様が描かれる。この作品において、円谷は物語の中盤と終盤に配置された二つの墜落シーンを担当しており、次のようなコメントを残している。

「南海の花束」に於いて特殊技術を要したカットは三十数ケ所あったが、脚本自体が非常に杜撰であり、又脚本家の航空智識が不足していた為に特に特殊技術を必要とするシーンには相当加筆しなければならなかった。これは以前から痛感していたことであるが従来の様に、依頼された個所のみを請負式に製作するのでは永久に特殊技術の進歩向上はないわけで、映画そのものとしても充分な効果を挙げ得られないので、今後、特殊技術を要するシーンはこちらで改めてコンテイニュイテイを作ることにした。（1942『映画技術』: 191）

ここからわかるように、『南海の花束』は円谷の演出意図が強く反映された前期のなかでは貴重な作品である。実際、この引用の後、円谷は飛行機が墜落する二つのシーンについて、どのような意図でコンテを作成したかを述べており、一部に存在しないショットはあるものの、実際の作品でもおおむね円谷の語るとおりの編集がなされている。二つの墜落シーンのうち、実相寺が主に論じたのは中盤の墜落シーンであった。この部分の議論をもう一度確認しておこう。

> 映画の第一の山場である不時着シーンに、延々とした大特撮を期待した気持は、簡単にはぐらかされる。
> 郵便飛行機が、強い雨風の中を飛ぶロングは二カット程度、少しつみ重ねがあって海面上を低空飛行する機のＭＳ《ミディアム・ショット》の後、ハイポジのＦＦ《フル・フィギュア》の次は、海面への転落のＭＳである。
> 正確なカット数を覚えていないが、簡潔な描写に、私は仰天した。しかも、転落のカットなど、じっと据えっ放しで、ミニチュアのカットとしてはかなり長い。
> これはきちんとした作り物で仕事をしている自信でもあるだろう。（実相寺 2001: 13-4）

この実相寺の指摘を踏まえて当該シーン（0:30:20 ~ 0:31:17）をみると、たしかに、合計一六のショットで構成されたこのシーンは簡潔といえ、墜落の瞬間を写した最終ショット（0:31:04 ~ 0:31:17）は一三秒にも及ぶ。シーン全体としては、嵐のなかを飛ぶ飛行機と操縦士、そして次第に〇に近づく高度計がテンポよく切り返されているため、飛行機が海面に墜落して主翼や尾翼が破損し、高波に揉まれる様子が固定キャメラで捉えられた最終ショットとのコントラストは強い。だが、だからといって、この最終ショットに「きちんとした作り物で仕事をしている自信」を読み取るのはいささか性急である。

それでは、いったいなぜ、この最終ショットはこれほど長いのだろうか。まず検討すべきは、本作で円谷が手掛けたもう一つの場面、すなわち南洋空路の開拓に向かった九七式大艇が墜落するシーン（1:25:30～1:27:15）との差異である。このシーンを構成するショットは合計二二と、時間当たりでは中盤の墜落シーンよりもさらに少ない。これは操縦士たちの会話が多いことに起因すると考えられるが、ともかく、このシーンも簡潔に構成されている点は中盤の墜落シーンと共通している。その意味で、実相寺のいう「本編への的確な対応」と「必要最小限のカット数」という特徴は、二つ目の墜落シーンにも当てはまる。

一方、ミニチュアによって撮影されたショットに注目すると、一三あるショットの長さはおおむね三秒前後、最大でも五秒で、中盤の墜落シーンの最終ショットのようにミニチュアを長時間写したショットは存在しない。また、雷によって主翼が折れるショットはあるものの、九七式大艇が海面に墜落する瞬間を描いたショットがないことも中盤の墜落シーンとは異なっている。

二つのシーンにみられるこの違いは、それぞれが占める物語上での位置に起因している。中盤の墜落は、支所長の五十嵐が操縦士たちの反対を押し切って、嵐のなかの郵便飛行を決行させた際に生じる。この事故によって、それ以前から描かれていた五十嵐と操縦士たちとの軋轢はさらに強まる。その後、墜落の原因がエンジンの故障であったことが明らかになり、遭難した操縦士も無事に見つかることで、両者の対立は解消される。このように、中盤の墜落シーンは対立していた五十嵐と操縦士たちの緊張を一気に高めるとともに、それが氷解する契機となっている。

それに対して、終盤に位置する九七式大艇の墜落では、五十嵐と操縦士たちのあいだに対立はない。むしろ、ベテラン操縦士の堀田（真木順）の要望を聞き入れ、五十嵐は当初下した決定を変更して彼を開拓飛行に向かわせている。そのため、この事故に続くシーンでは、全員が堀田の身を案じて捜索隊の結果に耳を傾ける様子が繰り返し描かれている。

したがって、中盤の墜落では、観客に「操縦士たちは助からないだろう」と思わせ、五十嵐と操縦士たちとの対立がさらに激しくなることを予期させるほど、その後の両者の和解はより劇的なものになる。また、中盤の墜落が凄まじければ、その様子を見た観客たちは九七式大艇が墜落したときも「あれほどの墜落でも助かったのだから堀田たちも無事に見つかるのではないか」という期待を抱き、登場人物たちと同じように堀田の帰還を待つ気持ちにさせられる。つまるところ、作品全体を起伏に富んだものにするためには、中盤の墜落の悲惨さを観客に強く印象づけることが求められる。

キャメラマンも監督と同じくらい脚本の研究をすべきであると主張していたのだから、おそらく、円谷はこの二つのシーンが物語全体でどのような位置づけになっているか理解していたはずだ。それゆえ、中盤の墜落シーンの最終ショットが長い理由は、その瞬間の悲惨さを観客に強く印象づけるためであったと考えられる。着水した反動によって飛行機が跳ね上がり、主翼や尾翼が破損する瞬間は、それだけで事故の激しさを物語っている。しかし、それだけでなく、飛行機の動きがおさまり、高波のなかを漂う様子までじっくりと見せる――最終ショットの後半の約七秒はこれである――ことで、観客は飛行機の無残な姿を眺めながら、その後に生じるであろう対立の激化を想起し不安を募らせることにもなる。このように、当該ショットはただ衝撃的な瞬間を描くだけでなく、思考を巡らせる時間的な余裕を観客に与えることで、映像から受ける印象をさらに強めているのだ（対照的に、終盤の墜落シーンではその瞬間を一切描かないことで、堀田たちが助かっていることへの期待が高められている）。したがって、驚くほど長いこのショットは、物へのフェティシズムから生まれたものというより、物語上の位置づけを踏まえた演出効果をもたらすよう設計された結果といわねばならない。

## 一―四　実用主義的なハビトゥスと最初期のキャリア

以上のような円谷の演出観は、前期だけでなく中期や後期の円谷の実践にも一貫して表れている。その詳細は第五章以降で示すが、一例として、戦後に円谷のもとでキャメラマンを務めた有川貞昌が語る次のエピソードを挙げることができる。

私は自分が経験したこと、飛行機の操作をリアルに表現しようと主張するんですが、オヤジ〔=円谷〕は飛行機を見せるための表現なんです。このギャップがあったんですね。

〔……〕キャメラの移動の速さが問題なんです。私はミニチュアから換算して距離は何百メートルだから、飛行機は何秒で通過すれば時速何キロになるだろうと計算してキャメラを移動させて撮ったんですよ。それがリアルだと思ってた。それをオヤジが見てて「おい、それちょっと速すぎるんじゃないか」って言うわけですよ。ゴンドラを引っ張る速度を落とせと。こっちは計算ずくでやってるからオヤジの言うことを聞き流してると、オヤジが怒りだして「ちょっと降りてこい、そこへ座れ」って言われて。そのとき初めて「映画っていうのはな……」という話になったんです。

速度というのは実際の速度ではなく、映像になったときに観客が速さを実感する速度だと言われましてね。そう言われると、場数を踏んでるオヤジには敵わない。言い返せないから淡々言うとおりに撮るんですが、いざあがったフィルムを観ると確かにオヤジの言ったとおりだった。（東宝ゴジラ会 2010: 250）

ここでは、「実際の速度」を再現しようとした有川に対して、円谷は「映像になったときに観客が速さを実感する速度」つまりスピード感を演出するよう要求している。これもまた、「円谷が写実的な表現を追求していた」という解釈の反例といえる。また、先ほど指摘したように、円谷は雰囲気や情緒のような目に見えないものを表現しようとしていた。それゆえ、円谷の美学をモダニスト的な機能美に求める福嶋亮大とロマン主義の系譜に位置づけようとする松下哲也では、松下のほうが、円谷の演出観をより適切に捉えられていたことになるだろう。

一方で、「特撮の意義」の論点で確認したように、円谷は特撮の科学性や特撮による制作の合理化・効率化を主張してもいた。こうした主張は、円谷が、反合理主義的な側面をもつとされる典型的なロマン主義とは異なることを示唆している。このように、円谷のなかには一見したところ対照的に思える二つの特徴が併存している。そのことは、中期に書かれた次の記事からもうかがえる。

「老人と海」はアカデミー受賞作品である。この映画中の特殊撮影は、海洋シーンを効果的に、そして楽に能率よく行う目的からである。〔……〕

このように特殊技術の可能性を十分に活用した映画の製作方針は、アメリカの生産主義や商業主義から発達してきたものであることは否めないが、それかといって非芸術的であるとは言えるわけはない。画家の創意によって描き出された絵画が、見るものの情感をあおり訴えるものであれば、それは立派な芸術作品であるように、生の実景にかけたものに撮影者の創意を加えて、より抒情的に、より情感的に訴えるものになれば、それは特殊技術によるトリックの手法によって出来るわけだが、もっと使われてよい芸術的表現手段である。（1959『藝術新潮』: 624）

撮影を「楽に能率よく行う」「アメリカの生産主義や商業主義」的な製作方針を擁護しながら、「生の実景にかけたものに撮影者の創意を加えて、より抒情的に、より情感的に訴える」描写を肯定するこの一節には、「特撮の意義」と「演出効果の重視」という二つの論点の要点が簡潔にまとまっている。では、この二つの論点は、円谷のなかでどのように結びついているのだろうか。

もう一度、二つの論点を整理しよう。一方で、円谷は、特撮が撮影の効率化や企画の自由性の拡大に有益であると主張していた。この主張は、円谷が特撮をさまざまな目的に貢献する手段と捉えていることを意味する。自身が批判的だったダニング・プロセスを必要に応じて臆面もなく使用する円谷の老獪さ（鈴木 2021: 148–9）は、この認識ゆえに可能だったといえよう。他方で、円谷は、雰囲気や情緒を表現することによって観客に効果を与えることを目指していた。この主張は、円谷が表現を観客の心情を揺さぶるための手段と捉えていることを意味する。実際、十分な効果を得るために誇張的な表現にしたり、効果が得られれば技術的な完成度の点で妥協したりすることをいとわない態度は、表現それ自体を目的としている場合には困難なはずだ。このように、「特撮の意義」と「演出効果の重視」という二つの論点は、特撮／表現を手段と捉え、その効果＝実用性を問題とする点において通底している。

したがって、この二つの論点の背後には、目の前の物事を手段と捉えたうえで、その実用性を問う円谷の基底的な傾向性を読み取ることができる。この基底的な傾向性を、これからは「実用主義的なハビトゥス」と呼ぶことにしたい。二つの論点が中期以降でもたびたび確認できることからわかるように、実用主義的なハビトゥスは、すべての時期の円谷の実践に影響し、それを規定すると同時に可能にしている。これを考慮することで、円谷のさまざまな実践の意味を理解できるようになるだろう。それでは、このハビトゥスはどのように形成されたのだろうか。

この点については、やはり円谷の最初期のキャリア、とりわけ映画業界に参入する前に経験した機械・工学系の教育や職業が重要であるように思われる（加えて、円谷が商家の出身であったことの影響も考慮する必要があろう）。円谷が具体的にどのようなことを学んでいたかは不明だが、円谷が在籍していた東京工科学校と転校した可能性のある電機学校は、ともに強い実学志向の教育を展開していた[2]。それゆえ、学校で学ぶ技術や知識が現場でどう使われているのか、といったことを日常的に意識させられる状況にあったと考えられる。また、玩具の考案でも、アイデアを実現するためにどのような手段を採るべきか、といったことを思案する機会はあっただろう。このように、映画業界に参入する前の円谷のキャリアは、目の前の物事を手段と捉えたり、目的を実現するための手段を検討したりと、手段性に注意を向けやすい環境であった。それゆえ、円谷が実用主義的なハビトゥスを身体化していった要因を、映画業界に参入する前のキャリアに求めることには一定の妥当性が認められる。

そして、演出効果を重視する円谷の演出観は、この実用主義的なハビトゥスとキャメラマンとして一本立ちするまでの経験が交錯することで練り上げられたものにほかならない。円谷が天活に入社した一九一九年は、帰山教正が監督した『生の輝き』と『深山の乙女』が公開された年（製作は前年）でもある。帰山は、舞台劇を固定キャメラで撮影しただけの映画から脱し、外国映画のように女優の起用や映画的な技法を取り入れることを目指した純映画劇運動の提唱者で、この二作品は彼の主張を実践したものであった。この運動が契機となって、日本映画の演出技法は発展していくことになる。このように、円谷が映画業界に参入した時期は、ちょうど日本映画の変革期であった。

円谷を映画業界に誘った枝正義郎は「既成の映画人のなかでこれ〔純映画劇運動〕に応えて最初に純映画劇の試みにのり出した」（佐藤 1979: 29）人物であり、一九一九年に公開された『哀の曲』は、帰山の作品よりも好評だったとされる。つまり、枝正は帰山と同じく映画的な演出の可能性を探求した最初の世代である。この枝正のもとで映画業界でのキャリアをスタートさせた円谷が、演出に関与しようとする強い意欲をもったのは自然なことといえよう。また、その後に円谷は前衛映画『狂つた一頁』（一九二六）に撮影助手として参加している。急速なパンやオーバーラップなど、当時としては斬新な技術が駆使されたこの作品への参加経験も、技術によって演出に関与しようとする意欲を高めたに違いない。以上のような映画業界での最初期のキャリアを通じて、実用主義的なハビトゥスに基づく独自の演出観が形成されたのである。

## 二　キャメラマンの下位場

キャメラマンとして映画業界でのキャリアを本格的にスタートさせた円谷が、監督とは違ったかたちで映画の演出に関与する意欲を示していたことは先ほど確認したとおりである。こうした認識を抱いていたからこそ、円谷は率先して特撮の技術開発にも取り組んだ。ところが、こうした円谷の主張や特撮の技術開発は、ほかのキャメラマンたちと衝突する原因にもなっていた。その最たる例が、東京に異動した際に経験したボイコット事件といえよう。いった

［2］日本工業大学、「学園沿革」〈https://scfo.nit.jp/history/ayumi/（最終閲覧日：二〇二二年一一月五日）〉、東京電機大学、「大学の沿革」〈https://www.dendai.ac.jp/about/tdu/history/chronology.html（最終閲覧日：二〇二二年一一月五日）〉。

いなぜ、円谷はこのような対立に巻き込まれたのか。
この疑問に答えるためには、当時のキャメラマンたちがどのような価値観を共有していたのかを明らかにしなければならない。本節ではこの課題に取り組んでいく。

## 二―一　ローキー・ライティングの選択理由

先述したとおり、円谷は演出効果の点でローキー・ライティングを擁護していたが、こうした円谷のライティングには否定的な評価が多かった。その詳細は、内田吐夢の義兄で、後年に『地獄門』(一九五三、監督：衣笠貞之助)の技術監督も務めたキャメラマン・碧川道夫の回想が参考になる。

彼〔円谷〕は特撮の神様と、今なお慕われていますが、彼のカメラマンとしての苦しみを、少しでも理解してあげるべきだと思います。あの人は、国活から大正十四年、下加茂へ来たのですが、そこには杉山公平という大きなライバルが鎮座し、闘うことになります。〔……〕
円谷は、そこで考え、作品の質で対抗するためにローキートーンの手法を持ってきました。光の情緒作りです。ぼんぼり、あんどんを巧みに使ってね。
対する杉山はシャープに持ってきます。俳優の顔は、しっかり撮る。俳優に慕われたというのは、仕出しですらきちんと撮るからです。手前で林長二郎が芝居をして、遠くを歩いている人がいても、杉山が撮ると、必ず映るわけです。体の方は、真黒でも、顔は見えるように撮るのが杉山の秘法です。だから、彼のライティングは、準備が長い。だけど、一人も不平を言わない。いくら時間がかかってもやる、というのは、実力に裏付けられた、彼のパワーです。会社より、力が上なのです。
円谷ですが、せっかくのローキーも松竹では、成功を見なかったので、昭和七年日活へ移り、同じようにやってみました。会社は驚きました。こう暗くては、会社は驚きました。で、〈ローキー王〉という渾名をもらいました。シーン全体としては、真に迫っているのはよいとして、こう暗くては、せっかくの衣装もさえず、セットの装飾も、十分には映っていない。少しばかりの専門家が「そのローキーがいい」と評しただけです。〔……〕こうした中で、苦闘の末、円谷君は破れ、やがて退社するのですが、彼は悶々として、終始、京都の四条大橋際のバーで飲んでいました。（山口編 1987: 94-5）

第一章で引用した稲垣浩も同様のことを語っていたが、この碧川の回想で注目すべきは、円谷がローキー・ライティングを選択した理由として、杉山公平とのライバル関係を挙げている点である。杉山は『狂つた一頁』の撮影を担当した円谷の直接の先輩で、竹内博（2010b: 771）によれば、円谷を京都に誘ったのも杉山だった。中学を卒業後に写真館にあずけられ、日活向島撮影所でも最初はスチール撮影を担当していた（杉山 1955: 195-6）杉山は、その経験を活かして俳優をきれいに写すことを得意としていた。その杉山に対抗するために円谷が選んだのが、ローキー・ライティングだったというのだ。

この碧川の回想は、次のようにいいかえられるだろう。キャメラマンの下位場（映画場の一部だが、独自の規範を有してもいる）において、経験や実績といった資本に劣る円谷の採った差異化戦略がローキー・ライティングだった。俳優をきれいに写すことを求める当時の規範を転覆させようとしたこの戦略は、経営者の利益に反したために失敗に終わった、と。しかし、これだけではまだ、円谷がなぜほかでもなくローキー・ライティングを選択したのかはわからない。この選択を場での差異化戦略としてみるのであれば、当時の円谷にとって、ローキー・ライティングという選択肢は無鉄砲で突拍子のないものではなく、たしかに成功の可能性を感じられるものだったはずだ。このことを理解するためには、当時のキャメラマンの下位場の潮流を踏まえる必要がある。

実のところ、キャメラマンの下位場でヌケのよいきれいな撮影が規範とされていたのは、スター人気を当てにした経営方針や俳優の自意識だけが原因ではない。当時のキャメラマンたちのあいだでも、きれいに撮影できることは重要な意味をもっていた。

評論家の佐藤忠男によれば、日本の撮影技術は一九二〇年に松竹が蒲田撮影所に招いたヘンリー小谷によって大きく進歩した。ハリウッドから赴任したヘンリー小谷は、「カメラマンとしては当時の日本の技術の水準をはるかに超えていたので、彼にリードされて日本の撮影技術は急速に向上した。単純に言って、レフの多用で画面がぐっと明るくなり、カメラアングルにも工夫がこらされるようになった」（佐藤 1985: 41）。また、ヘンリー小谷に弟子入りしていた碧川は、フィルムの扱い方もヘンリー小谷から影響を受けたと語っている。

それまでのフィルムの扱いというのは、ひどいものでした。編集部屋では、ジョウロで水を撒き、無神経に箒で掃き出す。フィルムは素手で扱う。編集でチェックしておくにも、フィルムの始めと終わりを、ピンで止めて、後は、垂らしておく。それが下に引きずる。そういうことが日常茶飯事でした。〔……〕それに比べると、ミスター・ヘンリーの方は、一見遅いようだけど、〔つないだフィルムが〕絶対に剥がれない。ゴミも付きにくい。ミスター・ヘンリーは、それまで漠然としていた編集という仕事を、具体的な、自らの緻密な作業を通して知らせてくれました。（山口編 1987: 33–4）

レフ板を使って明るく写し、フィルムをなるべく傷めないように仕上げていく。一九二〇年代初頭から前半にかけて、こうした最新技術がキャメラマンたちに広がり、撮影や現像の質が急激に向上していった。このことから、当時においては明るくきれいな画調にできるかどうかがキャメラマンの技量を示す重要な観点だったと考えられる。そのうえ、碧川は「映画技術は、水谷〔文二郎〕さんたちの経験や、柴田常吉、杉山公平等の写真館出の人を通して少しずつ進んでいきました」（山口編 1987: 42）とも語っている。つまり、杉山は明るくきれいな画調に整えるという潮流の先導者でもあったのだ。この潮流に経営者や俳優の思惑が相まって、明るくきれいに写すことがキャメラマンの下位場の規範として定着していった。

しかし、一九二〇年代後半には、新たなフィルムの開発によってこの規範に変化が生じる。宮島は、この変化を次のように語っている。

> 一九二〇年代にパンクロマティックのネガが発表、二八（昭和三）年にイーストマンからタイプⅡが発売されると、映画技術に大きな変革が始まった。グラスステージはダークステージに変わり、野外撮影にはフィルターを使うというように、光の量よりも質に注意しなければならなくなる。
>
> もちろん、現像にも影響があった。暗室用の安全光が赤から緑に変わっただけではなく、それまで現像主液の主流だったピロガロール系からメトール、ハイドロキノンが使われるようになる。ということは、「一スジ、二ヌケ、三ドウサ」という映画の面白さの中で重要な位置を占めていた「ヌケ」、つまり画面のきれいさを意味するコントラストの強い画調から、今度はグラデーションの豊富な画調が要求される。（宮島・山口 2002: 28）

新しいフィルムや現像液によって、光の質を使い分けてグラデーションの豊富な画面を表現することが可能になった。これによって、撮影時に光量を確保したヌケのよいきれいな画調というそれまでの規範は絶対的ではなくなり、キャメラマンたちの関心は「グラデーション豊富な画調」に移っていく。円谷がキャメラマンとして一本立ちしたのは、まさにこのタイミングだった。つまり、キャメラマンの下位場ですでに地位を確立していた杉山に対して、資本に劣る新参者の円谷は、場の新たなトレンドにいち早く対応することで対抗しようとしたのである。

だが、ここで宮島が指摘したような「コントラストの強い画調」から「グラデーションの豊富な画調」への移行は、現代劇が中心だった東京の撮影所では進んだものの、時代劇を撮影していた京都では同じようには進まなかった。

〝蒲田調〟と呼ばれた松竹のフィルムの調子は増谷〔麟〕さんが現像主任の時〔一九三〇年前後〕に確立したもので、それはパラマウント調ともいわれていた軟調だった。

ところが京都だとそうはいかない。時代劇だから鬘を被るが、精密に軟調のライティングをすると羽二重〔俳優本人の頭髪を隠す布〕は全部ばれてしまう。それで一カット一カット、濡れタオルで押さえ、顔にライトを当てて飛ばす。そうなると顔は真っ白、ディテールもなくなるが、そういう現像が主流だった。

その当時の白黒フィルムは感光する範囲の狭いオーソクロマティックという赤に感光しない白黒フィルムだったから、カーボンや水銀灯を使ったりして撮影していた。現像にしても、「メトロハイドロキノンとメトールとで現像するように」と新しい処方がイーストマンからきても、京都の連中は頑張ってパイロ（焦性没食子酸、ピロガロールとも呼ぶ）を使ってやっていた。一時代前の現像法だが、それで時代劇を撮っていた。（宮島・山口 2002: 25–6）

かつらという時代劇特有の制限と技術革新の進まなさが障害となって、円谷の戦略は失敗に終わった。それゆえ、もし円谷が一九三〇年前後から東京の撮影所に所属していたならば、その待遇はいくばくか違っていたかもしれない。ただし、円谷によるローキー・ライティングの擁護が当時の技術変化と対応するものであったからといって、円谷がこの変化にただ追随していたわけではないことには注意が必要である。というのも、この技術変化をどのように応用するかという点においても、円谷とほかのキャメラマンたちのあいだには微妙な、しかし決定的な差異があるからだ。

## 二-二　画調とキャメラマンの個性

豊富なグラデーションが表現できる新しいフィルムの登場を受け、円谷はライティングによって雰囲気や情緒を表現し、演出に積極的に関与していこうとしていた。こうした円谷の主張は、キャメラマンたちのあいだではいささか先鋭的なものだったように思われる。というのも、一九四〇年代前半に刊行された業界誌などでは、演出への関与について、円谷よりも控えめな主張が散見されるからだ。たとえば、一九三九年の映画法施行によって制作者が登録制となった際に教材として作成された『映画撮影学読本』では、円谷のライティング論と似た場面が次のように解説されている。

暗い所で男女が話合っているとする。実際からいえば、現実感から言えば顔が見えるだけで宜い訳だが、観客の為には何処で話して居るか、どういう風に話して居るかという説明を補足すべきである事を先ず考えねばならぬ。シナリオに蝋燭の灯のみで微に顔が見えると書いてある場合、蠟燭の灯に依る配光《ライティング》を考えることは固よりであるが、背景《バック》もわかる様に撮影する事は勿論であって、暗い処でも人間の目に感ずる凡てのデテイルは写真的な暗さに依り観者に伝えるべきである。（小倉 1940a: 203）

「二人だけの甘美な雰囲気と、情緒を醸《かも》し出」すために「バック等にも雰囲気に相応した明暗のトーンを描きださねばならない」（1933『映画文化』: 90-1）と主張していた円谷に対して、ここでは、場所などの「説明を補足」するためにきちんと背景の「デテイル」まで写すような撮影が推奨されている。両者を比べると、演出に関与しようとする円谷の積極性が際立ってみえるだろう。また、円谷は「内容を助長する為には、演出者（監督）に対するに、これを助者として、同歩調を以って演出上の一旦にまで強力に働くべき」（1933『映画文化』: 89）とも主張していたが、これについても『映画撮影学読本』の解説は慎重な立場にとどめている。

キャメラマンはシナリオに対し独自な働き掛けをしてはいけない。飽迄演出者との協力のもとに演出者の指示を受けて、演出者のイメージの中で動くよう心掛けるべきである。〔……〕

或る場面を生かす為により良いアイディアがある場合にも、キャメラマンは演出者に相談してみるべきである。そして演出者が受入れて呉れれば宜いが、容れられない場合でも、それを無理に知らぬ間にやってしまうとか、無理押しするとかいう事は絶対に謹むべきである。

演出者の意図が部分的にシナリオのそれと異って居る場合でも、キャメラマンは飽迄演出者の忠実なる協力者として働かねばならない。（小倉 1940b: 225–6）

キャメラマンが思いついた演出は必ず監督に確認し、それが受け入れられなければ諦めて、あくまで監督の指示に沿った撮影をしなければならない。「シナリオに対し独自な働き掛けをしてはいけない」し、自分のアイデアを「無理に知らぬ間にやってしまうとか、無理押しする」ことも厳禁である。このように、キャメラマンは監督を補助する協力者としての位置づけにあり、監督の意志を優先することが求められていた。こうした監督とキャメラマンの関係も重要な論点なのだが、これについては後ほど改めて検討しよう。ここで注目したいのは、明るくきれいに写すことが規範だった一九二〇年代はもとより、一九四〇年前後においても、演出をめぐっては円谷よりも控えめな主張が支配的だったことだ。このことから、一九二〇年代後半から一貫して演出への強い関与を主張し続けた円谷が、キャメラマンたちのなかで特異な存在だったとわかる。

では、グラデーションの豊富な画面を表現できるようになって以降、ほかのキャメラマンはどのような表現を追求していたのか。一九三〇年代の史料調査が十分に進められていないために仮説の域を出ないが、それは、画調を整えることで個々のキャメラマンの個性を表現することであったと考えられる。というのも、一九四〇年代の文献には、次のように、キャメラマンの個性と画調を対応づける記述が頻繁に出てくるからだ。

文章なり詩なりの辞句は演出者が創作したとして、カメラマンは肉筆を振う書家でなくてはならない。こうして初めて一幅の書は内容と表現と渾然一体となり不滅な光輝を発するのである。（故に構成されたる画面にはカメラマンの個性が一番明瞭に滲み出すべきである）（持田 1940: 336）

昨年度東宝作品の全部を通じて感じられた事は、従来まで（P・C・Lから東宝初期にかけて）極端なる明快な画調のみに流れ、作品の内容に対し余りにも冷淡かの如く見えていたものが、一昨昨年よりも一昨年、一昨年よりも昨年へと、だんだんカメラマン各自の個性がはっきり現われ、カメラマン諸氏の、作品と取組む気持ちが、単なる撮影担当者、と言うのでなく、もっと積極的な此の頃言われ出した作家的精神！と言うものが、仕事に対し強く働きかけられて来た事が仕事を通じてはっきり感じられて来た様に思われる。（河崎 1942: 63-4）

カメラマンの性格が映画の中の画調に出てくる事はだれでも、よく知っている通りである。カメラマンの性格表現は画調によくその人格を見る事が出来る。従って画調に対する批評も個人になすべきであろう。（武富 1942: 60）

先ほどの宮島の引用で「蒲田調」という表現があったように、撮影所による画調の違いも意識されていたが、当時の業界誌では、少なくともそれと同程度には画調とキャメラマンの個性を結びつけた記述も多く、個々の作品評でも画調の良し悪しが頻繁に論じられていた。その最たる例は、没後の一九五六年に「三浦賞」が制定されるほどの名キャメラマン・三浦光雄が当時から「リリカルな美しい画調」で有名だったことであろう。たとえば、三浦がキャメラマンを務めた『虞美人草』（一九四一）は、「三浦氏と組んだ演出者の演出プランと云うものは、一度三浦氏の頭脳のフィルターを通過し調整され、始めてエマルジョン［フィルムの感光層］に描かれたとさえ思われる程、三浦氏の作品の画調には、強い三浦イズム的なものが流れている」（河崎 1942: 64）と評されている。[3]

このように画調と自身の個性が対応づけられていたからこそ、キャメラマンたちの制作態度は、ときに秘密主義的あるいは完璧主義的なものとなることがあった。三浦はこうした制作実践の点でも典型例である。

東宝には名キャメラマンと呼ばれた三浦光雄さんがいて、忙しい時には僕も呼ばれたことがありますが、キャメラには決まった助手以外は寄せ付けない。絞りを見ようとしても、秘密主義で隠そうとする。僕は悔しくて双眼鏡で見ようとしたものの、三浦さんはそれに気が散って一日の撮影がパアになったこともあり、その点、宮島さんとは正反対の人でした。（小松 2002: 96）

〔白井茂〕まず一つは画調・構図が美しいということですね。撮影がたいへん丁寧なのです。いい作品をこしらえようとする情熱があふれていました。〔……〕

それは私に言わせれば涙ぐましい努力でした。太陽が少し曇ってくると「ちょっと待って下さいね、もう少し、太陽が出るまで待ちましょう」と言って、みんなの御機嫌をとりながら待つわけです。（岩本・佐伯 1988: 69）

一方では「キャメラには決まった助手以外は寄せ付けない」秘密主義を徹底し、他方では美しい画調を作るために少し曇っただけで天気待ちをするほど丁寧にこだわりをもって撮影を進める。こうした三浦の態度からは、自分の画調を容易に模倣されないようにしながら、それを完璧に仕上げようとしている様子がうかがえる。こうした職人的と呼べる態度は、当時の、とりわけ古参のキャメラマンたちにはある程度共有されていたと考えられる。たとえば、一九三五年の『お千代傘』でキャメラマンとしてデビューし、戦後に『雨月物語』（一九五三）や『用心棒』（一九六一）などの撮影を担当した宮川一夫は「昔の人は絞りなどは他人に見せないし、助手には絶対に教えません」（山口編 1997: 117）と語っている。また、先ほど引用した碧川の回想からわかるとおり、条件が整うまで撮影に時間をかける完璧主義的な制作実践は杉山にも共通していた。

こうした職人的な制作態度は、特撮による制作の効率化を主張するとともに、効果が得られれば技術的な完成度の点で妥協することもあった円谷とは対照的である。この差異は、三浦や杉山と円谷のハビトゥスの違いにも起因していると考えられるが、それと同時に、当時のキャメラマンの下位場に占める両者の位置の差異を示してもいる。当時からすでに評価を確立し、場の正統的な地位を占めていた三浦や杉山とは反対に、場の規範を逸脱しながら先鋭的な主張を繰り返していた円谷は、当時のキャメラマンの下位場でいわば異端の位置にあった。そして実は、このことがもっとも象徴的に表れている作品こそ『ハワイ・マレー沖海戦』である。

## 二―三　円谷による画調の管理の軽視

今日では特撮に注目が集まる契機となったことばかりが強調される『ハワイ・マレー沖海戦』だが、当時の業界誌では、特撮と同程度かそれ以上に、この作品で採用された撮影監督制が話題となっていた。

> 特に、私達技術に多かれ少なかれ関心をもってきた者にとっては、このよろこびは二重である。即ち、当然生まれるべき制度であった撮影監督――デレクター・オブ・フォトグラフィー――制の実現〔および〕特殊技術という仕事の大きな役割負担と成功がこれである。（西村 1943: 28）

［3］戦後に松竹で撮影助手となった渡辺浩も「映画会社が、撮影所内に現像所をもっていたモノクロ映画の時代には、キャメラマンは自分の指名した現像技師に、ネガ現像、タイミング、ポジ焼き付けをやらせて、自分の画調を作り上げていました」（渡辺 1992: 175–6）としている。ここでいわれる時期がいつを指すかは明確でないが、少なくとも、画調の管理によって個性を表現することが長らくキャメラマンたちの関心事であったことは間違いない。

撮影監督制とは撮影に関わる代表責任者を設置するもので、この作品では撮影としてクレジットされた三村明、三浦光雄、鈴木博のうち、三村が撮影監督を務めている。これについて、西村は次のように述べる。

> 恐らく多くの人々も、この二人の技術家〔監督の山本嘉次郎と三村〕と並らんでスナップに登場してくる三浦光雄キャメラマンをみなかったならば、東宝スタジオが率先採用決行した撮影監督制の名称がもつ重さに心付かなかったのではあるまいか。
> 　なぜならば、常識的に云って三浦光雄氏も三村明氏も共に東宝スタジオの擁する優れた技術家のなかでも、特に立派な仕事をしてきた人々であり、今日その称呼が意味するキャメラマン、撮影監督などと分けてよぶのは若干異様であるから。（西村 1943: 28）

撮影監督制では、撮影監督である三村の下に一キャメラマンとして三浦が加わるという体制になる。両者が東宝のなかでも「特に立派な仕事をしてきた人々」であることを考えると、二人のあいだに上下関係の生じるこの体制は「若干異様である」。このように、すでに実績のある三浦であっても補助的な位置づけとならざるを得ないことに、西村は「撮影監督制の名称がもつ重さ」を感じている。実際、以下で語られているように、三浦はこの作品で三村の意向に合わせた撮影を行っていた。

> 各先輩諸君はよく巳《ママ》れの持味を殺して私の狙いを生かしてくれた。殊に三浦光雄君の努力に対しては感謝措く能わざるものがある。然し各自が自己の好み、狙い、画調を勝手に強調されたなら出来上った映画はスムースな流れを失い殊に画調の点に於てマチマチなものが出来てしまう。少なくとも全体の画調の揃いの点からいったらこの映画は恐らく誰がどの部分を撮ったか分らない位統一されていると思う。（三村 1943: 66）

各キャメラマンが自分の狙いを追求すると映画の流れが悪くなってしまうため、撮影監督制では、撮影監督以外のキャメラマンは自分たちの狙いや「持味」を抑制する必要がある。とりわけ、画調がマチマチになってしまうことはなるべく避けなければならない。今回は三浦らが「よく己れの持味を殺して」くれたおかげで、「少なくとも全体の画調の揃い」は「誰がどの部分を撮ったか分らない位統一」できた。この三村のコメントからも、画調が「映画のスムースな流れ」の構成要素であるのみならず、キャメラマンの「持味」、つまり個性と結びついた重要な位置づけを与えられていることが読み取れる。撮影監督以外のキャメラマンは自分の個性を押し殺し、画調の管理を諦めなければならないからこそ、撮影監督制は「重い」のだ。

ところで、本作で撮影監督制が採られた背景の一つには、同じく山本嘉次郎が監督し、三村も参加した『馬』（一九四一）での失敗があった。三村のほかに唐沢弘光、鈴木博、伊藤武夫がキャメラマンとして参加した本作について、山本は「ぼくは、あえて四人の画調を統一しなくてもいいと思った。四季の違いをはっきりさせ、各カメラマンごとの画調が欲しかった」（平井 1993: 283）と述べているが、三村は画調の不一致に納得がいっていなかった。

四季の分担は、初めからそういう予定ではなかったので、みんなバラバラに撮っていました。たとえば春の部分では、レンズの前にセルロイドを置いて、画面のへりをぼかしているが、これが前の部分と全く調子が違うんです。子馬が生まれる有名なシーンも、実景はすでに唐沢さんが撮っており、私はそれを見守っている人の芝居をセットで撮ったんですが、照明一つにもカメラマンの個性があるのに、私は唐沢さんの絵に合わせた照明をしなきゃならない。〔……〕

とにかく、このときの経験は貴重でした。何人かのカメラマンが一本の映画を分担するときは、必ず撮影監督をおいて、画調を統一させなければならない。そこで『ハワイ・マレー沖海戦』のときには私が撮影監督になり、フィルターはこれ、露光はこう、と初めからはっきり決めておきました。だから、飛行機を一回飛ばしてもらっ

てこれをいろいろな角度から何台ものカメラで撮りましたが、ぴったり絵がそろった。（平井 1993: 283–4）

この語りからも、画調がキャメラマンの個性と強く結びつけられ、三村がそれを管理することに強くこだわっている様子がうかがえる。このこだわりゆえに導入されたのが撮影監督制――これによって撮影監督のこだわりを作中で一貫させられる反面、それ以外のキャメラマンは画調の管理を諦めなければならない――だったのだ。

いかに画調を管理し、そこで自分の個性を表現していくか。当時のキャメラマンたちは、この点に強い関心を寄せていた。では、この画調の管理について、円谷はどのような態度をとっていたのだろうか。『ハワイ・マレー沖海戦』の公開時に『映画技術』に掲載された座談会では、画調の問題が話題の一つとなっている。

田中　〔……〕普通のキャメラマンがやっても、どうせセットやロケーションで撮ったものと同じ調子には行きえないのだから、むしろ、例えば東宝ならあなたが、三村〔明〕[4]君なら三村君の調子をのみこんで、三村君の画調にマッチするカットを添えてやる、そういう方法が最もいいのじゃありませんか。〔……〕

円谷　画調の一致ということではキャメラマンからよく注文も出、苦情も出ます。この点は私もキャメラマンの気持ちとして充分知っているつもりですが、しかし我々の技術工程には色々の処理がありますので結果的に完全に画調を合わせるという事は望めない場合が多いのです。だからこの点は我々としても第二義的に考えて、第一に劇の流れに効果を合わせるという演出効果に重点を置かなければなりません。ですからつい交渉も打ち合わせも演出者に篤く、キャメラマンに薄いという結果になり、キャメラマンの苦情を聞かなければならない事がよくあります。

田中　一番いい例が「ハワイ・マレー沖海戦」じゃないですか。ハワイの海戦は絶対に撮れるものじゃないですからね。ニュースで見て、実際に撮って来たものはどんなものかを一般は知っている。あのシーンを本当に撮ったものだと思う人は一人もいますまい。特殊効果だということを承知でみんな見ております。ですからあの調子が仮令《たとえ》合ってなくても劇映画としての効果があれだけ出れば申し分ないでしょう。

円谷　これがどうもキャメラマンとしては面白くないと感じている。私はこの頃人の気持ちを考えだしてしまうと、どうも辛い商売だと思う。

〔……〕

円谷　横田君、お互いに特殊技術をやっていると、特殊技術の独自性は必要とお思いでしょうが、そのためにキャメラマンとのどうにも具合の悪い空気が生じ易いのじゃないですか。（1943『映画技術』: 213-4）

渡辺浩によれば、三村は『ハワイ・マレー沖海戦』について「特撮部分の画調や、キャメラの動きなどの統一やコントロールに問題があった」（渡辺 1992: 44-5）と不満を述べていたとされる。三村の立場からすれば、せっかく三浦や鈴木が自分たちの「持味」を殺して画調を統一したのに、本編と特撮で画調がマチマチになってしまえば元も子もないのだから、不満に思うのも無理はない。ここで円谷が述べたキャメラマンからの苦情には、おそらく、三村のこの不満も含まれているだろう。

円谷はこうした不満に理解を示しつつも、特撮では「結果的に完全に画調を合わせるという事は望めない場合が多い」ため、画調を一致させるという問題を「第二義的に考えて、第一に劇の流れに効果を合わせるという演出効果に重点を置かなければ」いけないと主張している。円谷はここでも、画調の管理を半ば諦めて演出効果を優先させているのだ。

先ほど確認した演出観に沿ったこの判断は、しかし、ほかのキャメラマンたちからすれば、「いかに画調を管理し、

［4］この田中の発言にある「三村〔明〕」のみ、本文中に掲載されたものであり、残りの〔〕は引用者注である。

そこで自分の個性を表現していくか」という共通の関心を、また、その前提となる画調そのものの重要性を否定するものにほかならない。つまり、円谷は画調の管理よりも演出効果を優先させることで、キャメラマンの下位場における根本規範を否定しているのである。このように、円谷の演出観にみられる先鋭性は、場の規範をただ逸脱するのではなく、それを根本的に揺るがせる転覆戦略として機能した。これこそが円谷とほかのキャメラマンたちの対立要因であり、円谷がキャメラマンの下位場の異端にあったと解釈できるゆえんである。

## 二―四　スクリーン・プロセスとダニング・プロセス

以上のように、当時のキャメラマンたちの価値観や共有されていた関心を踏まえると、円谷がなぜほかのキャメラマンと対立していたのかがよく理解できるようになる。しかし、それでも円谷はキャメラマンの下位場の参加者の一人であり、場の規範を完全に無視することはできなかった。そのことは、前期の円谷の特撮に関する語りにみられる揺らぎに表れている。

「ハリケーン」における暴風雨の場面其の迫力、「テスト・パイロット」その他の航空映画に見るスリル等、アメリカ映画に現れた特殊技術の効果は、常に我々の驚異の的であり、また印象的なものであった。これらの映画は特殊技術による場面のものがクライマックスとして観衆の心理を捉え、テーマの最も重要な部分の役割を果たしていたもので、言わば特殊技術が売り物になっている映画の代表的なものであったが、この種の映画以外の如何なるものでも、特殊技術による潜在効果の含まれていない映画は無いといって良いほど、アメリカに於ける特殊技術の重要性は健全な地歩を占めているのである。（1941『映画撮影学読本下巻』：115）

要するにアメリカはトリックの濫用だと思う。「キング・コング」を作るということも、いささかトリック万

能に支配された映画の邪道だし、又「透明人間」にしても……（1941『映画技術』: 170）

アメリカ映画における特撮の地位を評価しつつ、同時期の座談会では一変して「トリックの濫用」を——ほかの記事にはみられない否定的なニュアンスで——指摘する。東京に異動して本格的に特撮技師へと転身した後、まだ十分な成果を挙げていなかった当時の円谷の逡巡が読み取れるこの揺らぎは、場の規範を否定する先鋭的な主張を展開していた円谷が、キャメラマンの下位場の引力圏から抜け出しきってはいないことを示してもいる。

場の正統な規範を揺るがす異端でありつつ、それを完全に無視することもできないマージナルな場所。前期の円谷はそこに位置していたのであり、その意味で、彼が経験した苦難は革新者が必ず直面する保守派の反発以上のものであった。だが、この位置は円谷に苦悩を与えただけでなく、場に受け入れられるギリギリの選択肢を見定めることを可能にもした。それがスクリーン・プロセスの開発である。

ライティング論が掲載された一九三三年の時点で、円谷はすでに「ホリゾント法に據るセッティングの研究」と題した三部立ての論考と「スクリーン・バックに就いて附、私の実験報告」という論考を執筆しており、それらはいずれも『フォトタイムス』誌に掲載されている。ホリゾントとはスタジオの背景のことであるが、円谷はこの論考内で、作画したガラス版に照明を当てて背景を投影したり、背景の風景をミニチュアで作成したりする方法を紹介した。スクリーン・バックはスクリーン・プロセスと同義であり、事前に撮影した背景の映像をスクリーンに投影して、前景での演技とともに撮影する合成技術を指す。したがって、この四つの論考はすべて背景の合成あるいは設計が主たる目的となっている。

ここで注目したいのは、円谷の取り組んだ右記の技術がともにプロダクション段階（撮影時）に導入されるものである点だ。これに対して、オプティカル・プリンター（撮影済のフィルムを別のフィルムに焼き付けて合成する装置）による合成などはポスト・プロダクション段階（撮影後）に処理を行うもので、同じ目的で使う場合であっても制作過程は大きく異なる。『南海の花束』についての引用（☞九二頁）にあるように、部分的にオプティカル・プリンターが使われることもあったが、前期の円谷の目立った成果は、ミニチュアワークによる映像も含めて基本的にプロダクション段階で取り入れる技術が中心だった。もちろん、これは当時の技術的な制約ゆえのことなのだが、同時に、円谷がキャメラマンであり、下位場の規範の影響下にあったこととも無関係ではない。どういうことか。

スクリーン・プロセスに代表されるプロダクション段階での合成は、セットが特殊であったり、ライティングやキャメラ位置に制約が生じたりすることはあっても、基本的には通常の撮影と同じような手順で進めることができる。これに対して、オプティカル・プリンターなどを用いたポスト・プロダクション段階での合成技術では、通常のフィルムとは異なる現像処理や複数回の焼き付けが必要になる。そのため、プロダクション段階での合成では画調の管理がある程度は可能だが、ポスト・プロダクション段階での合成ではフィルム処理の影響が大きく、撮影時に画調を整えることは不可能となる。つまり、スクリーン・プロセスはポスト・プロダクション段階での合成に比べてキャメラマンたちの抵抗感が少なく、受け入れられやすい技術なのだ。

実のところ、こうした合成技術の差異はハリウッド映画史でも指摘されている。アメリカの映画史家ジュリー・ターノックは、一九三〇年代後半以降のハリウッドでスクリーン・プロセスが主流の合成技術となった理由を次のように述べる。

> 一般に、撮影所がオプティカル合成による撮影よりもプロセスによる撮影を好んだのは、かなり明白な理由からである。プロセスによる撮影は（その名のとおり）〔俳優の演技を撮影する〕主要撮影の標準的な映画制作の過程――24 fpsのリアルタイムでの撮影――を維持した。そのため、高価な（そして長い）ポスト・プロダクションを行う必要がなかった。合成の正確性はセットでファインダーを覗きながらチェックでき、毎日二四時間以内に確認することもできた。プロセスによる合成が、イメージの制御を監督とキャメラマンという伝統的な人の手

にとどめたこともまた重要である。（Turnock 2015: 36）

通常の制作過程を維持し、「イメージの制御を監督とキャメラマンという伝統的な人の手にとどめた」ことで、スクリーン・プロセスは主流の技術として定着した。先ほどみた画調に対するキャメラマンのこだわりを念頭に置くならば、このターノックの指摘は日本映画にも当てはまると考えてよいだろう。そして、ハリウッドから帰国してダニング・プロセスを紹介した松井勇と円谷の成否を分けた一因も、この点に求めることができる。

松井勇については髙橋修（2018, 2019）の研究が詳しいが、ここでは主として彼が導入した技術に注目して検討を進めたい。髙橋によれば、アメリカに留学し、一九二〇年代のハリウッドで特撮部門に在籍していた松井の技術の特徴は「グラスワークを改良した技法とトランスペランシーの二点」（髙橋 2019: 31）にある。グラスワークとは、ガラスに背景となる絵を描き込み、そのガラス越しに俳優の演技を写すことで合成を行うもので、合成技術のなかでも古くからある手法である。髙橋によれば、松井はこのグラスワークをキャメラの二重露光を利用する形式に変更することで、より自然な結果を得ようとした（髙橋 2019: 34–5）。トランスペランシーがダニング・プロセスの別称であり、この手法では背景となるフィルムを赤く染色し、二本のフィルムを同時に駆動させられるキャメラに装填した後、被写体に赤の照明を、背景に青の照明を当てた状態で撮影することで合成を行う（髙橋 2019: 36–9）。このように、松井の技術はともに合成をキャメラ内で行う点に特徴がある。

こうしたキャメラ内での合成は、プロダクション段階での作業が中心であるものの、合成が成功しているかどうかは現像するまでわからず、操作に熟練していなければ失敗のリスクも大きい。また、ダニング・プロセスでは、染色した背景フィルムがフィルターの機能を兼ねることで前景と後景が合成されるというメカニズムのため、必然的に、通常の撮影と同じような画調に調整することは不可能になる。それゆえ、これらの技術に対する当時のキャメラマンたちの抵抗感は小さくなかったと推察される。

さらに、ターノックによれば、こうしたキャメラ内での合成は映画史の最初期からあり、その失敗のリスクを軽減させるためにスクリーン・プロセスやオプティカル合成の技術が開発された。ハリウッドでは一九二〇年代ごろからこうした新しい合成技術の研究がはじまり、一九三〇年代以降にスクリーン・プロセスが主流となる（Turnock 2015: 31–5）。このターノックの指摘を踏まえると、松井はちょうど移行期にハリウッドで働いていたことになるが、そこで習得した技術は最新のものではなく、古くからあった技法の改良版にすぎなかったことがわかる。

一見したところ、ハリウッド帰りの肩書をもち、一九三〇年代前半の時点で森岩雄とも交友のあった（髙橋 2018: 17–20）松井は、円谷よりも多くの資本をもっているように思える。しかし、以上にみてきた技術の特徴に鑑みるならば、そうした印象は修正されなければならない。日本の制作現場をほとんど知らない松井の導入しようとした技術はキャメラマンたちが受け入れやすいものではなく、そのうえ技術史的にも最新とはいえないものだったからだ。そのため、松井の技術は映画場における有力な資本とはならなかった。この点でいえば、円谷の開発したスクリーン・プロセスのほうが有力な資本だったのである。[5] さらに、円谷のスクリーン・プロセスは『新しき土』でその有効性が広く認められた一方、松井が特撮を担当した『忍術猛獣国探検』（一九三六）は「鳴物入りで宣伝・期待されていたにもかかわらず、実際の評判は芳しくなかった」（髙橋 2018: 25）。この評価が決定的となり、松井ではなく円谷が、特撮の第一人者としての道を歩み始めたのである。

## 三　映画場の構造

前節でみたように、円谷の先鋭的な主張や実践は、キャメラマンの下位場の規範を否定するものであった。円谷がほかのキャメラマンと対立していた要因はここにあり、それゆえ円谷はキャメラマンの下位場の異端に位置づけられる。しかし、前期の円谷が直面していた対立はこれだけではない。円谷はしばしば、監督や経営者とも対立していた。

この対立を理解するためには、キャメラマンの下位場を超えて、それを含む映画場全体の構造を理解する必要がある。本章の最後に、この点について検討していきたい。

## 三―一　監督とキャメラマン・特撮技師

まずは監督との対立からみていくことにしよう。第三章で確認したように、当時の監督は特撮の利用に消極的な者が多く、できる限り実物で撮影しようとする傾向にあった。その様子は、円谷の執筆記事だけでなく、東宝設立時に円谷を東京に呼び寄せた森岩雄の記述からもうかがえる。

我国の映画技術の立ち遅れは、我々技術者にも責任がありますが、しかし我国の映画の市場性が、業者に余儀なく映ってさえいればよい、これは極端な一例ですが、とにかくそんな観念を大なり小なりに潜在させる結果になって、技術の向上に必要な設備の施設を、怠ってきた点にあると思います。また特殊技術の場合は、そうした理由の外に、演出者の潔癖症や、純粋な芸術追求心もあって所詮トリックと呼ばれた技巧を不純視していた点もあるかと思います。（1943『映画技術』：209）

監督や撮影技師もこの新奇な技術に対しては大部分が懐疑的であり、面倒がり、なかなか実験にも協力をしてくれなかった。そういう雰囲気の時に、昭和十五年の初めに、もう日華事変の最中であったが、海軍から「海軍爆

［5］同様に、作画であれストップ・モーションであれ、アニメーション系統の技術も一般的な劇映画の撮影とは大きく異なる過程が必要となる。そのため、劇映画を念頭に置くのであれば、「『かぐや姫』（一九三五年）の時点では、アニメーション作家として名を売っていた政岡の方が〔円谷より〕メジャーな存在だった筈」（鈴木 2021: 146）であっても、それは有力な資本として機能するものではなかったと考えられる。

撃隊」、航空本部から「燃ゆる大空」の製作の注文が来た。〔……〕
しかし「燃ゆる大空」の阿部豊監督はじめ撮影のスタッフは、まだ十分に研究もおこなっていない特技撮影を採用することは反対で、あくまでも飛行機を実戦的に飛ばすということを中心にして作りたいと主張して止まない。（森 1975: 246）

こうした監督の判断の背後にも、できる限り標準的な制作過程を維持したいという考えが読み取れる——その意味で、ターノックの指摘にあるように、スクリーン・プロセスはキャメラマンだけでなく監督にとっても受け入れやすいものだったといえよう。それゆえ、大掛かりなミニチュアワークや合成処理を伴う特撮の利用は避けられがちで、前期の円谷は作品に関与する機会さえ十分に得られなかった。

また、当時の映画監督の多くは特撮によってどのような画をつくることができるかを理解しておらず、特撮を利用する段になると円谷に丸投げという状態で、円谷が企画段階から加わって意見を述べる機会は『ハワイ・マレー沖海戦』までほとんど存在しなかった。

今度のエノケン〔『エノケンの爆弾児』（一九四一）を指すと思われる〕みたいに、写真が上がってから特殊技術があるのを思い出して、あれでこれやってくださいなと言ってくるからね。こういう状態では困るんですね。今になって特殊技術が出来ないために録音できないなんと《ママ》言っている、出来ないのは当たり前ですよ。（1941『映画技術』: 154）

円谷　こういう企画を立てるかどうかといってからかかったのは、今度の「ハワイ・マレー沖海戦」だけです。その外はシナリオがほとんど勝手に出てきてくれるので、こっちは非常に面喰います。

田中　「孫悟空」は特殊効果を当てにして作ったでしょう。
円谷　向こうはそうですが、私らのほうは相談を受けなかった。それで往生しました。（1943『映画技術』：223）

いくら特撮によって映像表現の自由度を拡大できるといっても、限られた資源のなかで監督の要求する映像をすぐに作れるわけではない。技術的にも作品的にも一定の質を担保するためには、作品の企画段階から特撮を用いる場面のイメージを共有しておかなければならないのに、そうした権限は認められていなかったのである。

もっとも、こうした権限が認められていなかったのは特撮技師だけではない。前節で確認したように、キャメラマンも監督の指示に沿って撮影することが求められており、制作の主導権は監督が握ることが常だった。

科学的基礎を持たない撮影者が、徒に撮影の意図とか構図とか採光などに重点を置き、恰も芸術写真家気取をする事は最も危険である。本来ならば、構図や採光に関しては演出者が之を指定してこそ劇映画の目的が達せられ、撮影者が演出者を兼ねる記録映画の場合にのみ、撮影者の芸術家的職能が許される位に考え〔て〕もよいと思う。勿論、撮影者として芸術家職能は当然に許されるが、要求さるべき科学的技術は絶対のものである。（帰山 1942: 44–5）

キャメラマンが芸術家としての意識をもつのは悪いことではないが、科学的・技術的基礎が身についていない状態で芸術家を気取るのは危険である。本来的には構図や採光も監督が指示するものであり、キャメラマンが監督を兼ねる記録映画を除いて、キャメラマンは技術を使いこなして監督の意図どおりの撮影ができさえすればよい。この帰山の主張からは、制作現場で監督がいかに大きな権限をもっていたかがうかがえる。前節でみた演出への関与に慎重なキャメラマンたちの態度は、このような制作現場の権力構造に順応した結果だったのである。

したがって、円谷はキャメラマンの下位場のみならず、制作現場の権力構造からも逸脱的に振る舞っていたことになる。これが監督との対立の一因だったといえるが、実のところ、こうした監督主導の制作に不満を抱いていたのは円谷だけではない。文化映画のキャメラマンだった三木茂もこの権力構造に疑問を呈し、それが契機となって一九四〇年代には複数の論争が生じていた。その一つがいわゆる「キャメラマン-ルーペ論争」である。この論争の発端は『戦ふ兵隊』（一九三九、キャメラマンは三木）を監督した亀井文夫が座談会で「キャメラマンはルーペからしかものを見ない。目隠しされた馬の様なものだ。〔……〕だからこそ、演出家が後や側面の世界を見る為に必要になってくる」（『文化映画研究』3(2)：24）と語ったことにある。この発言に反応した三木は、次号の『文化映画研究』誌にキャメラマンを擁護する論考（三木 1940）を発表し、ほかの論者も加わって論争へと発展した。本書ではこの論争の詳細には立ち入らないが、その翌年に、三木は『映画技術』誌に掲載された座談会で次のように語っている。

三木　私は将来文化映画作家として立って行きたいという気持があるのです。他人から見れば何も僕なんかが演出しなくても、カメラマンとして行けば三木茂はそれでよいと云うかも知れませんが、長い間映画界で生活した私には、日本のカメラマンの作家的限界に限度があると思うのです。〔……〕

都村　それはこの前僕は聞いたが、なるほど尤もだと思った。つまり日本の撮影所では或る所まで行ったら、その上はカメラマンとしてどうにもならんというのです。〔……〕それ以上に出ればそれは監督の仕事であって、そういう関係もあるし、一面に於いて日本の撮影所の設備や素材や組織の関係からいろいろ………。

〔……〕

三木　〔……〕現実にカメラマンの職業と云うものを今の映画界は認めていません。認めていませんと云うと語弊があるかも知れませんが、重要性を認識していないと同じことです。極端に云えばカメラマンがいないと写真が写らないから、おいておくのだと云わんばかりの現状です。〔……〕

田中　日本では監督が、つまりディレクター・オブ・フォトグラフィの位置まで喰い込んで来ているのじゃないですか。
三木　そうですよ、だから日本のカメラマンがこれから生きて行くには、もっと芸術家としての高い教養がなくちゃいけないと思うし、同時に良い意味の政治性をもっとカメラマンが獲得することが必要でしょう。
（『映画技術』2(5): 35-6）

日本では監督の権限が強く、キャメラマンの重要性を映画界は認めていない。それゆえ、キャメラマンという職能にとどまっていては「作家的限界に限度がある」。だからこそ、将来は「文化映画作家として立って行きたい」。こうした語りからは、三木が円谷と同じように演出への強い意欲を抱いている様子が読み取れる。キャメラマンの作家精神に言及したこの座談会も大きな反響があり、以降の『映画技術』誌上でも関連した論考が複数掲載されるほどであった。「キャメラマン-ルーペ論争」と同じく、この座談会を契機とした議論も興味深いものではあるが、ここで注目したいのは、演出への強い意欲をもった三木が、キャメラマンから監督への転身を決意していることである。

実のところ、三木の映画業界でのキャリアのスタートは国活であり、円谷と同じく枝正に師事していた。枝正が映画的な演出の可能性を探求した最初の世代に属すことはすでに述べたが、この経歴に鑑みたとき、三木の演出への意欲にも枝正からの影響があったと考えられる。しかし、こうした演出への意欲は監督の権限が大きな制作現場にあっては挫折せざるを得ず、それゆえに三木はキャメラマンから監督への転身を決心した。戦後に三木映画社を設立して多くの教育映画を製作した三木の選択の背後には、制作現場の権力構造に規定されたキャメラマンの限界があった。

枝正に師事し、演出への強い意欲をもったキャメラマンの転身。乱暴なまとめ方ではあるものの、三木と円谷にはこのような共通点がある。当時の映画場で演出に強く関与しようとすれば、キャメラマンの範疇を超え出るほかなかったのだ。しかし、両者がキャメラマンの範疇を超えた先に進んだ道はまったく別であった。三木が監督へと転身したのに対し、劇映画の監督経験があるにもかかわらず、円谷は特撮の道を選択した。この違いからも、円谷が技術者としての強いアイデンティティを抱いていたことがうかがえる。おそらく、このアイデンティティの基礎にあるのは青年期の円谷が経験した機械・工学系の教育や職業であり、そこで形成された実用主義的なハビトゥスであろう。

この選択は円谷に多くの苦難をもたらしたものの、最終的には監督とは違うもう一人の監督、すなわち特技監督の確立として結実することになる。ただし、そのためにはまず、大規模な特撮が不可欠の企画に参加して実績を挙げる必要があった。前期の円谷は、映画場の構造変動の流れに乗ることでそれを成し遂げたのである。

## 三―二　トーキー化から戦時体制へ

キャメラマンとして独り立ちした円谷は松竹と日活を経て、当初はトーキー（発声映画）用の貸しスタジオとして設立されたJ．O．スタジオに流れ着く。このように一九三〇年代の前半まで円谷が撮影所を転々とすることになったのは、ローキー・ライティングや特撮の技術開発が伝統的な撮影所の経営者に理解されなかったからである。

これは私が松竹にいる頃、特殊技術を提唱した時、重役が「そんなものはどうせ日本じゃろくなもんは出来っこないのだから、アメリカ映画に任せておけばよい」と言う訳だったのですが〔……〕（1943『映画技術』：210）

私が特殊技術をやろうと思って研究しはじめてからでも相当になります。下加茂にいた時分やろうと思ったが、てんで相手にしない。それで日活へ行って、スクリーン・プロセスらしき形体はできたが、日活でもだめなんです。（1943『映画技術』：223）

J・Oは、早くからこのプロセスに理解をもってくれて、我々の研究にも積極的であったし、殊に常務自ら渡米の際、勝手にスクリーン・プロセスを購入して来て我々を鞭撻《べんたつ》してくれるほどだったから我々の研究も今日を見ることになったのだが、自ら大会社を以って任ずる一二のスタジオが、所員を叱咤して、能率増進、経済合理化に邁進していながら、一方に於いて、その根源ともなる科学的施設の改善には案外、無頓着で技術者の要望は、道楽か贅沢の様に心得違いをしているのはどうした理由か、不思議でならない。（1937『日本映画』：101）

「自ら大会社を以って任ずる一二のスタジオ」であるところの松竹と日活の経営者は、特撮の技術開発を技術者の「道楽か贅沢」とみなして、円谷の取り組みを評価しなかった。また、円谷を東京に呼び寄せた森岩雄も、東宝で特撮部門を設立したときを回顧して「撮影所は私の試みに対し依然として白眼視し、なかなか協力をしてくれなかった」（森 1961: 27）と語っている。このように、当時において、特撮に理解のある経営者は森やJ．O．スタジオの常務であった大澤善夫らごく少数しかいなかった。

こうした経営者との対立の背景には、一九三〇年代に進んだトーキー化の影響がある。日本映画のトーキー化の口火を切ったのは一九三一年に公開された松竹の『マダムと女房』だが、藤井仁子（1999）は、ここから一九三〇年代を通して進行する映画のトーキー化によって、映画批評における美学的な問題設定と映画の産業構造の双方に大きな変化が生じたことを指摘している。

美学的な問題設定の点でいえば、トーキー化は、視覚的なショック作用を排して物語を円滑に伝達するような編集技法の重視（「映画のメディア化」）を促した（藤井 1999: 24-7）。この潮流のもとでは、一九二〇年代の前衛映画で活用された多重露光や移動撮影のような技術、あるいは一九一〇年代に流行した忍術映画のような見世物的なトリックは否定されざるを得ない。前項でみたように、監督の多くが特撮を避ける傾向にあったが、その一因はここにも求められる。こうした状況ゆえに、松竹や日活の経営者は特撮の技術開発に投資する必要性を感じなかったのだろう。

また、産業的な点でいえば、トーキー作品はサイレント映画よりも製作費がかさみ、機材などの大規模な投資も必要とした（藤井 1999: 21-3）。それゆえ、松竹や日活では目の前のトーキー化に対応することが優先され、特撮の投資に回す経済的な余裕はなかったと推測される。

このように、円谷にとってトーキー化の影響は基本的にネガティブなものであった。だからこそ、円谷は執筆記事のなかで古典的なトリックとの断絶を強調しつつ、特撮による制作の効率化や企画の自由性の拡大を主張することで、この状況を打開しようとした。その意味で、前期の円谷の執筆戦略には、実用主義的なハビトゥスだけでなく一九三〇年代の映画場の構造変動の痕跡が色濃く残っている。

もっとも、円谷にとって、トーキー化の影響がすべてマイナスだったわけではない。製作費のかさむトーキー化によって、映画産業は手工業的な体制から大規模な資本主義的経営へと転換していくのだが、藤井によれば、この映画産業の資本主義化を完成させたのは、松竹や日活のような伝統的な映画会社ではなく、予算制度やプロデューサー・システムを導入した新興の映画会社である東宝であった。さらにいえば、東宝の合理的な経営システムを整備する中心的役割を担った人物こそ森岩雄にほかならない（藤井 1999: 27-9）。

ハリウッドを視察した経験のある森は、特殊技術の必要性を早くから痛感しており、東宝の設立を機に特撮の担当者として円谷を呼び寄せた張本人である。先に述べたように、森は松井勇とも交友関係があった。にもかかわらず、森は松井ではなく円谷を呼び寄せた。その理由の一つとして技術部長の酒井宏による推薦が挙げられるが[6]、もちろん、円谷がスクリーン・プロセスで成功を収めていたことも無関係ではない。実際、森は円谷の技量を評価し、「合併以前の昭和十二年二月の時点で〔……〕東京のピー・シー・エル用にスクリーン・プロセス・マシンを製作して欲しいと依頼」（鈴木 2020: 61）していた。スクリーン・プロセスの成功は前期の円谷の数少ない資本だったが、それがこのタイミングで森との社会関係資本へと転化したわけだ。このように、トーキー化は最初こそ円谷を苦境に立たせたが、それによって生じた映画産業の資本主義化は、最終的には円谷に活躍のチャンスをもたらすことになった。

そして、一九三〇年代末から一九四〇年代にかけて、映画場はもう一つの大きな構造変動を経験している。戦時体制への移行である。トーキー化が映画場の内部で生じた構造変動であったのに対して、この構造変動は場の外部から急激にもたらされたものであった。その影響はさまざまな面に及んだが、東宝に在籍していた円谷にとっては、この構造変動はプラスに働いた。というのも、東宝は「戦争体制に深く関与した一種の「軍需企業」」（指田 2016: 63）と呼べるほど、軍部と深い関係をもっていたからだ。軍部への積極的な協力は、映画場に参入したばかりの新興企業である東宝が松竹や日活（日活は一九四二年に他の中小撮影所と合併して大映となる）に対抗するための戦略だったといえるが、これによって、円谷は飛行兵教育用の教材映画やプロパガンダのための劇映画の制作に携わるようになる。

こうした仕事のなかでも、森が企画した『ハワイ・マレー沖海戦』をはじめとする戦争プロパガンダ映画は、大規模な特撮が必要になるうえに多くの観客の目にも触れるため、特撮に対する注目を集める絶好の機会となった。これらの実績によって、異端のキャメラマンにすぎなかった円谷が「特撮の第一人者」として認められたといえよう。そのことは、『かくて神風は吹く』（一九四四）の制作において、この作品の製作会社である大映が特撮部分を円谷に依頼したことからもうかがえる（森 1975: 249）。戦況の悪化による物資調達等の問題もあったとはいえ、当時の大映には特撮に理解のあるキャメラマンの横田達之が所属していた。にもかかわらず、この作品の特撮部分を円谷に依頼したのである。

このように、戦時体制への移行という構造変動に乗じて、円谷は当時の映画場での地位を確立していった。しかし、

［6］これについては鈴木聡司が指摘している（鈴木 2020: 59, 2021: 147-8）ほか、酒井自身による円谷の追悼文でも言及されている。「昭和13年の頃、ＰＣＬが東宝映画、Ｊ．Ｏスタジオなどと合併し、東宝株式会社となったとき、その職制に従って、私が技術部の責任を負わされた。その立場を利用して、人事の交流を思いたち、特殊技術専任の係を置くことを立案し、京都の円谷君を東京の撮影所に招くことを、時の森岩雄所長に進言して、その温情ある計いで、目的を実現させることができた」（酒井 1970: 6）。

この地位上昇は映画場の外部から強制的にもたらされた構造変動によって生じたものであって、戦後の円谷の地位を保証するものではない。実際、ＧＨＱによる占領期には、公職追放指定という別の政治的外圧によってその地位をはく奪され、円谷は各社の特撮部分を下請けすることで細々と活動することを余儀なくされる。それゆえ、円谷が映画場で卓越化するためには、さらなる成功が必要であった。

# 第五章 特技監督の確立

## 卓越化の過程（二）

一九五二年に公職追放指定が解除されて東宝に復帰した円谷は、一九五四年一一月に公開された『ゴジラ』の大ヒットを皮切りに、再び映画場での地位上昇を果たしていく。おそらく、円谷を知る者であれば誰もがこのことに同意するだろう。だが、『ゴジラ』をはじめとした空想科学映画の商業的成功が当時の映画場における円谷の卓越化につながったという事実は、けっして当然のことではない。

　というのも、いくら映画が大衆文化であるといっても、商業的成功が常に人々の持続的な承認に結びつくわけではないからだ。それは、大ヒットした作品の多くが単なる流行として、すぐに人々の記憶から忘れ去られてしまうことからも明らかだろう。ましてや、後述するように、『ゴジラ』のような空想科学映画は当時の映画場におけるジャンルの序列の劣位に位置づけられるものであった。それゆえ、空想科学映画の商業的成功が一時的な流行に終わり、象徴資本の獲得（業界内・社会的な地位の確立）には結びつかなかったという可能性も十分にあり得たといわねばならない。

　それでは、『ゴジラ』の成功を転機として、円谷はどのように象徴資本を獲得していったのだろうか。第一章で述べたように、この過程はほかの技師たちとの競合に打ち勝つ卓越化の第一ステップに続く次の二つからなる。すなわち、単なる特撮部門の担当者を超えて作品の作者としての地位を確立する卓越化の第二ステップと、ジャンルの序列に巻き込まれずに自身の評価を高める卓越化の第三ステップである。中期の円谷の実践には、この二つのステップが読み取れる。

これを示すために、本章では次のように議論を進める。まず、円谷が特技監督として強い権限をもつようになるとともに、観客に「円谷が作者である」という認識が共有されていった様子を作品制作と記事執筆の双方から検討する（第一節）。次に、『空の大怪獣ラドン』（一九五六、以下『ラドン』）を中心的に取り上げ、円谷の作者化と並行して、作品において物語からの特撮の自立化が進んだことを明らかにする（第二節）。第一節と第二節を通して、複数の要因が絡み合うことで卓越化の第二ステップが成立したことを示す。そのうえで、中期の円谷の執筆記事を当時の映画場全体の構造との関係で分析し、卓越化の第三ステップを成し遂げるために中期の円谷が採った戦略について考察する（第三節）。

## 一　円谷の作者化

『ゴジラ』の成功を受けて、円谷は『ゴジラの逆襲』（一九五五、以下『逆襲』）から「特技監督」とクレジットされるようになる。これほど明確に円谷の地位上昇を物語るものはないが、重要なのは、この肩書がどれほどの実質を伴っていたかということだ。この点でいえば、作品制作では前期よりも恵まれた環境が与えられるようになり、記事執筆にも前期とは異なる戦略がみられるようになる。以下ではこれらの点について確認していきたい。

### 一―一　特技監督の内実

実のところ、『ハワイ・マレー沖海戦』（一九四二）や一九四四年に公開された『あの旗を撃て』『加藤隼戦闘隊』『雷撃隊出動』で、円谷は「特殊技術監督」として登録されている（竹内 2010a: 753-4）。それゆえ、特撮部門を担当しながら――作品を取りまとめる監督が別にいる作品で――監督という肩書を得たのは『逆襲』がはじめてではない。

だが、特殊技術監督の肩書は戦後には使わなくなり、『逆襲』以降、それに代わって特技監督が使用されるようになった。前章の最後に述べたように、これは敗戦とその後の公職追放によって円谷が戦時中に確立した地位を一度失ったこと、そして、『ゴジラ』を転機として円谷の地位が再上昇したことを示すものといえよう。

そして、この再上昇は肩書だけでなくクレジットタイトルの構成からも読み取れる。これを検討するために、まずは『ゴジラ』で円谷がどう表記されていたかをみていこう。『ゴジラ』のクレジットタイトルでは、円谷は特殊技術の担当者として、向山宏、渡辺明、岸田九一郎と併記されている（0:0:49）。ほか三名と円谷のあいだには若干のスペースが空いているため、円谷がこの部門の代表であることは伝わるが、この表記はそれ以上の印象を与えるものではない。そのうえ、特殊技術の後には監督助手、編集、音響効果、現像、製作担当者、そして出演者とクレジットが続くため、円谷の名前を気に留めない観客も少なくなかったと推察される。

それに対して、『逆襲』では、円谷は主要なスタッフと出演者のクレジットが終わった後、監督である小田基義の前に単独で表示される（0:1:28）。『逆襲』以降の特技監督を務めた作品の多くでも踏襲されるこの構成は、円谷が制作の一部門を担った単なるスタッフの一人ではなく、監督に次ぐ重要な役割を果たしたという印象を観客に与える。このように、『逆襲』でのクレジットタイトルの変更は、円谷が制作の中心にいることを観客に意識させるものであった。

そして、この変更は観客に与える印象のみならず、制作者のあいだでも大きな意味をもっていた。というのも、スタッフ全員の名前がエンドロールに掲載される今日とは異なり、当時は代表的なスタッフしかタイトルに載ることができなかったからだ。これについては、やや時期が異なるものの、飯塚定雄の次のコメントが参考になる。

この当時〔一九六二～四年ごろ〕は映画のタイトルに名前を載せるなんていうのは、よっぽどのことじゃなきゃできないわけだよ。それを逆手にとって会社は、「タイトル載せるから、デンさん、今年はこれだけ安くしてくんないか」って言ってくるんだ。でも俺はいつも「タイトルいらないから金くれ」って言い返していたんだ。向こうが

言うのは、ただギャラをまけさせる手だから、実際にどのくらい違うかは分かんねぇ。（飯塚・松本 2016: 141–2）

タイトルに掲載されることは「よっぽどのこと」であり、だからこそ、タイトルに掲載する代わりにギャラを安くするという交渉が行われた。このエピソードは、クレジットタイトルへの掲載が、当時の映画場では経済資本と交換可能な文化資本として機能していたことを示している。つまり、特技監督という肩書と監督の直前に単独で名前が掲示されるという構成は、円谷が『ゴジラ』の成功によって得た資本の一つだったのだ。

しかしながら、もしこの肩書が純粋な名誉称号にすぎなかったならば、円谷は前期と同じく、自分の思うようなかたちで制作に携わることはできなかっただろう。それゆえ、クレジットタイトルの変更のみならず、『ゴジラ』のヒットを受けて、制作時の待遇や実権がどのように変化したかも問わねばならない。

まずもって、この変化は製作費に表れている。円谷が執筆記事内で公表した内容によれば、『ゴジラ』の製作費のうち、特撮に使われたのは約五〇〇〇万円、『逆襲』では約四〇〇〇万円程度であった（1955『サンケイカメラ』: 254）。この円谷の証言にしたがえば『逆襲』の予算は増加していないが、これは『ゴジラ』のヒットを受けて続編が決まり、制作期間があまり取れなかったことに起因すると考えられる。注目すべきは、その翌年に公開された『ラドン』の製作費であろう。この作品では、総製作費が二億円、そのうち特撮には一億二〇〇〇万円が割り当てられた（田中監修 1983: 124）。『ラドン』がカラー作品だったこともあるが、それを差し引いてもこの増額は驚くに値する。「当時、普通の作品の製作費は三千万円から四千万円であったが、「七人の侍」〔一九五四〕はその倍額の予算を組んだ」（森 1975: 265）という森の証言を踏まえると、『ゴジラ』の時点でさえ、すでに大規模な企画だったのだ。その予算が『ラドン』で倍増した。ここからは、『ゴジラ』の成功によって、東宝の経営側が特撮を中心とする作品に大きな期待をかけるようになったことがうかがえよう。

また、第三章の図3-1（☞七五頁）からわかるように、中期には円谷が携わる作品数も増加している。これに伴い、特撮部門の制作体制も整えられていった。この点について、ゴジラの着ぐるみを作成した開米栄三は当時を振り返って次のように述べている。

開米　だって『ゴジラ』の1作目っていうのはほとんどが寄せ集めばっかりでね。現場に東宝株式会社の人は1人もいないんですよ。

――社員は特撮に来たがらなかった。

開米　そう。終わればすぐ、次は松竹とか新東宝とかに行くフリーの人ばかり。撮影は円谷さんがやってる研究所の人ね。東宝の人は、撮影の富岡素敬さんだけ。富岡さんは黒澤組にも行った人で、『ゴジラ』には手伝いで来たんだよ。（別冊映画秘宝編集部 2016: 201）

『ゴジラ』で円谷とともに特殊技術としてクレジットされた美術の渡辺明や合成の向山宏ら、戦中の制作現場を経験したスタッフもいたため、「東宝の人は、撮影の富岡素敬さんだけ」というコメントを文字どおりに受け取ることはできない。とはいえ、円谷の退社や東宝争議の影響、あるいは『ハワイ・マレー沖海戦』後に当時の中核的なスタッフだった奥野文四郎や川上景司をはじめとした数名が松竹に引き抜かれていたこと（鈴木 2020: 454-5）を踏まえると、『ゴジラ』の時点では、開米のいうように「寄せ集め」のスタッフで制作に臨まざるを得なかった部分は少なからずあったのだろう。実際、竹内博によれば、特殊技術課の新設（再建）は一九五七年一一月二五日付であり（竹内 2010b: 781）、また、『ゴジラ』には新東宝からの出向というかたちで参加した井上泰幸も、「当時の東宝特撮班はまだきちんと組織だってはおらず、〝特美〟つまり特殊美術係という呼び方もまだなく、あくまでも美術課の一室として始まった」（キネマ旬報社編 2012: 66）と述べている。

このように、『ゴジラ』の時点では、まだ制作体制は不完全なものだった。それが作品の増加に伴って徐々に改善され、円谷は継続的に制作に関わる専属のスタッフを率いるようになる。こうした体制整備がノウハウの蓄積や技術的な成熟を可能にし、中期から後期にかけての円谷の制作実践を支えたことは疑いえない。これがもし、『ゴジラ』の興業成績が芳しくなく、特撮の必要になる作品が増えなかったならば、「寄せ集め」の、あるいは小規模なスタッフでの制作を余儀なくされ、今日の我々が知るようなクオリティの作品はおそらく存在しなかったであろう。

こうして中期の円谷の置かれた制作環境は大きく向上したが、それに加えて、円谷は制作時の実権の一部を握るようにもなった。このことについて、東宝の三代目の特技監督であり、円谷組では助監督を務めた中野昭慶は次のように述べている。

だから東宝の特技監督のシステムは他社とは全然違うんだよ。その辺は森岩雄さんが完全にシステム化しなさいと、それぞれのエキスパート、プロフェッショナルを育てなさいと言ってね。つまり他社は監督の下に特撮監督がいるという形（＊図1〔図5-1〕）だと思うんだけど、東宝の場合は最終的な決定権は本篇の監督にあるけれど、本篇と特撮の二人の監督がいるという形（＊図2〔図5-1〕）になるんだよ。〔……〕

他社にはまず特撮専門のキャメラマンがいないからね。要するに撮影部から来てもらう形になるから、B班という感じになるんだね。

〔……〕でもこれは森さんの意向でもあるんだよ。「特撮っていうのは映画には絶対必要なものである。そこのトップというのは重く扱わねばいけない」という考えでね。（中野・染谷 2014: 196-8）

他社の特撮監督と違って、東宝の特技監督システムでは、一般の監督と同じように特技監督の下に専属のスタッフが配置される。これは前述した体制整備の帰結だが、こうした体制が制度化されることは、「最終的な決定権は本篇の監督にあるけれど、本篇と特撮の二人の監督がいる」ことを意味してもいる。つまり、最終的な決定権こそな

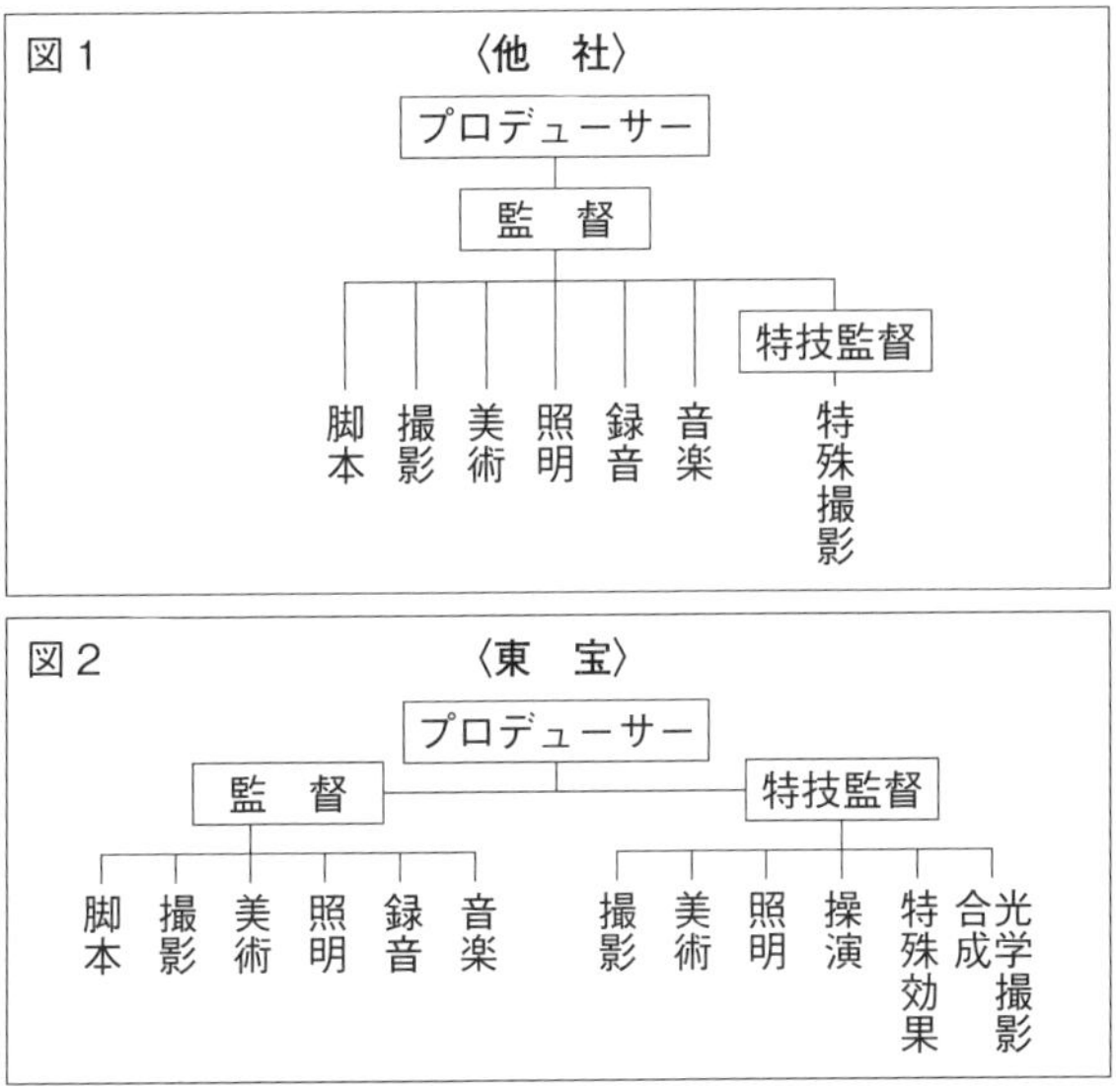


**図 5-1　東宝における特技監督体制**（中野・染谷 2014: 197; 図は筆者による再作成）

いものの、それ以外の点では、特技監督は監督と同等の権力をもっているのだ。このことは、監督の下にいるスタッフの一人（キャメラマン／特撮技師）として、基本的にはその指示に従うことが求められた前期の状況から大きく前進したことを示すものといえよう。そして、この体制が成立したのは「森さんの意向でもある」。この指摘からは、前期の円谷が飛躍するきっかけとなった森岩雄とのつながり、すなわち円谷の所有する社会関係資本が、中期になっても有効に機能していた様子がうかがえる。

もっとも、特殊技術監督という肩書が与えられていたことから、戦中のプロパガンダ映画の時点で、円谷はすでにある程度の実権を握ることができていたとも考えられる。しかし、予算の増加やスタッフ体制の改善といった制作環境が整わなければ、手にした権力を存分に振るうことは不可能である。その意味で、戦後、特技監督の称号のもとに改めて予算や体制が整えられたことには、やはり大きな意味があったといわねばならない。

そして、特技監督がこのように大きな実権をもつものだったからこそ、円谷の死後、特技監督という肩書は一時的に使われなくなった。この理由について、東宝のプロデューサー田中文雄は、「特技監督という名称により、円谷英二に代わる新たな聖域ができることを〔プロデューサーの〕田中〔友幸〕は恐れていた」（田中 1993: 240）と述べているが、ここからも、円谷の到達した地位の高さがうかがえよう。では、この「聖域」で、円谷はどのような制作実践を展開していたのだろうか。

## 一―二　探索型の実験としての制作実践

第四章では、円谷が執筆記事のなかで制作の効率化を主張していたことを確認した。では、制作環境が改善し、制作上の実権も握るようになった中期の円谷は、この主張どおり効率的・経済的に制作を進めていたのだろうか。全体的にみれば、その答えは否である。

一方で、たしかに円谷は制作の効率化に寄与する手法を取り入れてもいる。その一つがピクトリアルスケッチである。ピクトリアルスケッチとは脚本をもとに各シーンをイラスト化したもので、アメリカで用いられていた制作手法を参考に森が導入を進めた。円谷が関わった作品としては一九五三年の『太平洋の鷲』ではじめて取り入れられ、『ゴジラ』はもちろん、その後の作品でも本編と特撮の二班体制で認識を共有するための重要なツールとして活用された。このピクトリアルスケッチについて、森は次のように述べている。

私はこの「ピクトリアル・スケッチ」は撮影準備のためにも役に立つが、その前の、脚本構成の検討から使ってみた。脚本を読んでも場面場面の解釈が主観的になされると、製作者と監督と脚本家と、それぞれ同じ文学でもそのとり方がちがうこともあるし、どのへんに力を入れるか、どこかに無駄がありはしないか、そういう点がきわめてはっきりして来て、抽象的な議論をせず、具体的にはっきりとした討議ができる。

最初『太平洋の鷲』の決定稿ができた時にこのスケッチを描いてもらって、脚本の内容の再検討と撮影準備の両方の目的を果たしたことがあった。まず第一に数ヵ所不要の場面を発見した。いらないと思う絵を何枚かはずしてみて、全体が何ともなければ、そんな場面に努力と金をかけることはない。〔……〕『太平洋の鷲』はこのスケッチのおかげで日数と費用の節約ができたことは非常なものであった。〔……〕『ゴジラ』についてもスケッチを作って研究を永い間やった。〔……、海外作品と比べると〕その製作費はわれわれは彼等の三分の一で作れているという自信を持つ、それはわれわれのスタッフの努力によるところであるが、その根幹をなすものは「スケッチ」の研究の成果にあると私は信じている。（森 1955: 42–4）

ここで示されているように、森がピクトリアルスケッチを導入した目的は製作の合理化・効率化にあり、実際に『太平洋の鷲』では一定の効果を挙げることができたようだ。また、中野昭慶もスタッフ間での認識共有に役立ったと語っている（木村編 2018: 3）。このように、ピクトリアルスケッチは制作の効率化という主張と整合的な手法であった。しかし他方で、円谷はこの主張に反するような非経済的な制作実践を行うことも稀ではなかった。これについて、第一章では円谷が「セットのロケハン」をしていたことに触れた（☞二一〇頁）が、井上泰幸の別のコメントから、この点を改めて確認しよう。

『モスラ』でも幼虫が渋谷の東横デパートを破壊する場面で、ビルのどちら側から現れるかをオヤジが決めていなかったため、私たちは渋谷一帯の巨大セットを造ることになったのです。結局は『ラドン』の岩田屋デパート一帯のセットよりも巨大かつ複雑なものになりましたが、出来上がったフィルムを見ますと、たとえば渋谷駅に乗り入れている4種類の電車の中で実際に映っているのは、デパートの中を通る高架線と国鉄の電車だけです。地下鉄の車庫や駅の後方部分なども映っておりません。（キネマ旬報社編 2012: 100）

円谷は撮影当日にセットのロケハンをして構図やアングルを決めていたため、美術スタッフはどの方向から見ても作り込まれた巨大で複雑なミニチュアセットを組まなければならない。しかし、実際に完成したフィルムを見ると、せっかく作り込んだのにまったく映らない部分がいくつも存在する。もし事前に構図が決まっていれば、映らない部分のセットは用意する必要がなかったのだから、ここで語られているような制作実践はきわめて非効率的といえよう。

イメージを事前に具体化したうえで制作に臨む経済的な手法としてのピクトリアルスケッチと、大掛かりなセットを作ったうえで具体的なイメージを固めていく非経済的なセットのロケハン。このように、円谷の制作実践には一見したところ対照的な二つのアプローチが混在している。坂口将史（2021）が指摘するように、この対照的なアプローチはかたちを変えて現代まで継承されており、その意味で、二つのアプローチの混在は円谷の制作実践の重要な特徴といえる。しかし、ここではさらに議論を進めて、なぜ円谷はこのように対照的にみえるアプローチ――とりわけ、執筆記事での主張と矛盾するように思える非効率的・非経済的なアプローチ――を採用したのかについて検討したい。

これを考える手掛かりとなるのが、円谷がしばしば、さまざまな手法を試しながら制作を進めていたということである。操演技師の関山和昭は、「日本特撮に関する調査」のインタビューで、円谷の制作現場にスタッフとして参加した渡辺忠昭から聞いた次のようなエピソードを語っている。

関山　〔……〕何の作品だったかな、氷が解けて雪崩が落ちるという仕掛けで、中代〔文雄〕さんが作ったアイデアと鈴木〔昶〕さんの作ったアイデアが2つあって、それを両方試してみたりとかね。〔……〕

尾上　話をいろいろ聞くと、円谷さんもあえて競わせてる感じがするんですよね。

関山　うん。現場で「じゃあ、まずは鈴木さんの言った方法でやってみよう」と言って、やる。で、「次は中代さん、中ちゃんのだ」って言ってやる、みたいなことでちょっとライバル心を煽る。さっき言った仕掛けの場合は中代さんのやつが成功して、鈴木さんのほうはちょっとうまくいかなくて、ガクッとしたんだっていう話を、ナベさん〔渡辺忠昭〕がしてた（笑）。

尾上　それで、『日本誕生』（1959）の時の「ヤマタノオロチ」の時に鈴木さんが「その時の仇を取った」って言ってました。ヤマタノオロチ（の登場シーン）で、ヘビの動きは頭が先か、体が先に動くかみたいなので、円谷さんが「じゃあ、両方撮りゃいいじゃないか」って言って（両方の方法を試した）。で、鈴木さんが考えた頭のほうが先行して動くというのが採用されたって話は聞いたことあります。（『平成25年度メディア芸術情報拠点・コンソーシアム構築事業 日本特撮に関する調査 報告書』: 77）

中期になって、円谷は新たに怪獣映画や空想科学映画などを手掛けるようになった。そこでは、実際にはありえない光景を現実の素材やセットを使って表現することが求められる。こうした表現は前期の円谷があまり経験したことのないものであり、それゆえ、円谷は新しい手法を編み出していかなければならなかった。この問題に対して、円谷は右の引用にあるようにスタッフのアイデアも取り入れつつ、複数の手法を試すことで解決策を模索した。こうした円谷の試行錯誤については、スクリプターの鈴木圭子も、「私が助手時代についた『孫悟空』（59年）は、孫悟空の乗る筋斗雲を撮るとき、ガラス板に綿を貼りつけて、「どうやったら筋斗雲になるか」って、延々と試しながら撮ってました」（別冊映画秘宝編集部 2016: 218）と語っている。このように、円谷はしばしば、どの手法が効果的か試しながら制作を進めていた。

有効だと考えられる複数の手法を試すことで、直面した問題への解決策を模索する。「探索型の実験」ともいえるこのような制作実践は、たしかに、その瞬間だけをみれば余計なコストのかかる非経済的な行為にほかならない。しかし、仮に実験が失敗したとしてもそこから何らかの発見を得られるかもしれず、また、今回は使えないと判明した手法が別の機会に利用できる可能性もある。それゆえ、実験しながら制作を進めていくことは、一時的には非効率的で非経済的な行為であるものの、それはある種の先行投資といえ、一概に無駄なものとはいいきれない。このように理解するならば、実験しながら制作を進めていくことは、意外にも、初期投資の必要性を認めながらも特撮の技術開発の重要性――それは最終的には制作の効率化につながる――を強調していた前期から連続した実践であることがわかる。

このことを踏まえると、セットのロケハンのような非経済的な制作実践も、こうした実験の一つとして理解できるだろう。第四章でみたように、円谷の演出観の核心は演出効果の重視にあった。しかし、観客がそのシーンでどのような印象を感じるかは、構図やセットの作り込み具合といった要素の単純な加算によって決まるわけではない。むしろ、そのシーンがどのような効果をもたらすかは、個々の要素が組み合わされた結果、それぞれの要素に還元できない一つの全体として成立するはずだ。いいかえると、円谷の目指す演出効果は構図やセット等の構成要素に分解できず、それらの要素とは別の次元に位置している。その結果、円谷は完成形から逆算して個々の要素を事前に決めることができず、どの構図やアングルなら理想の演出効果が得られるか、セットのロケハンという実験を通して探っていくほかなかったのである。

そして、円谷の制作実践には、このほかにも探索型の実験として理解できるものが複数見受けられる。その例として、ここでは、飯塚定雄が語る光線の作画についてのエピソードと、鈴木圭子が語る空き時間の編集作業についてのエピソードの二つを確認しておきたい。


オヤジから、光線のデザインについて指示を受けたことはなかったよ。こっちが最初にその光線が、強いのか、相手を弱らせるのか、あるいはとどめを刺すのか、それだけを聞いて「オヤジさん、こういう感じでいきます」ってコンテを描いて見せるんだよ。コンテったって白紙に光線だけ描いたものだけどな。それで、「うん、いいよ。やってみろ」ってなると、次に1カットだけ本番を兼ねたテストやるわけだ。で、それをオヤジに見せて、「もう少しあそこ、ああしてくれ」とか、「ここで、思いっきりやってくれ」とか直しをもらうんだよ。(飯塚・松本 2016: 137)

〔鈴木〕スタジオのセットの脇に、大道具さんを呼んで編集用のブースを作っちゃったんですから。そこへ移動式のムビオラ〔フィルム編集の際に用いる再生機〕を運んできて、編集スタッフを呼んで、撮影の少しの待ち時間でも編集ですよ。私も手伝わされて休めないのね。

スタジオで編集するのは、まさに撮影中のシーンを検討する意味もあったようです。すでに撮った場面を繋ぎながら、急に「おーい！　ここのカットを足すぞ！」って追加撮影を始めることもありましたから。それに、ステージのブースだけじゃないいんですよ。ロケ現場にも編集の人を連れていくんです。（別冊映画秘宝編集部 2016: 219）

光線のデザインを具体的に指示することなく、最初の時点ではその光線の役割だけを伝え、飯塚が作成したコンテやテストを確認しながら修正を進める。スタジオにわざわざ編集用のブースを作り、待ち時間で仮編集をしてみた結果を踏まえて追加の撮影を行う。こうしたエピソードは、いくつかの表現を試しながら理想の演出効果に近づこうとする実験にほかならない。

さらにいえば、効率的・経済的にみえるピクトリアルスケッチの導入も、円谷にとっては探索型の実験の一つであったと考えられる。中野昭慶によれば、ピクトリアルスケッチは当時の制作現場では「絵コンテ」と呼ばれていた（木村編 2018: 3）。しかし、ピクトリアルスケッチは個々のシーンをイラスト化したものであるから、構図などの具体的な指示があるわけではなく、ショット単位で構成を細かく検討する今日でいうところの絵コンテと比べると、あいまいな部分が残る。それゆえ、大雑把な方向性は示されているものの、それに沿って各ショットを撮影するというほどの精密さはピクトリアルスケッチにはない。このことに鑑みれば、円谷にとって、ピクトリアルスケッチはイメージを事前に具体化して撮影に臨むための設計図というより、理想の演出効果を得るためのいわば予備実験のようなものであったと推測することも不当ではあるまい。

事実、後期のエピソードになるが、井上は「オヤジさんがどういう撮り方をするか、だいたい見当がつきました。〔……〕『日本海大海戦』〔一九六九〕のときには僕の描いた絵コンテをオヤジさんが見つけて「もうできてるじゃないか」ってそれを持っていきましたよ」（東宝ゴジラ会 2010: 84-5）と語っている。絵コンテを映画の設計図と捉えていれば、自分が作成に関わっていない絵コンテを流用することには少なからず抵抗があるはずだ。しかし、井上のこの証言からはそうした抵抗感は読み取れない。もちろん、その一因は井上が円谷の意図を的確に汲めていたことにあるのだろう。だがそれに加えて、円谷が絵コンテを予備実験のように捉えていたことも、井上の描いた絵コンテを抵抗なく流用できた要因であるように思われる。

以上の議論をまとめよう。円谷は理想とする演出効果を得るために、どのような方法が効果的か実験しながら制作を進めていた。この実験は一時的には非経済的なものだが、ある種の先行投資といえるという意味では、特撮による制作の効率化を説いていた執筆記事での主張と矛盾するものではない。セットのロケハンをはじめとした円谷の非効率的な制作実践は、このような探索型の実験の一種として理解できる。それだけでなく、ピクトリアルスケッチのように制作の効率化につながるものも、円谷にとっては同様の実験だったと考えられる。効率性という観点からは矛盾しているようにみえる円谷の制作実践は、実は、理想の演出効果を得るための実験という点で一貫したものであった。

そして、機械・工学系の教育や職業を経験したうえで映画業界に足を踏み入れ、技術者として演出に関与するために特撮の技術開発に取り組んだ円谷からすれば、実験しながら制作を進めることは、問題に直面したときの自然な対処法だったように思われる。つまり、いくつかの手法を試しながらよりよい表現を模索するという非効率的で非経済的な制作実践の背後にも、実用主義的なハビトゥスの影響が読み取れるのだ。

こうして、円谷の制作実践を実験として捉えることで、円谷のハビトゥスを合理的と呼べない理由が明確になる。第四章で確認したように、円谷の基底的な傾向性は、目の前の物事を手段と捉えたうえで、その実用性を問う点にある。一見すると、この傾向は合理的と呼んでもよいもののように思えるかもしれない。しかし、円谷の場合、その手段が奉仕する先の目的は常に明確に設定されているわけではない。とりわけ作品制作では、円谷は観客に効果を与えることを重視していたが、円谷にとっての理想の演出効果は要素の加算によって演繹できるものではなく、実際にファインダーを覗いたり、フィルムを仮編集したりして確認しなければ把握できないものであった。そのため、円谷は実験しながら制作を進めていくほかなく、その結果、これまで確認してきたように、一部の実践は非効率的なものとならざるを得なかった。実用性を重視する円谷が、にもかかわらず十分には合理的たりえなかった理由は、こうした目的（場面の具体的なイメージなど）の不明確さにあったといえよう。

## 一―三　作者という認識の形成

これまでみてきたように、『ゴジラ』の成功によって、映画場での円谷の地位は大きく上昇した。特技監督という肩書や製作予算の増加、スタッフ体制の整備などは、すべてこの地位上昇の結果として得られた資本である。この資本を利用して、中期の円谷は探索型の実験――その一部は非効率的なものであった――を行いながら作品制作に取り組んだ。

一方で、先述したとおり、特技監督の肩書やクレジットタイトルの変更は、円谷が作品の作者であるという認識を観客に抱かせる契機にもなった。もし、こうした認識が広く共有されなければ、作品の成功が円谷の成果として帰属されることはなく、本多猪四郎ら監督に帰属されたり、東宝特撮部門の集団的成果として認識されたり、といったことがありえただろう。今日ではほとんど想像もできないこうした可能性は、実のところ、『ゴジラ』の予告編のなかに刻印されている。意外なことに、『ゴジラ』予告編では監督である本多猪四郎の名前が最後に提示されるだけで、円谷英二の名前は一度も登場しない。特撮が強調される際も「アメリカ映画を凌ぐ特殊技術撮影」という字幕と「映画技術の粋を集め、大東宝が全能力を挙げた、空前のスペクタクル」というナレーションのみで、円谷個人にはまったく言及されないのである。この予告編は、『ゴジラ』以前には円谷を作者とみなす認識が形成されていなかったことを示すとともに、『ゴジラ』の成功が私たちの知るものとは別のかたちで受け取られる可能性があったことを示唆してもいる。

それゆえ、特技監督という肩書やクレジットタイトルの変更は、作者としての地位を確立する卓越化の第二ステップの重要な要因でもあるのだが、これだけで卓越化の第二ステップが成立したとはいいがたい。というのも、第三章の図3－1（☞七五頁）に示したとおり、一九五〇年代の後半は特技監督よりも特殊技術としてクレジットされる作品のほうが多いからだ。たしかに、クレジットタイトルの変更が観客に与えたインパクトは小さくないだろうが、円谷を作者とみなす認識が広く共有されるためには、より頻繁に、また映画を見ていない人にも「円谷が作者である」と印象づけるような別の何かがあったと考えられる。本書の見立てでは、その一つが記事執筆である。

第三章で示したとおり、中期には円谷の執筆記事数が大きく増加した。また、掲載される媒体も一般誌が中心になったことから、中期の執筆記事は主として一般観客に向けられていると考えるのが自然だろう。内容的には、特撮の意義や自身の演出観といった前期と共通の論点が語られる一方で、「ラドンを語る――特撮ウラばなし」（1956『東京タイムズ』：447-9）のように個別の作品で用いられた特撮を細かく解説したり、「トリック撮影とともに二十七年」（1957『東京新聞夕刊』：285-92）のように円谷のフィルモグラフィーを振り返る形式で技術の開発史を語ったりと、技術論的な傾向が強かった前期よりも作品や円谷個人を前景化させた記事が多い。それに加えて、主演女優の白川由美と対談し、そのなかで作品のストーリーや衣装のデザインにまで言及する（1957『週刊娯楽よみうり』：463-6）など、特撮という専門性を大きく超えた内容の記事さえ散見される。このように、中期の執筆記事は記事数や媒体だけでなく、内容面でも前期とは異なる特徴をもつ。

むろん、こうした執筆記事の傾向は、円谷の意図のみに左右されるものではない。むしろ、東宝や記事を掲載する媒体をはじめ、円谷以外のさまざまなアクターの影響のほうが大きいだろう。実際、複数の記事が映画の封切り前後に発表されていることから、円谷の執筆記事の一部には広告効果を狙う東宝の企図が読み取れる。この点については、竹内（2010c）も同様に推測している。

> 「空の大怪獣ラドン」では、実に積極的な特撮の種あかしが行なわれているが、これは多分、当時の東宝の方針で、「円谷英二と特撮路線を売ろう」とする意識が、会社的にあったのであろう（戦後、東宝撮影所に特殊技術課が再建されるのは、「ラドン」より一年後の昭和三十二年一月〔正しくは一一月〕二十五日である）。
> 大きくいえば、これを切っ掛けとして、その後の怪獣・特撮文化が醸成されていったものだと、考えてもいい。
> 戦後は、昭和二十九年の「ゴジラ」から特撮を「売り」にする事は行なわれていた。しかし、「空の大怪獣ラドン」のように微に入り細に亘ったメイキング記事の多い事は、それまでに無かった。（竹内 2010c: 805–6）

もっとも、特撮を「売り」にするなかで「メイキング」すなわち特撮の技術解説が前面に出てくることについては、東宝が積極的に進めていたわけではない。実際、竹内は別のところで東宝宣伝部が支社に通達した『ゴジラ』の宣伝計画を紹介しているが、そのなかにも「特殊技術を扱った楽屋裏話の様なものは出来るだけ避けることが賢明です」（竹内 2001: 79）との記述がある。『ラドン』以前に詳しい技術解説を行った記事がなかったのは、こうした方針ゆえのことだろう。では、なぜそこから特撮の技術解説が前面に出てくるようになったのだろうか。これについて、当時、東宝の宣伝部に勤めていた斎藤忠夫は次のように述べている。

> しかし、森岩雄さんの命令はいっさいのマスコミのセット入りは禁止すること。ぬいぐるみや、トリック撮影、ミニチュア街などの記事発表はよいが、写真発表は絶対に禁止、すべてスチール部にて合成完成したるもののみを発表のこと、というきびしいものだった。これでは宣伝課として頭が痛い。事実、ニュース・ソースは特殊技術のタネあかしである。毎日のように申し込みのあるマスコミに対して断りの言いわけでたいへんであった。
> （斎藤 1987: 230）

気をよくした私は東宝八月十五日ものといわれる『太平洋の嵐』〔一九六〇〕も担当した。これは、勝手知ったる砧〔撮影所〕へのりこんで、円谷監督とも相談して、オープンセットのそばにある特技用大プールに、映画で使用した日本連合艦隊の戦艦全部を浮かべて、完成祝い観艦式と、ミッドウェイ沈没艦の鎮魂祭をかねて挙行。〔……〕

ミニチュアながらなかなか迫力ある光景であった。この情景は翌日の新聞芸能面に「幻の日本連合艦隊」という見出しでいっせいに載った。「週刊朝日」まで、巻頭のグラビア四ページに載せてくれた。これは田中友幸プロデューサーや雨宮恒之撮影所所長には喜ばれたが、森岩雄副社長には呼びつけられてにがい顔をされた。今回は以前のように怒られないで、痛しかゆしで森さんもよわったらしい。

「ミニチュア戦艦をバラしてしまったので、本篇の迫力に影響するのだが、僕はいったいどうすればいいんだ!」(斎藤 1987: 252–3)

この斎藤の証言からは、当時において、媒体側から頻繁に特撮の「タネあかし」が求められていたこと、森は特撮のメイキングの公開に否定的だったこと、にもかかわらず、広報部門はときに特撮をネタとして利用していたこと、の三点が読み取れる。これを踏まえると、先ほど紹介した『ゴジラ』の宣伝計画は森の意向が反映されたものと推察できる。特撮が「売り」になるにもかかわらず／なるからこそ、メイキングは控えておく。森は特撮が使われた作品で、このように慎重に広報を進めようとした。しかし、特撮に注目が集まるなか、広報部門は森の方針を貫徹することができず、いわば押し切られるようなかたちで特撮のメイキングがマスコミを賑わすようになった。中期の円谷の記事執筆の背景には、このような力学が存在していた。

それゆえ、もし仮に、円谷が特撮のメイキングを公開したくなければ、森の後ろ盾を利用して技術の解説や紹介を断るという戦略を採りえたはずだ。にもかかわらず、実際には円谷による技術解説記事が一般誌に多数掲載された。

このことから、円谷は技術解説を行うことをあえて選択した――少なくともいとわなかった――とわかる。いったいなぜ、「ネタバレ」になるかもしれない技術解説をあえて選択したのだろうか。おそらく、その理由の一つは、特撮への理解がなかなか得られず、戦中にようやく活躍できたものの戦後に再び辛酸をなめた円谷の前期の経験にあると思われる。もう一度巡ってきたチャンスを掴むために、円谷は一般観客にまで特撮をアピールしていったのではないか。

円谷の真意は定かではないが、いずれにせよ、特撮への注目が集まるなかで技術の紹介や解説を行うとともに、ときには特撮の専門性を超えた内容にまで言及することで、円谷は記事上で自分が作品を代表する者、すなわち作品の作者であるかのように自己呈示することができた。このように、中期の円谷は、さまざまなアクターの影響を受けつつ、それを利用しながら執筆戦略を展開したのである。

## 二　物語からの特撮の自立化

前節では、特技監督となった円谷が制作上の実権を握るようになるとともに、クレジットタイトルや執筆記事が円谷を作品の作者とみなす認識の形成に寄与したことを論じた。しかし、そもそも作中で特撮が目立たなければ、このような作者としての自己呈示が観客たちに受け入れられることはないだろう。それゆえ、中期に制作された作品のもつ特徴についても検討する必要がある。そして実は、円谷が作者化していく過程と並行して、制作された作品の特徴にも変化が生じている。本節では、この変化について論じたい。

注目するのは、怪獣映画において特撮シーンが観客にどのような印象を与えているのか、という点である。もちろん、怪獣映画で特撮によって描かれるスペクタクルが見世物となることは疑いえない。しかし、当該のシーンが映画全体の物語に溶け込んでいる印象を与えるか、反対に特撮が物語から自立して見世物性をさらに強めるかは、構成や編集に大きく左右される。この点を踏まえて円谷の地位上昇の転換点となった『ゴジラ』および中期の序盤に制作された『逆襲』『ラドン』の計三本の怪獣映画[1]をみると、『ラドン』では、『ゴジラ』や『逆襲』以上に特撮が自立化していることがわかる。このことを示すために、ここでは、怪獣映画の最大の見せ場である（一）市街地を破壊するシークエンス、および、そのなかでもスペクタクル性の強い（二）ランドマークの破壊シーンの二つに注目して、三作品を比較する。

## 二―一　市街地の破壊における死の不可視化

まずは、『ゴジラ』におけるゴジラの東京再上陸のシークエンス（0:53:47～1:09:02）をみていこう。このシークエンスでは、東京を蹂躙するゴジラの進行とともに、それに応戦する自衛隊や逃げ惑う一般の人々の様子が細かく描きだされる。銀座のビル陰でおびえる親子やテレビ塔のアナウンサーのシーンはとりわけ有名だが、実はほかにも、白熱光を浴びる群衆（0:57:05）、ゴジラの足元で逃げ惑う一般人（0:58:21）、無線からの指令を聞いていたところでゴジラに襲われる自衛官（1:00:36）をはじめ、ゴジラと人間を同一画面に合成したり、本編で撮影されたショットとゴジラを映したショットを切り返したり、といった編集が数多くみられる。また、ここで生じた被害の深刻さゆえに芹沢博士（平田昭彦）はオキシジェンデストロイヤーの使用を決心する。このように、『ゴジラ』における市街地の破壊描写は作品の物語展開においても大きな意味をもっている。

こうした特徴は、『逆襲』におけるゴジラの大阪上陸からアンギラスとの格闘までを描いたシークエンス（0:34:09～0:47:22）にも共通する。このシークエンスのうち、序盤では自社の工場を心配する主人公たちが、中盤では行く手をふさがれる逃亡犯が、そして終盤では大阪城周辺で様子をうかがう対策部隊が、ゴジラとアンギラスの格闘と並行してそれぞれ描かれる。そして、大阪の事務所が被害にあったために主人公たちの北海道支部への転勤が決まるという意味で、市街地の破壊描写は、『逆襲』においても作品全体の物語を展開する契機として機能している。

以上のように、『ゴジラ』と『逆襲』では、怪獣が暴れまわる様子とともに、怪獣に応戦する人々／怪獣の犠牲になる人々の様子を描写する編集が随所にみられ、同時に、市街地の破壊は物語を進める重要な位置を占めている。こうした編集・構成上の特徴は、観客に感情移入を促し、被害の悲惨さを感じさせる効果をもつといえよう。

それでは、『ラドン』における市街地を破壊する場面、すなわちラドンの登場から佐世保での空中戦を経て博多襲撃へと至る一連のシークエンス（0:54:36 ~ 1:08:43）はどう描かれているのか。この場面は、ラドンと自衛隊の戦闘機が繰り広げる空中戦を描いた前半と、博多に襲来したラドンとの攻防が描かれる後半に分割できる。このうち、前半の空中戦では、ラドンや戦闘機を映したショットと操縦席に座るパイロットを映したショットが何度も切り返されることで、ラドン追撃の緊張感が演出されている。そのため、形式上は、前半部分は先行する二作品と同じように編集されているようにみえる。しかし、その細部に注目すると、『ラドン』と先行する二作品にはある断絶が存在することに気づくだろう。

その断絶とは、この空中戦においては人の死が不可視化されている、ということである。『ゴジラ』におけるアナウンサーや『逆襲』における逃亡犯は、驚きや恐怖を感じる表情、あるいは悲鳴によって、彼らの死を観客に意識させる。それに対して、『ラドン』空中戦に登場するパイロットは一人だけで、彼自身は撃墜されずにラドン追撃の任務を遂行する。一方で、撃墜されてしまった戦闘機に乗っていたパイロットの顔や声は、観客には一度も提示されない。また、西海橋に集まっていた観光客も同様で、彼／彼女らはラドンの登場によって混乱に陥るのだが、『ゴジラ』に登場した群衆のように、白熱光を浴びせられたり瓦礫の下敷きになったりすることはない。

そして、ラドンが博多に飛来した後半部分では、この死の不可視化がさらに際立っている。ここでは、冒頭こそ博多の人々の混乱の様子が描かれるものの、ラドンが岩田屋デパートの屋上に降り立って以降、着ぐるみのラドンと

［1］一九五五年の『獣人雪男』を怪獣映画に含めることもできるかもしれないが、この作品では巨大怪獣が登場しないため、構成や編集を比較することは難しい。それゆえ、この議論の対象からは外した。

ミニチュアの戦車、そして強風で吹き飛ばされる建物の映像が中心となり、人間を映したショットが極端に少なくなる。とりわけ、1:03:43～1:05:35の一分五二秒間は一度も本編の映像が挿入されない。人物との合成や本編の映像との切り返しがなく特撮の映像だけで構成されたシーンは、『ゴジラ』ではゴジラへの戦車隊の砲撃を描いた0:58:34～0:59:36の一分二秒が最長、『逆襲』ではゴジラが上陸した直後の0:35:49～0:36:56までの一分七秒が最長である。つまり、『ラドン』では本編の映像が挿入されないシーンが二倍近く持続しているのだ。

もっとも、ラドンが岩田屋の屋上に降り立つ直前のショットでは、シュフタン・プロセスによってビルのなかに取り残された人々が映し出されており（1:02:54）、スクリーン・プロセスによって強風に吹き飛ばされる人が描かれるショット（1:06:20）も一度は挿入されている。その意味で、完全に死が不可視化されているとはいえないのだが、いずれも短い一ショットに留まっており、前二作品で採用された編集とのあいだに差異があることはたしかである。

さらに、この一連のシークエンスにおいて、主人公の川村繁（佐原健二）は最初にラドンが飛び立つところを目撃しただけで、佐世保での空中戦や博多への襲撃に居合わせることはない。このことは、ラドンの飛行速度が超音速であるという設定との整合性を考えればやむを得ないかもしれないが、被害の深刻さにショックを受ける主人公の様子がほとんど描かれないことで、博多の被害が物語の進行に果たす役割も前二作品に比べて後退している。『ラドン』で描かれる市街地の破壊の場面が、その規模の大きさに反して、前二作のように悲惨さを感じさせない理由はここにある。

以上のように、『ラドン』では人々の死が不可視化されている。こうした演出は、一面では、円谷も意識していたことのようだ。

現在の航空機がまだ達し得られないような超音速の何倍かの飛行物体が、地上近くを飛翔した場合にその衝撃波がどんな影響を地上に与えるか、それをラドンという怪物によって知らせようとしているのに興味がある。

そこで私は、トリック撮影の力点をそれに絞って、ソニックブーム（衝撃波）によってあおられた市街がどんな風に荒らされていくかを累積して、スペクタクルシーンの迫力を出し、それでいてあまり悲惨にならないようにユーモラスもトリックによって絞り込みたいと思うようにしてあり、体温は非常に高く、上空に至ると気温の冷却から飛行機雲を引くことになっている。（1956『「空の大怪獣ラドン」パンフレット』：454-5）。

ただし、特技監督となった円谷が次第に強い実権を握るようになったからといって、こうした演出がすべて円谷の意図どおりだったと解釈するのは早計だろう。実際のところは、監督の本多猪四郎やプロデューサーの田中友幸をはじめとした多くの関係者の協同のなかで、結果として、このような編集や作品全体の構成が成立したと考えるのが妥当なように思われる。また、『ラドン』は初のカラー怪獣映画であるため、技術的な問題で本編と特撮の頻繁な切り返しや合成が難しかったということもありうる。このように、死の不可視化の原因を特定することは困難だが、いずれにせよ、こうした編集や構成によって、特撮の描くスペクタクルが『ゴジラ』や『逆襲』以上に強調されるようになったこと、すなわち特撮シーンが物語から自立化したことは間違いない。

### 二―二　ランドマークの破壊と反復編集の採用

そして、特撮の自立化という点でいえば、『ラドン』にはもう一つ重要なシーンが含まれている。それは、ラドンの通過した衝撃で西海橋が崩落するシーン（1:01:23〜1:01:32）である。この種のランドマークの破壊は、怪獣映画のなかでも特にスペクタクル性が求められる場面だが、ここでも『ラドン』では先行する二作品とは異なる編集がなされている。

西海橋が崩壊する瞬間のシーンでは、アングルを変え、なおかつ時間的に重複した三つのショットを連続させる編集が採用された。この編集によって巨大な橋が崩壊する重量感や迫力が強調され、当該シーンはきわめてスペクタクル性の強いものとなっている。そのうえ、この反復編集の効果は、約二〜三秒の短いショットがスムーズに接続されている直前のシーンとのコントラストによって、さらに高められているといえよう。

それに対して、『ゴジラ』と『逆襲』におけるランドマークの破壊シーンでは、前後のシーンとの連続性を意識した編集が採用されている。たとえば、『ゴジラ』の銀座和光ビルの時計台を破壊するシーン（1:02:28〜1:02:36）では、瓦礫が落ちることで崩れる地下道入口やそこに逃げた人々に焦点が当てられており、時計台の崩壊と人々の様子が切り返される。また、『逆襲』の大阪城の崩壊シーン（0:45:25〜0:45:29）でも、崩落する大阪城を映した二つのショットに時間的な重複はほとんどない。そのうえ、この直前にはゴジラとアンギラスの格闘の衝撃によって徐々に大阪城にひびが入っていくショットが挿入されていることから、このシーンでは崩壊の瞬間よりも崩壊までのサスペンスにアクセントが置かれているとわかる。

このように、『ラドン』の西海橋のシーンでは、前二作品とは異なり、前後のシーンとの連続性よりも崩壊の瞬間を強調するより見世物性の強い編集が採用されている。[2] いったいなぜ『ラドン』ではこのような編集が採用されたのだろうか。実のところ、その理由は西海橋の壊しの撮影が予定どおりに進まなかったことにある。円谷の執筆記事や『東宝特撮全史』（田中監修 1983）に掲載された中代文雄のコメントでは、このシーンの失敗が次のように語られている。

> こんどもね、大きな模型のビルや橋、この橋は長さやく七メートル半、高さやく四メートルもあるんですが、こういうものがこわれるこわれ方をちゃんとけいさんしておく、ところがいざこわしてみるとそのとおりにいかない。高い費用で作ったものですから、やりなおしはききません。編集するときになんとかするんですが、これも目にみえないくしんのひとつでした。（1956『産経時事夕刊』: 452）

例えば「ラドン」の時なんか、佐世保の西海橋の模型を壊すときに、係りの人間が順序を間違えてしまったんです。どうにもしょうがないんですね。しかたがないので、こわれた部分だけを持ち上げて、そこだけ撮って行ったんですが、つまり失敗をした方向を逆用してしまったわけです。（1960『週刊讀賣』：685–6）

〔中代〕「〔……〕『一、二、三』でワーッと引っ張るんですよ、ともかく橋の下まで行けば、線でひっかかっちゃうんだから、それでよかったんですよ。それで、『ワーッやった！』と思ったらね、後ろで引っ張ってた滑車の人がロープを扱いそこなっちゃったのね。滑車が勝手に回り出しちゃったの。ワイヤーを巻いてある巻きとりが、空回りしちゃったわけ。ドンドン、ドンドン線が伸びちゃった。で、ラドンが向こうに着く、橋が壊れてる最中に、ワイヤーがどーッと画面に入ってきちゃった。もう西海橋は壊れちゃってるしね。これは、どえらいことをしちゃったと思ったね」。〔……〕

結局このシーンは撮り直しをしなかったそうだ。実際にワイヤーが見えるまでは使えたと、中代文雄は言う。

（田中監修 1983: 126–7）

なお、『ラドン』のオーディオ・コメンタリーに登壇した有川貞昌は、西海橋の撮影を失敗した後に、二回目の撮影を行ったと証言している（1:01:30）。それゆえ、この二回目が完全な作り直しであれば右記の引用と矛盾することになるが、「こわれた部分だけを持ち上げて、そこだけ撮って行った」という円谷の記述を踏まえると、有川のいう二回目の撮影は部分的なものであったと理解するのが妥当だろう。

ともかく、こうした記述を踏まえると、『ラドン』においいて反復編集が採用されたのは、偶然の要素も大きかった

［2］ここで重要なのは、ランドマークの破壊シーンにおける『ラドン』と先行する二作品の差異であり、反復編集それ自体の新規性ではない。実際、特撮評論家の池田憲章が指摘するように、こうした反復編集は、飛び立ったラドンによってジープが転倒するシーンなどでも確認できる（『スターログ』(55)：80–1）。それゆえ、この編集は円谷の編集様式の一つだったといえよう。

といわねばならない。だが、撮影の失敗をごまかすために、ほかでもなくこの編集が採用されたのは、円谷が違和感を与えかねない誇張さえ容認するほど演出効果を重視していたからこそといえる。つまり、時間的な連続性を逸脱してまで橋の崩壊の迫力を生み出すこの外連味あるシーンにも、円谷が身体化していた実用主義的なハビトゥスの影響が読み取れるのだ。

### 補足：『ラドン』の物語構成にみられる特撮の自立化

さらにいえば、『ラドン』は物語全体の構成においても特撮が自立化している。この特徴は円谷による演出の範疇を大きく超えるため、本書の中心的な主題からは外れる。だが、特撮の自立化という観点で『ラドン』が象徴的な作品であることを示すために、少し回り道をして、ここで検討しておきたい。

まずは『ラドン』のあらすじを確認しておこう。映画は阿蘇山付近の炭鉱で起こった連続殺人事件から始まる。炭鉱技師の川村繁は、この殺人事件の犯人であったオオヤゴの怪獣メガヌロンを追って坑道に入るも、メガヌロンに機関銃を発砲した衝撃による落盤事故に巻き込まれてしまう。繁は後日、地震で生じた陥没口で発見されるが、記憶喪失となっていた。一方、東アジア各地で正体不明の高速飛行物体が観測されたり、阿蘇山に登っていたカップルが行方不明になったりといった新しい事件が生じる。その後、繁が、坑道の奥で翼竜の怪獣ラドンが孵化してメガヌロンを捕食する場面を目撃したことを思い出し、これらの事件とラドンとの関係が明らかになる。それから、飛翔したラドンと戦闘機との攻防、そして西海橋を経て博多を襲来する一連のシークエンスが描かれる。最終的に、阿蘇山に帰巣したラドンを攻撃し、火山の噴火するなかでラドンが力尽きることで映画は終わる。

本作では、大きく分けて前半の約三〇分間で描かれる炭鉱での連続殺人事件をめぐる出来事と、後半のラドンが出現しそれを迎撃する出来事の二つが描かれている。しかしながら、この二つの出来事のあいだにある物語上の因果関係は強いとはいいがたい。もちろん、連続殺人事件の犯人であるメガヌロンとラドンが同時代の生物であり、記憶喪失になっていた繁が、卵から孵ったラドンがメガヌロンを捕食する姿を思い出すことで後半の出来事へ移行しているのだから、関連がまったくないわけではない。しかし、ラドンの存在が確認されて以降はメガヌロンや炭鉱の様子が描かれなくなり、いかにラドンに対処するのかだけが物語上の問題となっていく。また、仮に前半で殺人事件が生じずにメガヌロンが目撃されるだけだったとしても、後半の出来事には十分接続されうるし、そのことで後半の物語が変更を迫られることもないだろう。このように、前半と後半の出来事が因果的に連鎖しているとはいいがたく、両者がほとんど分離している点に『ラドン』の特徴を見出すことができる。この前半と後半の切断は、尾形（宝田明）、恵美子（河内桃子）、芹沢の関係を描いた『ゴジラ』や、ゴジラとの遭遇からゴジラの大阪への上陸、そして雪崩でゴジラを生き埋めにするクライマックスまで一貫して、魚群探査機パイロットの二人が物語の中心に存在する『逆襲』と比べれば一目瞭然といえよう。

さらに、この二つの出来事は、その全体的な演出においても次の二つの観点で強いコントラストをなしている。一つが池田憲章も指摘している色彩の観点である（『スターログ』(53)：65）。前半では、殺人事件の舞台でもある薄暗い炭鉱内でのシーンと、繁とキヨ（白川由美）がメガヌロンに遭遇し、警官らが迎撃する夜のシークエンスが中心となる。そのため、画面の色彩は全体的に暗い。これに対して、ラドンが登場して以降はほとんどが日中のシーンで構成されている。とりわけ、ラドンが戦闘機と空中戦を繰り広げるシークエンスや阿蘇山で最期を迎えるシークエンスでは、空や海の青、森林の緑、噴火した溶岩の赤など、色彩の豊かさが強調される。『ラドン』は初のカラー怪獣映画ということで、こうした鮮やかな画面構成も一つの見世物だったと考えられるが、これによって前半の暗く禁欲的な映像と特撮が多くを占める後半のスペクタクルな映像の対比が浮き彫りになっている。

もう一つは、前半と後半の物語の中心となる舞台はどこかという観点である。炭鉱で起こった連続殺人事件をめぐって進展する前半の物語で中心となる舞台は、もちろん炭鉱のなかである。登場人物たちは殺人犯を見つけるために炭鉱内を捜索し、また炭鉱に逃げ込んだメガヌロンを追ってその奥へと進んでいく。こうした前半とは対照的に、空を飛び回るラドンを追って西海橋、博多、そして阿蘇山へと場面が移動していく後半の物語は大空を主な舞台としている。最終シークエンスでも、阿蘇山の火口にいたラドンは爆撃され、外へ追い出された末に死に至ることになる。このように、閉鎖的な空間の奥に潜り込んでいく形で物語を進める前半に対して、後半の物語は空という開放的な空間に飛び出していくことによって進展する。

要するに、前半と後半が色彩と舞台の点で対照的であることによって、『ラドン』では後半に集中する特撮のスペクタクルがいっそう際立つような物語構成となっている。このように、円谷の編集のみならず物語全体の構成においても、『ラドン』における特撮シーンは物語から自立化しているのである。

## 二―三　特撮の自立化の展開

話を戻すと、『ラドン』の特撮シーンには死の不可視化と反復編集という前二作品とは異なる特徴があった。これらの特徴は、『ラドン』において特撮シーンが物語から自立化し、『ゴジラ』『逆襲』と比べて見世物性を強めたことを示している。そして、このような特撮の自立化は、翌年の『地球防衛軍』（一九五七）以降の怪獣映画ではない空想科学映画にも引き継がれていった。たとえば、『地球防衛軍』で描かれたミステリアンとの攻防はもっぱらミニチュアの切り返しによる編集で組み立てられており（1:15:19 ~ 1:18:15）、撃墜されるβ号の乗組員が映し出されることもない（1:00:46）。あるいは、『宇宙大戦争』（一九五九）におけるゴールデンゲートブリッジの破壊シーン（1:23:38 ~ 1:23:55）で、西海橋と同様の編集がなされていることを挙げてもよいだろう。したがって、この点で『ラドン』を特撮ジャンル史における編集様式の転換点に位置づけることができる。そのうえ、物語構成上の特徴においても後半の特撮シーンが自立化していた『ラドン』は、まさにこの転換を象徴する作品といえよう。

ところで、このことは裏を返すと、『ゴジラ』と『逆襲』はその後の作品とは異なる編集が採用された例外的な作品であった、ということでもある。第一章で紹介した福嶋亮大（2018）は、『ハワイ・マレー沖海戦』をはじめとした戦中の作品において、アメリカ兵がほとんど描かれず、敵はもっぱら戦闘機のような非人間として描かれてきたことを指摘し、この人間の不在が、戦後の怪獣映画はもとより多くのサブカルチャーに受け継がれていったと論じている（福嶋 2018: 183–220）。敵／味方の区別こそ違うものの、先ほど指摘した『ラドン』における死の不可視化も、人間の不在という点では福嶋の議論と大きく重なるものといえる。したがって、『ゴジラ』と『逆襲』においては人々の死が描かれていた、ということは、戦中の戦争映画と戦後のサブカルチャーの連続性が、福嶋のいうほど単純なものではないことを示唆するように思われる。

また、実相寺昭雄もこうした編集様式の変化を指摘していたが、彼自身は特撮の自立化に否定的であった。しかし、『ラドン』にみられるような反復編集も、実相寺が評価する『南海の花束』の墜落シーンと同じく、円谷が実用主義的なハビトゥスを身体化していたがゆえのものにほかならない。そのうえ、実相寺が物へのフェティシズムを欠いた撮影方法とみなす「マルチのカメラで回すだけ回し、しかもズームをつけておいて、適当に拾いまくり、後は編集で何とか誤魔化しちまおう、とする近年のコマーシャル流儀の特撮」（実相寺 2001: 15）は、『ラドン』の西海橋のシーンはもとより、その後も円谷が頻繁に取り入れていた手法であった。

モスラが東京タワーを倒すじゃない。あのシーンは大きさとボリュームを出すために、倒れていく様を3カットに割って少しずつ崩れるように見せているんだけど、何のことはない、あれは実は同じ壊しを三回見せられてるんだよ。アングルを変えた三台のキャメラでいっぺんに捉えてるわけ。それで撮った3カットの画をうまく割って使ってるわけ。そういうところはオヤジはやっぱりアイディアマンだった。そりゃあ、カットの素材が多い方が編集のときにいろいろ使えるからな。キャメラが一台だったっていうことは絶対にない。『空の大怪獣ラドン』の、ラドンが通過したときの風圧で西海橋が壊れるシーンのときもそうだよな。あのときも複数キャメラを回している。（飯塚・松本 2016: 107）。

ここで語られた『モスラ』（一九六一）のシーンは、実際には二カットで時間的に重複することもない（1:15:25～1:15:38）のだが、それはともかく、『モスラ』でも『ラドン』の西海橋の崩壊シーンと同じくマルチキャメラでの撮影が行われた。マルチキャメラで撮影することによってミニチュアの「壊し」の映像素材を増やし、そのなかの使える部分を利用して作品に仕上げていく。これもまた、探索型の実験としての制作実践の一つといえよう。こうした物へのフェティシズムを欠いた制作実践が日常的であったことに鑑みれば、物へのフェティシズムを円谷の特徴として帰属させる実相寺の議論は、やはり再検討されなければならない。

以上のように、『ラドン』と『ゴジラ』『逆襲』のあいだにある差異は、これまでの先行研究の議論を発展させるうえでも示唆的なものといえる。だが、本書にとってもっとも重要なのは、こうした特撮の自立化が、観客の注意をより特撮に集め、円谷の作者化を加速させる効果をもったと考えられる点である。その意味で、前節で論じたクレジットタイトルの変更や執筆戦略の変化が十分に機能するためには、本節で論じた特撮の自立化が並行しなければならなかった。

円谷の卓越化の第二ステップは、このように複数の要因が絡み合うことで成立した。こうして、中期の円谷は監督と同等の地位へと到達したのである。しかし、怪獣映画や空想科学映画が、当時の映画場におけるジャンルの序列においては劣位に位置づけられるものであったことに鑑みれば、この第二ステップの達成がそのまま第三ステップへと展開するわけではないことは明らかだろう。それどころか、作者としての地位を確立したからこそ、円谷はジャンルの序列に絡めとられてしまう可能性を回避しなければならなかった。それでは、円谷はこの問題にどのように対処し、卓越化の第三ステップを進めていったのだろうか。

## 三　日本映画の黄金期

先取り的にすでに何度も言及しているが、（一）当時の映画場は象徴資本と経済資本が一致も対立もしない構造をもち、なおかつ、（二）空想科学映画はジャンルの序列において劣位に位置づけられていた。本節ではまず、こうした映画場の全体的な構造を映画史研究の知見や多重対応分析の結果から確認する。そのうえで、執筆記事の分析を通して、円谷の卓越化の第三ステップの様相を明らかにしたい。

## 三－一　一九五〇年代の映画場の構造

一言でいえば、一九五〇年代は日本映画の黄金期であった。一方で、一九五〇年代には国内の観客数が年々増加し、一九五八年に年間観客数がのべ一一億人を突破してピークを迎える。当時の人口が約九一〇〇万人であるから、単純に計算すると、国民全員が月に一度は映画館に足を運んでいたことになる。この数字は、映画が大衆娯楽として広く浸透していたことを端的に示すものといえよう。他方で、一九五〇年代には衣笠貞之助や黒澤明、溝口健二が国際映画祭で次々と最高賞を受賞した。これによって、映画の文化的な価値に注目が集まるとともに、映画の輸出が映画産業の地位を向上させるための重要な論点として認識されるようにもなった（北浦 2020）。このように、当時の映画は「娯楽の殿堂であり、大衆啓蒙の集会場であり、日本人が国際的に喪失して久しい文化的矜持《きょうじ》を回復させてくれる絶好の媒体」（四方田 2014: 144）として、芸術的正統性と大衆的娯楽性の双方で社会的に存在感を示していたのである。

では、この黄金期における映画場の構造はどのようなものだったのか。映画史家の田中純一郎によれば、一九五六年に行われた東映の五周年祝賀会の席で、社長の大川博から「健全娯楽を提供するという根本は忘れないつもりだが、その半面に芸術性、文化性のあるものを今後はできるだけ作り、国民文化の向上に添いたいと思う」との発言があったとされる（田中 1976: 141）。二本立て興業を強行するなど、商業的成功を重視する傾向にあった東映においてもこうしたことが語られたという事実は、当時の映画場において、商業的成功と対立も一致もしない質的な評価をめぐる規範が存在したことを示唆している。

また、伊藤弘了（2020）は、芸術至上主義的な印象を抱かれがちな小津安二郎であっても、興行性と芸術性を対立的には捉えていなかったことを指摘している。反対に、小津は興行性と芸術性が両立可能であるところに文学や絵画とは異なる映画の固有性を見出しており、実際に一九五八年の『彼岸花』が同年の松竹配給の劇映画でトップの興行成績をあげるなど、彼の作品は商業的にも成功していた（伊藤 2020: 100-3）。この小津の事例も、当時の映画場が「芸術と金銭の対立」とは別様に構造化されていたことを支持するものといえよう。

そして、一九五五～一九五八年のデータに基づいて当時の「作品の空間」を多重対応分析によって描出すると、商業的成功と批評的な評価がそれぞれ別の軸として析出される（詳細は付録を参照されたい）。このことから、当時の映画場は、経済資本に従属しない独自の資本が確立されてはいるものの、それが経済資本と一致も対立もしない構造であったと考えられる。

それでは、この構造下において、空想科学映画と円谷自身はどこに位置づけられるのだろうか。上映形態の差異に加えて大手製作会社による作品の序列を反映した軸を横に、批評的な評価とは無関係に、商業的な成功の度合いを表した軸を縦にとると、図5‐2のようにプロットされる。ここで、横軸は、負の極に進むほど批評的に評価された「大作映画」である傾向が、正の極に進むほど併映のために製作された「添え物映画」である傾向が強まる。また、縦軸は負の極に進むほど興行成績が高い傾向にある。

これをみると、怪獣映画や空想科学映画が含まれる「SF・怪奇幻想」ジャンルは、興行的には成功しやすいものの、主として二本目に併映され、批評的にも注目されにくい傾向を示す第四象限に位置づけられていることがわかる。つまり、空想科学映画は当時の映画場におけるジャンルの序列の劣位にあった。このことは、円谷や有川の発言からも読み取れる。

今までは主として空想的な怪物や映画《ママ》や、科学映画ばかりを作って来たので、華やかな婦人連の観客層とは、全

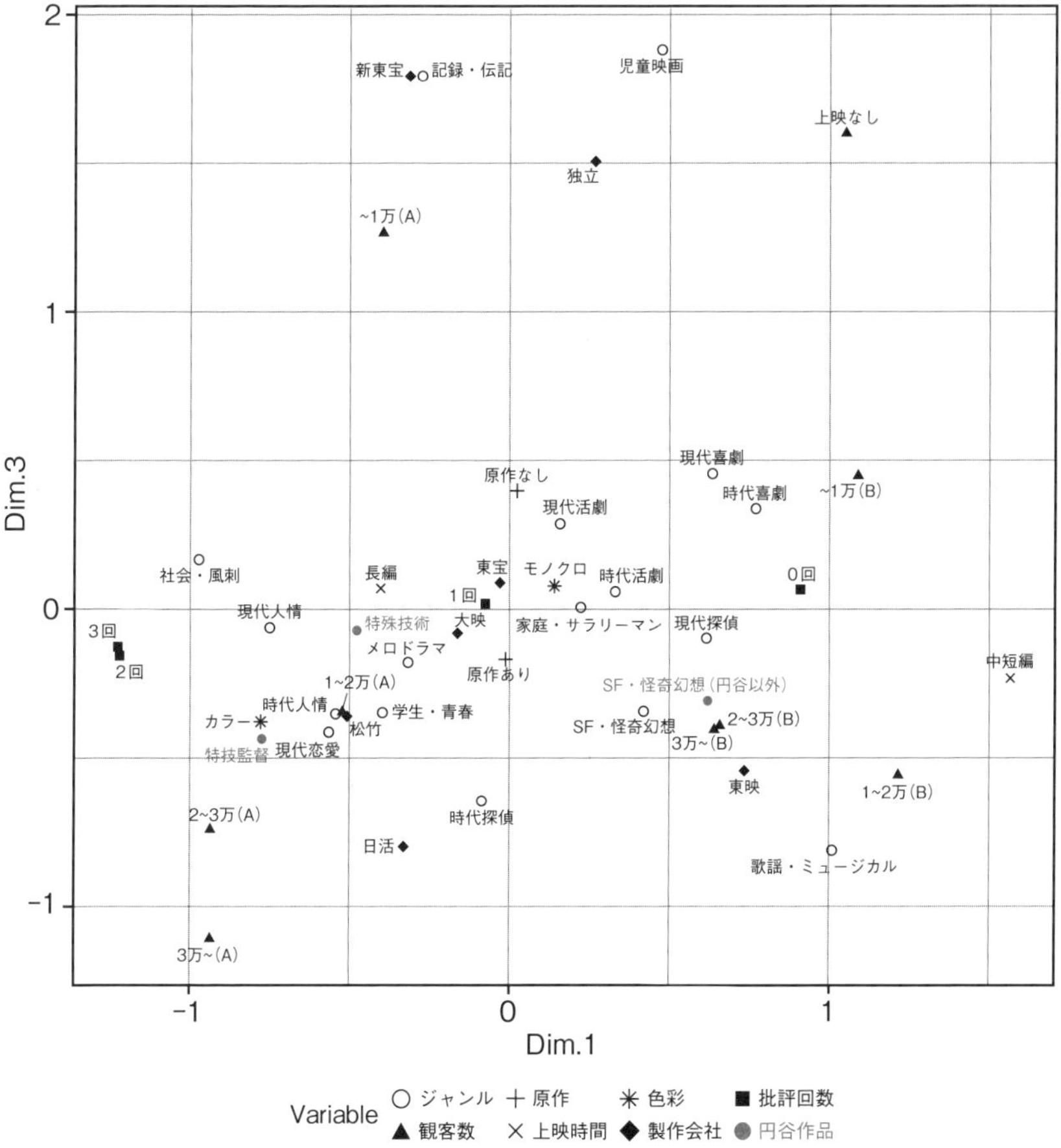


**図 5-2　円谷の作品の空間での位置**

（第 1–3 軸平面。横軸（Dim.1）が作品の序列を，縦軸（Dim.3）が興行成績を表しており，ともに負の極に進むほど序列／興行成績が高い。付録図 4 と同様のため，詳細は付録を参照）

く縁が遠く、男でさえも、青少年は別として、この種の映画に近づくのを大人気ないように思っている人も多いことだろうと思う。(1958『婦人倶楽部』: 617)

〔『ゴジラ』について〕まあ、特撮自体、新しいジャンルと言えば格好はいいですが、会社としては一時しのぎみたいなもんだったんだと思いますよ。変わった写真(映画)、極端に言えばゲテモノ映画ですからね。監督だって、最初は谷口(千吉・注)さんに声をかけたら「俺はそんな映画撮りたくない」って断られて本多(猪四郎)さんにお鉢が回ってきたという話ですからね。当時はスタッフは誰でもいいけど安くあげてくれ、という思惑だったんじゃないでしょうかね。そういった空気を僕らスタッフは肌で感じていましたから。(東宝ゴジラ会 2010: 248-9)

また、プロデューサーの田中友幸によれば、円谷の転機となった『ゴジラ』も森の推薦があったからこそ実現できた企画であった。

これが東宝の企画会議で、故森岩雄氏(当時、製作担当重役)の目にとまった。「G作品」という極秘(?)のタイトルでこの怪獣映画は動きはじめた。子供だましと首をひねる者も多かったが、森さんはこれを強く推してくださった。(田中 1983: 53)

森とのつながりという社会関係資本が中期でも強力に作用していたことはすでに述べたが、円谷の地位上昇のきっかけとなった『ゴジラ』も、そのジャンルの序列の低さゆえに、森の後押しがなければ実現しなかったかもしれない。それほどまでに、怪獣映画や空想科学映画は、場に固有の秩序を意味するジャンルの序列において正統性の低い「子ども向け」のジャンルとみなされていたのだ。

にもかかわらず、この作品の空間上に円谷の位置を描出すると、この平面の第三象限、すなわち一本目に上映され、商業的にも成功した地点にプロットされる。このように、円谷が手掛けた作品の占める位置と、ほかの「ＳＦ・怪奇幻想」ジャンルが占める位置のあいだには大きな乖離がある。このことは、円谷がジャンルの序列に絡めとられることなく、そこから逸脱して当時の映画場で卓越化に成功したことを示している。では、このジャンルの序列からの逸脱はどのようにして可能になったのだろうか。

## 三―二　科学的な根拠づけの採用

まず検討したいのは、円谷が制作に関与した空想科学映画が、近接するジャンル内でどのように差異化しようとしたのかということ――もちろん、これも円谷の判断だけで選択されたものではない――である。これについては、一九五四年に公開された『ゴジラ』が、原水爆への恐怖をテーマにしているという周知の事実から検討を始めたい。

円谷自身はこのテーマについて重点的に語ってはいないが、プロデューサーの田中友幸はこの企画を構想した段階のことを次のように振り返っている。

> その頃、ビキニ環礁の核実験が、社会問題となっていた（第五福竜丸被爆が29年3月）。そこでこう仮定してみた。――仮に、ビキニ環礁近くの海底に恐竜が眠っていて、水爆実験のショックで目をさまし、異常発達し、特殊な性能をもって日本へ上陸してきたらどうなるか――　（田中 1983: 53）

このように、『ゴジラ』の構想段階では第五福竜丸事件が明確に意識されていた。また、監督の本多猪四郎の語りからも原水爆の恐ろしさの象徴としてゴジラを描こうとした様子が読み取れる（本多 2010: 84–96）。そして実際、この作品は当時、「水爆怪獣」として盛んに宣伝された（竹内 2001: 78–82）。

怪物が登場する怪奇映画であると同時に、原水爆の恐怖と社会批判が暗示された社会派作品でもあること。『ゴジラ』をめぐってこれまで無数の批評言説が生み出され続けてきた理由の一つは、間違いなくジャンル混交的なこの特徴に求められるだろう。しかしながら、『ゴジラ』公開当時の批評をみると、この特徴は否定的に受け止められていたことがわかる。


もちろんこの怪獣によって水爆時代に対するレジスタンスをこころみようという意図があったにちがいない。が、それはいささか欲張りすぎだし失敗である。お客様は怪獣が東京をあばれまわるのがみたくてやってくる。お説教の伏勢を予期してはいない。だからうじうじした場面になるとそっぽを向いてしまう。一向に啓蒙されないわけで、ただ何を愚図々々してやがるんだ、はやくもっと怪獣をあばれさせろと憤慨するのがオチである。（『キネマ旬報』（106）: 47）

双葉十三郎による右の評価は、まさにこのジャンルの混交を批判して、ただの娯楽性の強い映画に徹することを求めるものといえよう。いったいなぜ、今日とはまったく正反対のこうした批判がなされたのだろうか。

その背景について、森下達は「一九五〇年代初頭から半ばにかけては、原水爆を扱った映画に対しては、「感傷」に陥らず普遍的な理念を打ち出すべきだとの規範意識が向けられていた。第五福竜丸事件を経て、この規範意識はより高まってさえいた」（森下 2016: 53）ことを指摘している。つまり、社会問題を主題に組み込むことでほかの空想科学映画や怪奇幻想映画から差異化するという『ゴジラ』の戦略は、当時の映画場の規範に沿うものではなかったのである。

そこで、一九五〇年代後半の作品では、異なる戦略によって近接ジャンル内での差異化が企図されるようになった。この戦略変更についても、森下による指摘が示唆的であるが、その前に、森下が分析で参照した荒正人の空想科学映画論を確認したい。

空想科学映画は、空想ないしは推理の領域で、新しい画面を創りだすが、その反面では、科学の原則を踏み破って映画としての効果を求める傾向があるように思われる。この点だけを気にすると、空想科学映画は子どもだましの荒唐無稽にすぎぬといって非難を受ける。〔……〕生物学の謎などもっと巧みに取り入れたほうがよかったのではないか。水素爆弾の実験が繰り返されているうちに、海底からこういう怪物が出現する、という思いつきは必ずしも悪くはない。それに、ゴジラなどという名前をつける感覚が面白くない。香山滋の着想にもとづいたものだそうだが、香山滋という人は、怪談の作者としても余り有能ではない。『ゴジラ』は、一応観客をつかんだらしいが、それは空想科学映画からみれば邪道であり、お化映画の一種として歓迎されたのであろう。ゴジラというお化が東京を襲う場面は、これを活劇としてみれば確かにスリルもあるから、この続篇のようなものが一二つくられたが、それは、『ゴジラ』以下であった。（荒 1956: 44–5）

荒は、空想科学映画が「科学の原則を踏み破って映画としての効果を求め」すぎると「子どもだましの荒唐無稽にすぎ」ない作品とみなされることに注意を促し、「生物学の謎などをもっと巧みに取り入れ」るといった、科学的な根拠づけの必要性を論じている。森下によれば、このような科学的な根拠づけを基礎としながら、「人類はどのように科学と関わっていくべきか」といった「文明批判」を描くことが、荒の提唱する理想の空想科学映画であった（森下 2016: 77）。森下は、『地球防衛軍』においてこの荒の理想が達成されていると論じたうえで、次のように結論づける。

「特撮映画」の怪獣・怪人モチーフは、この時期（一九五〇年代後半）、より科学的に描き出されるものとなり、科学的となることを通じて具体的な社会的事象からは遠ざかった。これに伴って、映画そのものは普遍的な理念をより強く描き出す方向に変容していった。作り手が文芸批評家の議論を実際にどこまで意識していたかはわからないが、少なくとも結果的には、彼らの要求と同じ方向に「特撮映画」が変化していったことは間違いない。（森下 2016: 77–8）

『ラドン』以降、怪獣映画の製作本数が一時的に減少し[3]、代わって『地球防衛軍』や『美女と液体人間』（一九五八）のような怪獣映画ではない空想科学映画が数多く制作されたことを思い出すならば、「特撮映画」が「より科学的に描き出されるものとな」ったという森下の指摘は、作品内における「怪獣・怪人モチーフ」のみならず、作品のテーマ設定にまで敷衍できるものといえるだろう。そして、森下は「作り手が文芸批評家の議論を実際にどこまで意識していたかはわからない」と断定を避けているが、科学的な根拠づけが意識され、作品の「売り」にまでなっていた様子は、円谷の執筆記事に見て取ることができる。

二千年前の蓮の実が、ほり出されて神秘な花を咲かせた実験も行われている。こんなことだから原始時代の動物の卵が石炭層のある地下の胴穴《ママ》に埋蔵されていて、現代に生まれて来たらなど考え出されるのも無理からぬ空想と言えよう。（1956『「空の大怪獣ラドン」パンフレット』: 454）

東宝がこれまでに製作した空想科学映画は、その性質上、荒唐無稽な内容のものでも差し支えなかった。しかし「地球防衛軍」は宇宙科学映画のジャンルに属するものであり、近い将来に必ず実現できるであろう科学的な裏付けを持った映画にしたい。（1957『東宝スタジオ・メール』(512): 468）

このように、作品の傾向と円谷の執筆記事の双方で、当時の批評言説で示された方向性に合わせた特徴が読み取れる。この特徴こそ、『ゴジラ』で失敗したジャンルの混交に代わる、近接ジャンル内での差異化戦略だったのだ。とはいえ、空想科学映画自体が劣ったジャンルとみなされていた以上、こうした近接ジャンル内の差異化だけでは、映画場で象徴資本を獲得するには十分とはいえない。そのため、円谷はこれとは別の戦略にも取り組む必要があった。

### 三-三　「技術に対する評価」への読み替え

すでに第三章で詳述したが、そもそも、中期の円谷が制作に関与した作品は空想科学映画だけではない。特技監督とクレジットされているものだけでも、古典文芸を題材とした『白夫人の妖恋』(一九五六)や『日本誕生』(一九五九)、空想科学映画ではあるものの社会派作品としての側面が強い『世界大戦争』(一九六一)などがあり、特殊技術としてクレジットされた作品まで含めるとそのバリエーションはかなり幅広い。このように制作に関与する作品のジャンルが広がった要因としては、ここでも森岩雄との関係が挙げられる。たとえば、『世界大戦争』は森が強い思い入れを抱いていた企画だった。

その他、円谷さんの特技を中心とする大作は毎年作られ続けたが、なかでも私が円谷さんに特に注文したものは「世界大戦争」であった。私は核戦争が世界の破滅を招くものであり、これを世界に訴えるのは日本人の仕事であるという自負をもっていたので、それを主題にして映画を作り、世界じゅうの人々に見て貰いたいという悲願を持っていた。(森 1975: 250–1)

[3]『大怪獣バラン』(一九五八)が当初、海外向けのテレビ映画として製作されたこと(田中 1993: 104)を踏まえれば、海外への輸出も視野に入れつつ、国内の劇場公開を主目的に製作された怪獣映画は一九六一年の『モスラ』まで待たねばならない。

だが、こうして幅広いジャンルで活躍の機会を得ることができても、怪獣映画や空想科学映画の作者とみなされてしまえば、ジャンルの序列に絡めとられてしまい、映画場での卓越化が困難になる。これを避けるために、円谷は執筆記事のなかで、前期と同様に特撮の意義を語りながら、特撮が空想科学映画に限定されない一般的な技術であると主張した。

最近、私は、「ゴジラ」「ラドン」といった怪物映画ばかりとりましたが、これは、たまたま私としても、会社としても、一番最初はそうした映画から出発してみようと考えたからなのです。しかし、特殊技術映画とは、こんなケースのものなのだと思い込まれては困るのです。

特殊技術は、やはり、映画一般に使われなければならないもので、この技術の効用を充分に活用するような、変わった企画を立案して貰いたいというのが念願です。何も、空想科学映画のみが、この技術の領域ではないということを強調しておきたいのです。（1958『キネマ旬報』：425）

ここでは、怪獣映画というジャンルの選択が一時的なものであり、本来的には、特撮は「映画一般に使われなければならない」という主張を展開している。特撮は映画一般に利用されうる有用性をもつというこの主張は前期から一貫しており、これが円谷の身体化していた実用主義的なハビトゥスに起因するものであることはすでに指摘したとおりである。だが、ここでなされているのは前期と同じ意味での特撮の意義の主張ではない。むしろここでは、作品の内容と技術の区別を強調することで、ジャンルの序列に基づいた低い評価を、特撮や自分自身に当てはめられないようにしていることのほうが重要である。[4] そして、このすぐ後に続く文章で、円谷は商業的成功を「技術に対する評価」へと読み替える。

「ゴジラ」「ラドン」が興行的に当たったということは、私どもにとって誠に幸福でした。全く意外というほかはありません。特に技術の本場のアメリカで、あんな人気を呼んだことは、私たちを唖然とさせました。なぜなら、あの「ゴジラ」を作っているときは、日本の観客に見て貰うことを考えただけでも、私は冷や汗をかいていた程です。しかし、そのためには、私には、ハッキリとした自信ができたことは事実です。
「ゴジラ」以降の作品は、製作に当たって自信もつき、割り切りもつきました。つまり、技術的には日本の特殊技術も、アメリカの映画にはまけていないということと、貧弱な日本映画産業のスケールと、アメリカの膨大な映画産業のスケールとでは、設備、機械などにおいて劣ることは勿論で、それによって、影響される不手際は、どうしようもないということです。しかし、これも日本は日本的な枠の内で最善を尽して工夫すれば、決して悲観する問題でもないと思っています。（1958『キネマ旬報』：425）

「「ゴジラ」を作っているときは、日本の観客に見て貰うことを考えただけでも、私は冷や汗をかいていた」が、『ゴジラ』や『ラドン』の興行的な成功によって、今では「ハッキリとした自信ができた」。このように、円谷は作品が商業的に成功したことと技術的な水準が高いとみなされたことを結びつけて語っている。とりわけ、国内だけでなく「技術の本場のアメリカ」でも成功したことは、円谷の技術が「アメリカの映画には負けていないということ」を示す有力な根拠として位置づけられている。

国内に関しては、先ほどの双葉十三郎の『ゴジラ』評で「たしかにこの特殊技術は、日本映画には珍しくよくやっ

［4］同様の記事としては、以下も参照されたい。「世界に類のない程、多作の日本映画界も、積極的に早く製作方針を建て直し、映画技術の刷新を計る必要があるのではないか。現在は特殊技術が空想科学映画のようなものを製作するのが本来の使命のように誤解している向きもある。／勿論、そのような空想物は、現実には撮影の出来ないものばかりを狙って企画を立てるのであるから、独壇場の作品であることに間違いはないが、しかしそれが全部でないことは、今までの説明で十分納得できると思う」（1959『藝術新潮』：624-5）。

た、と誉めたくなる」（『キネマ旬報』（106）: 47）と言及されるなど、特撮を評価する批評も散見されるため、この語りが円谷による強引な解釈というわけではない。だが、特撮の質が高かったからアメリカでも『ゴジラ』が受け入れられたという円谷の認識には、今日では疑問符がつく。実際、池田淑子（2019b: 55）は、一九五六年にアメリカで公開された *Godzilla, King of the Monsters!* に対する当時の批評は業界誌 *Variety* こそ好意的だったものの、大半では特撮への辛辣な批判が展開されていたと指摘している。たとえば、一九五六年四月二八日のニューヨーク・タイムズ紙に掲載された批評[5]では、特撮部分を次のように論じている。

日本のスタジオで製作された『ゴジラ』は信じられないほどひどい映画（incredibly awful film）である。はぐれ者のアメリカ人――奴の名前はテリー・モースといい、ハリウッドの貧困街の住人だった――の援助を受けた日本のプロデューサーは、昔の映画『キング・コング』をよく研究した後、ゴム靴で作られたミニチュアの恐竜と20ドルほどのおもちゃのビルや電車で、実質的には〔『キング・コング』と〕同じことを試みた。（*The New York Times*, April 28, 1956）

この批評において、円谷の特撮が揶揄されていることは明らかだろう。近年の諸研究によれば、『ゴジラ』のアメリカでの成功は、実際には再編集によって「脱日本化」された内容（池田 2019b: 57–65）や、「サチュレーション（saturation）」と呼ばれる集中的な宣伝活動（Callahan 2019）に負うところが大きく、特撮の質の高さが受け入れられたとは一概にはいえないのである。

こうしたアメリカでの批判的な批評を円谷が認識していたかどうかは不明だが、いずれにせよ、国際映画祭での受賞や映画の輸出が注目されたことで海外での評価に敏感だった当時の映画場において、アメリカでの成功を引き合いに出すことで権威づけの効果を得られたことは間違いない[6]。こうした語りは中期の執筆記事の特徴をなしており、

『モスラ』の制作時には、自身の技術がアメリカを超えているとも読み取れるような記述さえ確認できる。

アメリカ映画の空想科学ものは以前よりお粗末なものが多くなった。仕掛けだけは大きいが、細密さがない。やはりコストが高くつくから手をぬくことになるらしい。手前ミソな話だが、実はこんどの「モスラ」は製作にはいる前にコロンビアが買い付け契約を済ませている。それだけに東宝のマークをけがさぬようなものを作りたい。日本の技術の優秀さと低コストが買われたのだと思う。（1961『中日スポーツ』：507）

一方では怪獣映画に抱かれるネガティブなイメージを回避しつつ、他方では怪獣映画の国内外の商業的成功を「技術に対する評価」へと読み替えることで、「世界に認められた特撮技師」として自己呈示する。こうした円谷の自己呈示が当時の観客に受け入れられていた様子は、『サンデー毎日』に掲載された次の記事などから読み取れる。

アメリカの映画市場では、このところ〝ツブラヤ〟という名の新株が、〝クロサワ〟〝ミゾグチ〟株をぬいて、ぐんぐん高値を呼んでいる。高値の原因は、いま封切られている東宝映画『世界大戦争』特殊撮影がシンになっているこの映画に、円谷英二さんが特技監督として大きく名前を連ねているところから、がぜんセンセーションをまきおこしたものである。（草壁 1961: 28）

［5］なお、記事は以下のＵＲＬから閲覧できる。https://www.nytimes.com/1956/04/28/archives/screen-horror-import-godzilla-a-japanese-film-is-at-state.html?searchResultPosition=1　（閲覧日：二〇二一年九月六日）
［6］当時の日本映画において、『ゴジラ』のアメリカ市場での成功がもっていた意味については、志村三代子（2015）も参照されたい。

また、一九六一年の『キネマ旬報』に掲載された福田定良による『世界大戦争』の批評でも、「この映画は、テーマはもとより特技撮影にもとづく部分は国際的説得力をもっている」（『キネマ旬報』(297)：82）とされている。このように、円谷はアメリカを準拠点にしながら、日米での商業的成功を「技術に対する評価」へと読み替えていったのである。

# 第六章 映画産業の斜陽化への対処
## 卓越化の過程（三）

作者としての地位を確立する卓越化の第二ステップを達成した中期の円谷は、同時に、特撮が怪獣映画に限定されない一般的な技術であることを強調しながら商業的成功を「技術に対する評価」へと読み替えることで、卓越化の第三ステップを進めていった。しかし、一九六〇年代に急速に進行した映画産業の斜陽化の影響で、円谷の実践にも変化が生じる。

最大の変化は、第三章でも確認した怪獣映画への集中である。宇宙を題材とした空想科学映画である『妖星ゴラス』（一九六二）では予定になかった怪獣を登場させることが求められ、ゴジラはシリーズ化されて毎年制作されるようになった。こうした傾向をみる限りでは、後期の制作実践は中期に目指したものとは正反対の方向に進んでいったといわざるを得ないだろう。そのことは、後期の円谷が中期に引き続いて、怪獣映画と強く結びつけられることに反発するような主張を展開していることからもうかがえる。

ボクはいま、フランケンシュタインと対決する地底怪獣バラゴンを作り出すのに没頭している。もう十数種類の怪獣を生み出してきた。しかし怪獣映画ばかりを作り出してきたと思われているのはいささか心外です。「かぐや姫」のような美しい伝説的な物語とか、女性ファンにも喜んでもらえるような幻想的な恋物語も特撮で是非お目にかけたいですね。（1965『日刊スポーツ』：367–8）

空想映画といえば、人はすぐ、怪獣の出て来る映画だと思う。特殊技術の映画といっても同じ事で、やはりすぐ怪獣に結び付ける。そしてよく人は私の事を「怪獣映画の円谷さん」という。なにも私が怪獣映画ばかり作っているわけでもないので、少し弁解して、いくらかでも見直していただきたいと思うのである。

昭和十二年に、私が東宝で特殊技術課をはじめてから今日までに、私は六十本以上の映画を作ってきた。そのうち、怪獣映画とよばれるものは、わずかに十九本で、全体の三分の一にもならない数である。怪獣映画は印象が強いかもしれないが、私が怪獣映画ばかり作るように思われるのは心外である。私にとっては、それ以上に忘れられない沢山の作品がある。

なかには、作ってよかったと思ったり、やりがいのあったと思ったり、完成後にわれながら満足感を味わった映画も多い。日本の神話を映画化した「日本誕生」など、いま思い出しても、満足感が湧いてくる。また水爆や原爆の実験に反対する意味で、「世界大戦争」という映画をつくったが、これなどは誇ってよいものだと思っている。（1967『玉川児童大百科第十四巻』：613）

「特撮・円谷＝怪獣映画」という認識は不本意で、実は別のジャンルを手掛けているし、今後も取り組んでみたい。このように語っているにもかかわらず、結局は怪獣映画が量産されたことに鑑みれば、斜陽化による構造変動がいかに強力で抗いがたいものであったかがよくわかる。では、円谷はこの状況にどのように対処したのだろうか。

実のところ、円谷はこの流れにただ従属的だったわけではない。これからみていくように、後期の円谷は映画場の構造変動に流されながらも、一方では中期に確立した種々の資本を運用することによって（第一節）、他方では怪獣映画への集中を逆手にとりながら（第二節）、さらなる卓越化を果たしていった。つまり、場の構造変動に合わせた戦略変更によって、円谷は卓越化の第三ステップを達成したのである。本章では、このような後期の円谷の戦略変更の具体的な様相を明らかにしたい。

## 一　資本の運用

当時の映画人はテレビを「電気紙芝居」と呼んで揶揄する傾向にあったといわれるが、実際には、少なくないスターや監督がテレビに関心をもち、一九五〇年代後半から積極的に参入していた（北浦 2018: 20-4）。それゆえ、円谷のテレビへの進出も、当時においてとりわけ珍しい選択だったというわけではない。とはいえ、一九六三年の『週刊読売』では、「〝世界の円谷〟争奪戦の内側」と題して円谷のテレビへの参入が報じられる（『週刊読売』22(33): 88-91）など、円谷のテレビへの進出は大きな話題を呼んだ。このことは、円谷が当時すでに高い名声を得ていたことを示すと同時に、その名声がテレビ業界でも有効に機能したことを表している。本節では、このテレビへの進出を軸に、後期の円谷の諸実践をみていきたい。

### 一-一　テレビへの進出

――円谷さんの技術というのは昭和三〇年代の後半には完成されて安定したものになっていて、唯一あとやり残しているものがあるとすれば、ブルーバックに代わる合成技術だったんじゃないかと思うんですが、フロントプロジェクションで話題になった『二〇〇一年宇宙の旅』（68）の翌年には同じ技術を使ってた訳ですね。そうするともう技術的にはひとつの頂点を迎えてたと思いますけど、次のステップは何か考えられてたんでしょうか?

中野　テレビ!　テレビ!　早くから、もうこれからはテレビの時代だって、テレビが茶の間に入って来るからって言ってた。だから息子さんたちは東宝に入りたがってたんだけど、テレビに入れたんだよ。

——昭和三八年に円谷プロを興してテレビ番組の準備を始めますよね。

中野　そう、そういうことだよ。だから「君も活路をテレビに向けた方がいいよ」って言われた。(中野・染谷 2014: 138-9)

長男の円谷一がKRT(現在のTBS)に入社したのは『ゴジラの逆襲』が公開された一九五五年、まさに映画は黄金期の真っ只中で、テレビの世帯普及率はまだ〇・九%にすぎなかった頃(古田 2009: 11)である。この時期にテレビ局への就職を勧めたことからも[1]、円谷がかなり早い時期からテレビに強い関心を抱いていたことがうかがえる。この点で、円谷には先見の明があったといえるだろうが、円谷の場合、単に産業的な観点だけでテレビに注目していたわけではない。円谷にとって、テレビは映画と競合する新しい娯楽メディアであるのみならず、フィルムに代わる新しい技術的な可能性を秘めたものでもあった。一九六一年の東京現像所の社報には、その認識を示す次のようなコメントが掲載されている。

いま考えていることは、とても早急にやれるものじゃありませんが、電子工学の分野ですね。それを取り入れることによって作業の簡素化が出来る。無駄を省いて製作費をやすくする。電子を持ってきても現在のテレビの画調では駄目だから、研究し、ものにするには日数、設備が大変なもの……(1961『社報(東京現像所)』: 338)

ここでは、現時点で実用化されている「電子工学」の例として、つまり技術としてのテレビ(正確にいえばVT

R）に言及している。この記述をみれば、テレビへの関心がこれまでの技術開発の延長線上にあることは明らかだろう。その意味で、円谷のテレビへの関心は実用主義的なハビトゥスに方向づけられたものであった。この関心がテレビ進出のプル要因となり、映画産業の斜陽化というプッシュ要因と重なることで、一九六三年の円谷特技プロダクション（以下、円谷プロ）の設立へと結実する。要するに、怪獣映画への集中が進む状況にあって円谷は「活路をテレビに向けた」わけだが、この選択は実用主義的なハビトゥスと当時の映画場の構造変動が交錯するところで成立したのである。

しかし、いくら当時のテレビ産業が急成長していたとはいえ、この円谷の選択はけっして成功を約束されたものではない。いったいなぜ、円谷は首尾よくテレビ進出を果たすことができたのだろうか。それは、息子がテレビ局に就職していたことによって得られる社会関係資本を利用できる立場にあったからである。事実、円谷のテレビ進出に反応したのはフジテレビとTBSの二局だったが、フジテレビには次男の皐が、TBSには長男の一が在籍しており、彼らの働きがなければテレビ映画の企画は成立しなかったとさえいえる。とりわけ、フジテレビとのあいだで企画された『WoO』は、皐が映画部に異動になった際に「アメリカのSFテレビシリーズ「ミステリーゾーン」のようなSF・ミステリーを基調とした一話完結の連続テレビ映画を制作できないか」（円谷・鍋田 1993: 38）と円谷英二に相談したことが端緒となった企画だった。

『WoO』は一九六三年のうちにある程度の方向性が固められたものの、翌年に契約上の問題が生じたため制作中止となる。だが、この時点で円谷は、『WoO』の収益を見込んで最新のアメリカ製オプティカル・プリンターをすでに発注していた。企画が中止になった状態では、円谷プロでこの機材の支払いを済ますことなど到底できない。そのため、円谷プロはオプティカル・プリンターの引き取り先を探し、最終的に「TBSにいた兄・一の口ききもあっ」

［1］関係者へのインタビューや各種の資料調査を踏まえて円谷一の生涯をまとめた白石雅彦も、テレビ局への就職に際して「やはり英二の示唆はあった、と考えるのが妥当のようだ」（白石 2006: 34）と結論づけている。

（円谷・鍋田 1993: 43）てTBSが引き取ることになった。一方で、TBSも一九六三年の時点で円谷プロにテレビ映画の制作を打診していたようだが、このオプティカル・プリンターの引き取りもあって準備が本格化、『WoO』と同じく『ミステリーゾーン』を意識した『UNBALANCE』というタイトルの企画が固められ、これが『ウルトラQ』となり一九六六年に実現した。[2]

以上の経緯をみても、円谷によるテレビ映画の制作が実現するまでには、テレビ局に就職していた息子たちを介して得られる社会関係資本が強く機能していたことは明らかだろう。それに加えて、円谷が中期を通して築き上げた名声が象徴資本として機能し、高価な機材を肩代わりさせるほどの大きな決断をTBSに促す一因になったと考えられる。もし、これらの資本を円谷が所有していなければ、円谷のテレビ進出は実現していなかったといっても過言ではない。

実際、後に日本初のカラー特撮テレビ映画『マグマ大使』（一九六六、手塚治虫原作）を手掛けたピー・プロダクションの鷺巣富雄（うしおそうじのペンネームでも知られる）は、一九六二年に『WoO』や『UNBALANCE』と同様のSFテレビ映画を企画し、「この作品を売り込みにほうぼう行った」（鷺巣 1999: 91）ものの、結局は企画倒れになったと語っている。

昭和三七年だから、ピープロを設立して二年後だね、実はテレビ用の特撮番組を考えていたんですよ。タイトルはね、『STOP』シリーズ。当時、『アウターリミッツ』とか『トワイライトゾーン』とか、SF超常現象をテーマにしたアメリカ製ドラマが流行っていたんですよ。今でいう『Xファイル』みたいなのね。ただ、あそこまでお金はかけてなくて、ピープロ的な感覚のケレンの多い特撮でしたけど。僕はそれの日本版みたいなものを考えていたんだよ。〔……〕

この話になんと東宝が乗ってくれたんだよ。その頃はまだ東宝にテレビ室がなくて、これから何かやろうというときだった。でも、結局どこの時間枠でも製作費が出ないということでお蔵になっちゃった。時期尚早だったんだね、テレビでその手のものをやるのは。（鷺巣 1999: 90–1）

鷺巣は日本初の七〇ミリフィルム映画である大映作品『釈迦』（一九六一）のアニメーション部分を担当しており、この作品の出来栄えは円谷からも称賛されたほどだった（うしお 2001: 268）。それゆえ、鷺巣に実績がなかったわけではないが、名声やテレビ局とのつながりという点で円谷と同等の資本をもっていなかったことは事実だろう。両者のテレビ進出の第一段階を分けたのは、この資本の差であった。

以上のように、円谷はすでに所有している資本を運用することで、テレビへの進出を首尾よく進めた。だが実は、こうした資本の運用は企画段階に留まるものではない。そこで次に、制作段階における円谷の実践をみることにしよう。

## 一―二　フィルムの使い回しとスタッフの参加

まず確認したいのは、映画の制作実践におけるフィルムの使い回しである。円谷の手掛けた作品では、しばしば過去作品のフィルムが再編集され別のシーンとして組み込まれている。こうしたフィルムの使い回しは中期の『大怪獣バラン』（一九五八）などにもみられるが、後期の作品ではとりわけ顕著になる。たとえば、『怪獣大戦争』（一九六五）のゴジラやラドン、キングギドラが暴れるシークエンスでは『空の大怪獣ラドン』（一九五六）や『モスラ』（一九六一）などのフィルムが数多く流用され、『連合艦隊司令長官山本五十六』（一九六八）でも『ハワイ・ミッドウェイ大海空戦太平洋の嵐』（一九六〇）などの過去作品のフィルムが再利用された。さらに、一九六七年と一九六八年には、テ

［2］なお、『ＷｏＯ』と『ＵＮＢＡＬＡＮＣＥ』の経緯は白石雅彦（2016a）によって精緻にまとめられており、本書もこの記述を参考にしている。

レビ放送された『ウルトラマン』（一九六六）と『ウルトラセブン』（一九六七）の再編集版が劇場公開されている。

このようなフィルムの使い回しについては、複数のスタッフのインタビューでも言及されている。それらを総合すると、すべてが円谷の判断でなされたわけではないが、円谷がフィルムの使い回しに積極的だったことはたしかである。ここでは、東宝で編集を担当していた田村嘉男と『連合艦隊司令長官山本五十六』で特撮の助監督を務めた中野昭慶の発言を確認しておきたい。

特撮でも何回も同じのを撮る訳にいかないから、円谷さんは「このシーンのこのカットはあそこから抜いて来て入れちゃおう」ということを考える。僕も一時、調べたことがあるんだけども、ありとあらゆる作品から抜いてるね。爆発シーンにしても『世界大戦争』からちょこっと持ってきたりね、全部頭に入っていて、考えられないようなつなぎを先生はやってたね。そして、それを出すのが石井〔清子〕さんたちの役目で。「あのカットはあったろう?」とか「ちょっと出してきてくれ」とかさ。今度はそれをつなげていくんだよね。（東宝ゴジラ会 2010: 192-3）

――〔『連合艦隊司令長官山本五十六』は〕過去の作品からのライブラリーフィルム（使い回し）が多い作品ですね。

中野　それでかな、あんまり撮った記憶がない。これはある意味、悪知恵だな。「ここはアレのフィルム使えるじゃない」って。

――製作費を安く上げて企画を通す為の……。

中野　そうそう、安く上げる為の一つの知恵。せっかくいいショットがあるんだから使いましょうと。

――ライブフィルムの使用は誰が決めるんですか?

中野　企画の時点で使えばいいんじゃないのという感じで書いてきてるから、そうなるというか。ただプロデューサーからこれは絶対撮ろうといって来ることもある訳だけどね。田中さん上手いんだよ。「あのショット、いいじゃないですか。ここで使いましょうよ」なんて言ってね。そうすると円谷さん「そうかい」なーんて（笑）。（中野・染谷 2014: 173-4）

また、先ほど紹介した鷺巣は、一九三九年に東宝の線画室に入社し、しばしば円谷の仕事を手伝っていた。当時のことについて、鷺巣は次のように記述している。

円谷英二は、この年〔一九三九年〕に陸軍省受注作『飛行理論』を熊谷飛行学校に足かけ二年〔一九四一年の『続飛行理論』の制作までを含んだものだと思われる〕にわたって長期ロケをしてシナリオ、演出、撮影を行っていた。法師人《ほしと》と中村というふたりの助手はいたが、ほとんどワンマンで完成させた。しかもその製作に便乗して撮った大量の空撮《くうさつ》場面のキープネガから二本の自主作品『飛行機は何故飛ぶか』〔一九四〇〕と『グライダー』〔一九四〇〕の二作品を、あらかた編集だけで作り出してしまった。円谷はそういう芸当が得意だった。（うしお 2001: 169）

このように、円谷はすべての時期で、別の目的で撮影された既存のフィルムを新しい作品に利用していた。こうしたフィルムの使い回しは、手近にある手段を用いて制作を進めようとしている点で、自身が批判的だったダニング・プロセスを必要に応じて臆面もなく使用したり（鈴木 2021: 148-9）、井上が作成した絵コンテを利用したり（☞一四六頁）といったほかの制作実践と通底している。それゆえ、フィルムの使い回しの背後にも、円谷が身体化していた実用主義的なハビトゥスの影響を読み取ることができる。一方で作品の蓄積が進み、他方で斜陽化によって映画の制作に予算上の制限が生じるようになった後期において、フィルムの使い回しがより顕著にみられるようになったのは、ある意味で当然のことであった。

だが、円谷が使い回していたのはフィルムだけではない。『ウルトラQ』の第一話に登場するゴメスや『ウルトラマン』に登場するジラースがゴジラの着ぐるみの流用であることは有名だが、設立されたばかりの円谷プロでは、着ぐるみ以外にも、キャメラやミニチュアを日常的に東宝から借りていた。

> 佐川　本編は普通のキャメラで撮るからいいんだけど、当時は特撮のキャメラは東宝にしかないわけ。レンタル会社には置いていない。それで仕方がないから東宝に交渉に行くわけだけど、「高野〔宏一〕くんと佐川くんが使うんだったらいいよ。キャメラはなにがいい？」って言ってくれてね。〔……〕それも現場同士の話だからね。上を通していたらそんな簡単ではないですよ。
> 八木　現場同士の信頼関係で特撮のキャメラを借りることができた。
> 佐川　現場同士と末安〔昌美〕課長、そして末安さんの助手の方だよね。「いいよいいよ、オヤジさんの会社だから使っていいよ」ってね。（八木編 2022: 32）

> 「ペギラ」には続編で『東京氷河期』ってのがあるでしょう。東京の街が、ビル街がずっと並びますよね、あいうビルは全部、僕が東宝から借りてくるんです。（成田・滝沢 2021: 112）

特撮では通常の劇映画以上にさまざまな機材や備品が必要になるが、設立されたばかりの円谷プロでは、これらを十分に用意することができなかった。そこで、東宝の撮影現場を経験したことのあるスタッフが東宝に行き、「現場同士の信頼関係」でキャメラやミニチュアを借りていた。ここで語られているように、会社を通して正式に借用を依頼するのではなく現場でスムーズに話を進めることができたのは、中期に制作体制が整備され、特撮専属のスタッフが組織化されていたからこそといえる。その意味で、こうした機材や備品の借用も、中期の地位上昇がなければ困難だっただろう。

それに加えて、円谷プロ製作のテレビ映画には東宝所属のスタッフや俳優も多く参加している。その一例として、『ウルトラQ』の制作第一作目である「マンモスフラワー」（放送は第四話）の本編監督を担当した梶田興治（『ゴジラ』をはじめ本多猪四郎の助監督を長く務めた）や主要登場人物の一人である万城目淳を演じた佐原健二を挙げることができよう。そして、もちろん特撮部門にも東宝のスタッフが多く参加していたのだが、本編のスタッフと異なり、特撮部門のスタッフを動員した経緯はいささか強引なものであった。

飯塚　円谷プロで『ウルトラQ』（1966）が始まった時、親父〔円谷〕が「あのな」って言うから、「何ですか」って答えたら、「ちょっと円谷、見てやってくんねえか」って。で、しょうがないから行くわけよ。別に、こっちから行ったんじゃなくて。親父が声掛けなきゃ行かないもんな。だって契約違反になちゃ《ママ》うもん。

三池　東宝との契約者ですもんね。

飯塚　うん。東宝の分厚い契約書に書いてあるんだもん。だから他社の仕事は一切できないんだけど、でも、親父から言われればしょうがないよね。バレた時は親父に文句言ってくれって言うつもりだったからさ。親父も平気でなんでも言うんだよ「ちょっと見てやってくれ」って。

三池　そういう形で東宝の技術者が、秘密裏にウルトラシリーズに参加してるわけじゃないですか。背景の島倉二千六さんにしたってね。

飯塚　行ったよ、みんな。井上（泰幸）さんと、僕もそうだけど、『ウルトラQ』は無報酬だったんだよ。（『平成25年度メディア芸術情報拠点・コンソーシアム構築事業 日本特撮に関する調査 報告書』：168）

東宝も、俺が円谷プロに行ってることは分かってるわけだ。だけど《ママ》、オヤジが言ってるんだからしょうがないわけよ。下手なこと言ったらオヤジにドヤされるから。だから公然の秘密だよ。（飯塚・松本 2016: 179）

梶田が東宝からの指示で円谷プロに出向していた（梶田 2010: 38）のに対して、飯塚をはじめとした特撮部門のスタッフは「秘密裏にウルトラシリーズに参加」していた。そのなかには契約違反になる者もいたが、東宝はそれに気づきながらも、「オヤジが言ってるんだからしょうがない」と見逃さざるを得なかった。このように、特撮部門のスタッフの非公式な参加を東宝に黙認させることができたのは、当時の円谷が大きな象徴資本をもっていたからにほかならない。こうして東宝のスタッフを動員することで、円谷はこれまでの映画制作で培った経験やノウハウをテレビ映画にも利用できた。これが円谷プロ製作のテレビ映画のクオリティを高めた一因であることは疑いえないだろう。

このように、後期の円谷は、主として中期以降に積み上げてきた実績や名声を利用して、フィルムや機材を使い回したり、東宝のスタッフをテレビ映画に動員したりした。これもまた、中期に獲得した資本の運用といえる。だが、こうした経済的な制作実践の一方で、後期には、中期以上に非経済的にみえる制作実践も散見されるようになる。次項ではこの点を検討したい。

### 一―三　撮り直しの背景とスタッフの創造性

円谷が監修した初のテレビ映画である『ウルトラQ』では、製作費の高さも話題となった。たとえば、一九六五年一一月二六日号の『週刊TVガイド』には、次のような記事が掲載されている。

この「ウルトラQ」は去年の九月二十七日から一年がかりでやっと二十五本を制作した。同局（TBS）と円谷プロではこのシリーズに普通のテレビ映画の四倍という制作費を投じ、撮影には三棟の特撮ステージをフルに使い、常に三、四台のカメラを動員して35ミリフィルムで撮影して、16ミリに縮小したほか、ＴＢＳは制作開始と同時に四本のフィルムを一度に合成できる新兵器「オプチカル・プリンター」を四千万円でアメリカから購入するなど、このシリーズには異常なほどに力を入れている。（『週刊ＴＶガイド』4(47):14)

ここで報じられているように、『ウルトラＱ』には円谷プロだけでなくＴＢＳも「異常なほどの力を入れ」、多額の投資を行っていた。円谷の名声はここでも象徴資本として効果を発揮し、ＴＢＳ側の投資を引き出したのである。だが、こうして多額の製作費を確保したにもかかわらず、実際の制作では円谷が撮り直しを命じることも多く、当初の製作費を超過することも稀ではなかった。これまで、このような撮り直しは製作費を度外視して「いい作品」を作ろうとした円谷の完璧主義的な姿勢を表すものとして理解されてきたが、本書の見立てでは、こういった解釈は妥当ではない。

これを検討するために、まずは第一章でも紹介した次のエピソードを改めて確認しよう。

『ウルトラマン』のときにたまたまオヤジがラッシュを観てたら、セットのバレがあったんだよ、上の方に。角がちょっと見えただけなんだけど。俺たちにしてみれば、狭いステージで引き尻が目いっぱいだからそれは分かるわけよ。だけどオヤジが「なんだこれは」って言ったんだ。そしたら撮影助手の誰かが「これはライトのバレです。でも円谷さん、これはテレビでは切れます」って言ったの。途端にオヤジがものすごく怒り出したんだよ。「お前、何を言ってるんだ。俺たちはフィルム撮ってんだ。撮り直せ」って一喝だよ。それで撮り直したよ。「フィルムでバレてても、テレビで切れますって、何ごとだあ」って、ものすごかったもん。つまりオヤジは映画を撮っているって言うんだよ。やっぱり映画の人間なんだなって思ったよ。実際にあれは放送されればテレビフレームでカットされたよ。見えないわけよ。でも映写したらスクリーンには映っているわけだ。だから許せな

かったんだな。（飯塚・松本 2016: 184）

テレビでは映らないにもかかわらず特撮のバレを許容しなかった、というこのエピソードは、「やっぱり映画の人間なんだなって思った」と飯塚が語るように、円谷の職人的・完璧主義的なこだわりの現れと解釈され、今日では「特撮の神様」として聖化された彼のイメージを構成する一要素にさえなっている。しかし、第四章でみたように、円谷は演出効果を重視し、演出効果が得られていれば技術的な完成度の点で妥協したり、不自然な表現を許容したりする態度を取っていた。また、中期には、糸を詮索する観客の視線を「ごまかしてしまえ」るなら、「目障りにならん程度だね、というところまでは放っておく」とも述べている。

〔ピアノ線について〕これならお客さんの目障りにならん程度だね、というところまでは放っておきます。あなた方は飛行機などが通る時に上を見るから、私らの方はそれをごまかすのです。飛行機を普通に上から吊ってある時もありますけれども、尻尾を吊ってある時もある、そしてキャメラを横にして写す。それから今度はアベコベに逆さまにして撮る。飛行機の写し方によってその方が便利であるし、お客さんの糸を詮索する視線をごまかしてしまえますから。（1957『8ミリ』: 460）

これらに鑑みると、飯塚の語った撮り直しのエピソードが、円谷のこれまでの制作実践から大きくかけ離れていることは明らかだろう。この矛盾の背景にはいったい何があるのだろうか。

実のところ、テレビ放送では切れるバレを許容せずに円谷が撮り直しを命じたのは、スポンサーを相手にした試写会を視野に入れた判断だった。このことについて、ＴＢＳから円谷プロに入社し、『ウルトラＱ』の本編の助監督・監督を務めた満田かずほ（禾に斉）は次のように語っている。

満田　当時のテレビはブラウン管で、画面は今みたいにピッチリじゃなくて枠があったわけ。つまり1割くらいがフレーム、枠だった。これはセーフティゾーンと呼ばれていて、そこでバレがあっても蹴られる〔隠れる〕から映らなくて済むということなわけ。ところがスクリーンで見れば、当然そこはバレている。オヤジさんはそれはダメだって言っていたね。だから枠を考えながら全部OKテイクにしないといけない。
八木　それはどうしてでしょうか？
満田　視聴者は枠を通してみるけど、試写のときは枠がないからスポンサーなんかは枠を通さないで見る。だからそこでバレてちゃダメなんだって。本編ではそういうことはあまりないんだけど、特に特撮カットだよね。特撮でちょっと天井がバレているけどいいかなんてやっていると、「ダメだ！」って言ってね。（八木編 2022: 183）

テレビ放送ではフレームがあるからバレがあっても問題ないが、フィルムを上映する試写会ではバレがそのまま見えてしまう。そのため、試写会の際に明らかなバレが残っていれば、いくら放送時に隠れるといっても、それを見たテレビ局やスポンサーの印象は悪くなる。とりわけ、スポンサーからの評価は企画の存続や製作費に直結するものであるから、こうした事態は避けなければならない。このように、円谷が撮り直しを命じたのは「映画の人間」の完璧主義的なこだわりからではなく、その背景にはテレビ映画に特有の事情があったのだ。[3]

［3］このようにフィルムでの試写が意識されたことで、『ウルトラマン』と『ウルトラセブン』の再編集映画をスムーズに制作できた。もし、テレビでは隠れるバレが残されていたら、そのシーンは劇場公開版に使えず、差し替えなどの対応が必要になっただろう。制作当時の時点で円谷が劇場公開まで念頭に置いていたかは定かではないが、こうした撮り直しが結果的に使い回しの幅を広げたことは事実である。

また、円谷が完璧主義的に制作を進めていたわけではないことは、満田が語る別のエピソードからも裏づけられる。

満田　中野稔にはいろいろ協力してもらって、合成なんかもうまくやってもらったしね。このとき唯一、円谷英二監督から注意されたのが「合成がうまく行き過ぎている」っていうことでさ（笑）。「これじゃちっともお金がかかっているように見えない」って。「ああ、ここはお金をかけているんだな」と思わせるようにあざとくやれよということだよね。でも見ていたらすんなり行っちゃったから。

八木　ちょっと分かるくらいの方がいいということですよね。

満田　あざとくね。「ああ、ここはやっているな、お金がかかっているな」って分かるくらいにした方がいい。

八木　確かに〔『ウルトラQ』第二一話の「宇宙指令M774」の〕最後の向ヶ丘遊園なんてちょっと見たらなじみ過ぎています。パッと見だと「ああ、こういう場所で撮ったのか」なんて思ってしまいますよね。（八木編 2022: 160–1）

まったく気づかれないような完璧な合成は「うまく行き過ぎ」であり、「ちょっと分かるくらい」の仕上がりのほうがよい。こうした「あざとさ」は、完璧主義的に作品を仕上げようとしていたら到底考えられないものであろう。このエピソードは、円谷が後期になっても技術的な完成度を追求していたわけではないことを明瞭に物語っている。それどころか、ここでは若干の違和感が残る合成に「お金をかけている」ことを感じさせる付加的な効果さえ見出されている。つまり、ここで円谷はスポンサーというもう一人の視聴者——一般の視聴者と異なりフィルムで作品を見る——がどのように感じるかを考慮しているのだ。こうした考慮は、円谷が新たに経営者としての役割を担うようになったことに起因するように思われるが、同時に、その根本にある演出観が前期から変化していないことを示してもいる。

もっとも、円谷の命じた撮り直しのすべてが試写を見るスポンサーを意識したものだったわけではない。これに該当しないエピソードのなかで特に有名なのは、松竹から招へいした川上景司（円谷のもとで『ハワイ・マレー沖海戦』（一九四二）に参加した後、松竹に引き抜かれた）を何度も叱責し、ときには自ら指揮して撮り直しをしたことだろう（白石 2016a: 137-8, 170, 196）。第一章で紹介したように、切通利作はこの撮り直しを「遠慮なく無尽蔵に撮り直しを命じていたのではなく、最小限の撮り足しカットを挿むことで、場面のクオリティを円谷プロ作品として恥じないものにするとともに、それが最初から計算できない判断のありようには厳しい目を向けていた」と解釈している（切通 2021: 64）。スポンサーの反応を意識した撮り直しが経営者としての判断でもあったことに鑑みれば、この解釈はたしかに説得的なものといえる。しかし、前章でみたように、円谷自身はあるシーンを「最初から計算」して撮影に臨んでいたわけではなかった。それゆえ、川上への叱責のアクセントも、どちらかといえば「場面のクオリティ」をめぐる問題にあったように思われる。

事実、川上が円谷プロに移籍する以前に参加してきた代表的な作品は『沖縄健児隊』（一九五三）、『君の名は』（一九五四）、『忘れえぬ慕情』（一九五六）、『喜びも悲しみも幾歳月』（一九五七）などであり、空想科学映画の演出経験はほとんどなかった。それに対して、前章でみたように、中期の円谷は多くの空想科学映画を手掛け、そのうえ特撮が自立化して強い見世物性をもつようになっていた。この相違を踏まえると、川上の演出では円谷が理想とするような強い演出効果が得られておらず、その点に円谷が不満を抱いたとしても不思議ではない。

また、円谷が叱責していたのは川上だけではない。明確な時期は不明だが、飯塚は前章で紹介したエピソード（一四四頁）に続いて、苦労して作成したテストフィルムを円谷に否定され、「いろんな作品で」言い争いをしていたと語っている。

あるとき、一生懸命徹夜して作ったカットを、「オヤジさん見てください」って意気揚々と見せに行ったんだよ。そしたらオヤジがムビオラで見たあと黙ってるんだよ。「オヤジさん、どうですか」って言うとさ。あの円谷英二がバスケットからフィルム丸めて、廊下に向かってパァーンって投げるんだよ。「こんなモン、見せられるかっ」って。そんときは俺だって二〇代だから「冗談じゃねぇ」って帰っちゃうわけよ。だけど、俺も腹立つと同時に認めてもらえるカットができなかったことが悔しいわけ。その辺もオヤジはちゃんと分かってるんだな。翌日、「あのな、デンチ〔＝飯塚〕な。昨日のあれはやっぱり無理だから、今度はこうやってみようか」なんて、必ず来るんだよ。それでこっちも「じゃあ、もう一回テストやるから、見てください」ってなるわけだよ。そういうのはねぇ、いろんな作品であったよ。（飯塚・松本 2016: 137-8）

前章でみたように、円谷は飯塚に対して具体的な指示を出さず、テストフィルムに修正を加えながら制作を進めていた。このことを念頭に置くと、ここで円谷がフィルムを投げ捨てるほど激高したのは、自身の求める演出効果がテストフィルムでは十分に得られていなかったためだと考えられる。普段であれば「もう少しあそこ、ああしてくれ」とか、「ここで、思いっきりやってくれ」とか直しをもらう」（飯塚・松本 2016: 137）ところだが、その修正の指示が感情的になりすぎた結果、円谷は飯塚を叱責するような態度をとってしまったというわけだ。もちろん、この語りだけではほかの可能性も否定できないが、以上の解釈には一定の妥当性が認められるだろう。そうだとすれば、川上をはじめとしたほかのスタッフへの叱責や撮り直しの指示も、「最初から計算できない判断のありよう」を問題にしたのではなく、理想とする演出効果を求める探索型の実験の一部だったということになる。

具体的な指示を与えないにもかかわらず、円谷の求める演出効果を表現できていなければ叱責されることがある。このように、探索型の実験としての制作実践は非経済的なだけでなく、スタッフからすれば理不尽な一面さえあった。だが、こうした制作実践がスタッフにとって常にネガティブなものだったわけではない。というのも、実験しながら制作を進めることには、スタッフに自由裁量の余地を与え、彼／彼女らの創造性を喚起する一面もあったからだ。たとえば、飯塚は光線の作画で円谷に認められたときのことを次のように語っている。

それまでのゴジラの光線っていうのは、火薬の爆発に向かってバァーって噴くわけだけど、上がりを見ててね、「当たりました、はい、ドカン」ってのは、ただ繋いだみたいで迫力がないんだよ。それで俺は何か違う、そうじゃないなと感じてたんだよ。『地球防衛軍』の頃は、オヤジもそういった光線作画についての具体的なイメージを持ってなかったと思うし、俺だってそれまでまったくやったことないわけだから、とにかく火薬が出たら、ポンポンってそこに当ててたわけだよ。でもやっていくうちに、俺は巨大なモノがそんな一発で爆発するわけがねぇなって思ってたわけよ。光線が通ったらすぐにドンって爆発したんじゃ面白くねぇって。〔……〕俺はそこが熱せられて爆発するわけだから、光線が当たってからほんの数コマの間を取ったあとに、ドンっていった方が「強い」って思ったんだ。オヤジも認めてくれたよ。（飯塚・松本 2016: 163）

飯塚が光線作画を担当し始めたころは、まだ円谷も飯塚もどのような演出が効果的かわからず、「ただ繋いだみたいで迫力がな」かった。しかし、作品をこなすうちに、飯塚は独自に研究を進めて「光線が当たってからほんの数コマの間を取ったあとに、ドンっていった方が「強い」」ことを発見した。ここでもし、円谷が具体的で細かな指示を出し、飯塚がその指示に従うだけだったならば、おそらく、この発見はありえなかっただろう。

このことを踏まえると、スタッフのアイデアを取り入れながら制作を進めたり、井上の絵コンテを流用したりといった前章で紹介したエピソードも、右に示したものと同じくスタッフの創造性を引き出すことに成功した事例といえる。そしてもちろん、テレビ映画の制作でも円谷はスタッフに自由裁量の余地を与えていた。

バルタン星人を真っ二つにする八つ裂き光輪はそういう話し合いの中から生まれたんだよ。あれはまず、高野

〔宏一〕が光線を投げるアクションを考えたんだよ。それで俺はのこぎりの円盤がビャーッて飛んで、相手をぶった切りゃいいと思って、あの形を考えたわけ。あれも、シャーッと通り過ぎたら、ちょっと間があってあとからボンッていうタイミングを作ってやってたな。アクション的にわざとそういう風に、つまり「光線が通り過ぎたあとに落ちる」ってやってたわけ。（飯塚・松本 2016: 183-4）

このように、探索型の実験としての制作実践はスタッフの創造性を引き出し、それを作品に取り込むことを可能にしていた。こうして取り入れられたスタッフの発案による演出が、円谷作品の魅力をより高めたことは疑いえない。その意味で、実験をしながら制作を進めたことも、スタッフの能力を利用する資本の運用の一種といえよう。もっとも、この運用は常に成功していたわけではない。というのも、何度も厳しく叱責されていた川上は「制作上の意見の相違」（講談社編 2020: 63）を理由に、一九六五年に円谷プロを退社しているからだ。ただ、全体的にみれば、円谷は「オヤジ」と慕われ、彼のもとには多くのスタッフが集まってきた。その一因は、ときに理不尽に思えるほど厳しい一面がありながら、スタッフ自身の創造性を発揮できる環境を与えたことにあるように思われる。

## 二　健全さへの準拠

円谷のテレビへの進出が映画場の構造変動によって生じた状況、すなわち怪獣映画への集中への打開策でもあったことはすでに述べた。だが結局、『ウルトラQ』はSFジャンルの内容を幅広くカバーする当初の企画から、毎回怪獣を登場させる内容へと路線変更することになった（円谷・鍋田 1993: 47; 白石 2016a: 138-49）。そのため、怪獣映画からの離脱という意味では、円谷のテレビ進出が成功したとはいいがたい[4]。

映画においてもテレビにおいても、「子ども向け」の怪獣ものの制作が中心になるという状況。後期の円谷は、この状況を逆手に取り、健全さに準拠することによって、ジャンルの劣位に位置づけられる怪獣ものの制作を積極的な意味のあるものに反転させた。後期の円谷の戦略変更の要諦はここにある。本節では、当時の映画場の全体的な構造との関係において、この戦略変更の内実を検討したい。

## 二―一　一九六〇年代の映画場の構造と子どもへの配慮

第三章で確認したとおり、中期から後期にかけて、円谷が執筆する映像主題の記事の割合は減少し、代わって非映像主題の記事の割合が高くなる。内容的には、次に示したような子どもへの配慮やメッセージを語っている点が後期の執筆記事の特徴である。

君が、世界第一級の特技監督になりたいというのなら、なおさらのこと、豊富な知識がなければなるまい。〔……〕若いスタッフには、英語だけでも話せるようになれといつも云ってるのだ。日本映画が発展するためには、なんとしても海外にのびていかなければならない。そのためには、これからの若い諸君が、国際人として通用する人間にならなければだめだ。（1967『「キングコングの逆襲」パンフレット』: 610）

［4］もっとも、『マイティジャック』（一九六八）や『怪奇大作戦』（一九六八）といった、怪獣ものではないSFジャンルのテレビ映画も製作されてはいる。だが、視聴率としては『ウルトラQ』に始まる怪獣もののシリーズに及ばなかっただけでなく、「かぐや姫」のような美しい伝説的な物語とか、女性ファンにも喜んでもらえるような幻想的な恋物語」（1965『日刊スポーツ』: 367–8）といった、戦後の映画制作では取り組めなかった新しいジャンルを開拓できたわけでもない。その意味で、テレビへの進出によって円谷の企図が十分達成されたとはいえないだろう。

その後、フトしたチャンスで、生活のため映画界にはいり、今日に至るまでの長い歳月を、数学には無縁なまま、仕事を続けてきたが、いま老境を迎えて、さて、しみじみと過去を回顧してみると、数学が私に与えてくれたものは、算数的知識ではなくても、日常の仕事や生活の上で、いろいろと示唆し力になっていったものが、非常にたくさんあったと思えてならない。数学を学んだ力は、私を助けてくれていたと考えている。（1969『数学セミナー』: 648）

こうした子どもへのメッセージを含んだ記事を執筆することは、後期の円谷にとって、どのような意味をもっていたのだろうか。これを検討するためには、まず、映画場の全体的な構造が斜陽化によってどのように変化したかを把握しなければならない。

一九六〇年代の日本映画において、斜陽産業化の影響が端的に表れているジャンルといえば、まっさきにエロ・やくざ映画を挙げることができるだろう。これらのジャンルは、ときに社会的な批判の対象となりながらも、当時シリーズ化されて急速に作品数を増やしていった。この流行については北浦寛之による研究が詳しい（北浦 2018: 134–53）が、本書にとって重要なのは、これらのジャンルが（一）テレビの普及による女性・子ども観客の減少を踏まえて男性観客に客層を絞った企画として考案され、（二）社会的な批判のみならず映画業界内においても否定的に受け止められていた、ということである。[5] この二点から、当時の映画場において、エロ・やくざ映画は経済資本を獲得しやすい一方で象徴的なジャンルの序列の劣位に位置づけられていたとわかる。

そして実は、怪獣映画にもエロ・やくざ映画の流行と類似する傾向を指摘できる。すでに述べたように、後期の円谷は、子ども観客を中心に興行成績をあげやすく、そのうえ海外への輸出も見込める怪獣映画の制作を強いられるようになった。それだけでなく、一九六〇年代の後半には、東宝以外でも怪獣映画が製作されるようになる。たとえば、大映では『ガメラ』（一九六五）と『大魔神』（一九六六）がシリーズ化している。また、谷川建司（2016）が指摘するように、輸出向けの映画作品への融資を取りつける制度が成立したことで、松竹では『宇宙大怪獣ギララ』（一九六七）が、日活でも『大巨獣ガッパ』（一九六八）が製作された。このように、一九六〇年代の映画場では、怪獣映画は以前にも増して経済資本の獲得が期待できるジャンルとみなされていた。

また、一九六六年に発表された磯山浩による批評では、「子ども向け」の怪獣映画ではなく「大人の鑑賞にたえる」特撮映画を製作すべきという主張が展開されている（磯山 1966）。この批評からわかるように、怪獣映画は一九五〇年代と同様にジャンルの序列の劣位にあった。したがって、当時の映画場において、怪獣映画とエロ・やくざ映画は、経済資本の獲得を企図して選択された（せざるを得なかった）ジャンルであり、なおかつ、ジャンルの序列の劣位にあるという点で近接する位置にあったと考えられる。

一方で、一九六〇年代の日本映画では、商業的成功を追求したジャンルの流行とは対照的な出来事も生じていた。それが、非商業的な芸術映画の上映を目的とした日本アート・シアター・ギルド（以下、ＡＴＧ）の発足である。一九六二年に上映を開始したＡＴＧは、当初は主に洋画を扱っていたが、一九六七年に独立プロダクションと製作費を折半するかたちで製作にも参加するようになる。これによって、大島渚の『絞死刑』（一九六八）をはじめとした多くの前衛的な作品が生み出されていった。

商業的成功を追求したジャンルの流行と、前衛的な作品を援助する組織の発足。この状況から、一九六〇年代の映画場はブルデューのいう「芸術と金銭の対立」構造へと移行したのではないか、と考える人もいるかもしれない。たしかに、一九六〇年代の映画場において経済資本と象徴資本の対立が生じつつあったことは間違いない。実際、一九六二年の『キネマ旬報』に掲載された「映画の芸術性と商業性」という特集（『キネマ旬報』（308）: 50–60）では

［5］北浦は「松竹がそうであったように性や暴力に関する映画を配給するのにはそれなりの抵抗もあった。エロとやくざ映画の急先鋒であった東映でさえ、宣伝に際して世論を気にする素振りが見受けられた」（北浦 2018: 152）と指摘している。

「映画を芸術と娯楽とに切りはなして無縁なものにしようとする動き」(『キネマ旬報』(308) : 51)に対する編集部の危機感が表明されている。この特集は、当時の映画場における商業性と芸術性の乖離を示唆するものといえるだろう。

しかし、これらから「芸術と金銭の対立」構造が成立していたと判断するのは早計である。というのも、前述の特集に寄稿した北川冬彦、双葉十三郎、福田定良、木下惠介、藤本真澄の五名のうち、北川以外の四名は芸術性と商業性の両立可能性を肯定しているからだ。両者の乖離に危機感を感じている編集部の人選もあっただろうが、このことは当時の映画場において、現実としては両者の乖離が進みつつあるものの、規範としては両者の一致が依然として目指されていたことを示している。

また、商業性を重視する大手製作会社とは距離があるにしても、当時のATGで経済資本が強く否認されていたわけでもなかった。事実、ATGが独立プロダクションとの共同製作に舵を切った一因は三島由紀夫が持ち込んだ『憂国』(一九六五)の商業的な成功(佐藤 1991: 394–5)であり、「ATG作品は実験的であればあるほど価値があり、商業映画を敵に回すことで逆に商業的に成果を上げている作品も多かった」(横尾 2004: 151)という指摘もある。こうした様子からは、一九六〇年代の映画場においても、南田勝也が分析した一九六〇年代のロックミュージック場と同じように、カウンターカルチャーの興隆によって「芸術と金銭の対立」を調停する効果が生じていた可能性を読み取ることができる。

さらにいえば、『絞死刑』の脚本に参加した佐々木守は『ウルトラマン』の制作にも携わっており、同じく『ウルトラマン』で監督を務めた実相寺昭雄はその後にATGで『無常』(一九七〇)を制作している。仮に「芸術と金銭の対立」構造が強固に成立していたとしたら、彼らが商業性の強い怪獣ものと前衛的な作品の両方に関与することは困難だったであろう。以上のことから、一九六〇年代の映画場は、まだ「芸術と金銭の対立」によって構造化されてはおらず――一九五〇年代に比べればこの対立構造に近づいているものの――、経済資本と象徴資本の両立が依然として可能であったと考えなければならない。

この映画場の構造を踏まえて、円谷の執筆記事の分析に戻ることにしよう。後期において、円谷が多くの怪獣映画を制作したことは、経済資本の獲得が見込める一方で、中期に果たした象徴資本の獲得を水泡に帰しかねない振る舞いといえる。それゆえに、本章の冒頭でみたように、円谷は中期と同じく執筆記事のなかで怪獣映画と強く結びつけられることに抵抗していた。しかし、後期の円谷に課せられた拘束は厳しく、ほかのジャンルを手掛ける機会は徐々に失われていった。そこで円谷は、過激で俗悪さの際立つエロ・やくざ映画が流行し、場の内外で否定的に受け止められていたという当時の映画場の状況を踏まえ、自身の手掛けた作品の健全さを強調するという差異化戦略を採用した。

恐怖映画を作ろうと会社は考えていたのだが、ほんとうの意味の恐怖映画にしては、子供たちに与えるショックがどんなものだろうかと心配した。チャンバラ映画を見れば子供らはすぐチャンバラの真似をして危《ママ》いし、ギャング映画を見れば、すぐまたその真似をし、親たちを心配させる。だから演出に凝った監督が、犯罪や殺人やベッド・シーンなど克明に撮ったりすると、青少年に与える影響のほどは言わずもがなのことである。その点では、私の作っている怪獣映画など、子供に与える悪影響はないものと考え、自ら慰めている。（1963『自然』：638）

自身の制作した怪獣映画が「子供に与える悪影響はない」健全な作品だと強調することで、映画場で近接的な位置にあるエロ・やくざ映画との差異を明確にし、怪獣映画を正当化する。本項の冒頭に挙げた子どもへのメッセージを含んだ記事も、この健全さへの準拠に連なるものといえよう。

実のところ、この円谷の差異化戦略は「自社作品のイメージや客層など、総合的な東宝ブランドを考慮し」（北浦 2018: 152）て、エロ・やくざ映画から距離を取っていた東宝の態度と相同的なものになっている。というより、すでに確立したブランドイメージを放棄することなく経済資本を獲得しようとする東宝の両立戦略の切り札の一つが、円谷の手掛けた「健全な」怪獣映画だったと理解するほうが適切だろう。その意味で、中期と同じく、後期の執筆戦略にも東宝の企図が少なからず反映されているといわねばならない。

もっとも、このように健全さに準拠することは、円谷個人にとっても効果的だった。というのも、記事内で子どものことを思う良心的な人物として自己呈示することで、後期の円谷は「子どもに夢を与える好々爺」という社会的イメージを形成し[6]、社会空間における文化人的な地位へと到達できたからだ。健全さという社会規範に準拠することで、円谷はジャンルの序列の劣位にある怪獣映画の制作がもつ意味をポジティブなものへ反転させたのである。

## 二―二 残酷さの回避と幻想的な表現

健全さへの準拠によるエロ・やくざ映画との差異化。映画場の構造変動に応じたこの戦略変更は、記事執筆のみならず作品制作にも見て取ることができる。その一例として、『キングコングの逆襲』（一九六七）で怪獣の血を描かなかったことが挙げられる。

カラー万能になって、ただうつせばリアルな色が再現できる、色がついたと喜んでいた時代に、ギャング映画などで血をふきだすものがふえて、それが特撮にもおよんだことがあったんですよ。怪獣も血を出せ、ドバーッと派手に赤い鮮血をふき出させろ！プロレスだって血糊《ちのり》まで用意してリアルにやってるじゃないか、とにかくやたら血糊を出せ！と撮影所長のほうから命令がきましてね、円谷さんは悩まれたんです。切られても血が出ないなんてのはおかしいって、所長なんかは矢の催促《さいそく》でした。円谷さんはそのことに相当抵抗されたんですよ。血を流すとか、首が飛ぶ、といったようなことにね。子どもが見るんだから、子どもの感覚を刺激したくないといって。……それでも抗し切れず、たしかゴロザウルスって怪獣だったと思うけど、切られて血を流すところをとうとう撮られたんです。でも、円谷さんはそのとき、血の色をグリーンにしたんですよ。しかもすきとおったようなき

れいなものにね。（実相寺 2006: 171–2）

右の引用は、実相寺昭雄が中野昭慶の語ったエピソードを著書内で紹介した部分であるが、血の色を緑に変更したというのは記憶違いで、実際のシーンではゴロザウルスは泡を吹いて絶命する（0:25:19）。だがいずれにせよ、ここで円谷が流血の描写を回避したことは間違いない。この選択も、先ほど確認した執筆戦略と同じく、過激な描写に溢れるエロ・やくざ映画とどのような距離を取るかという当時の映画場に特有の問題設定があったからこそといえよう。ただし、このように残酷さを回避するという選択は、当時の映画場の構造のみに規定されていたわけではない。というのも、円谷は演出効果を重視するなかでも、とりわけ美化された幻想的な表現を好む傾向があったからだ。これについて、飯塚は次のような興味深いエピソードを語っている。

この頃〔一九六〇年前後[7]〕はまだ宇宙の色が濃紺の宇宙空なんだよな。俺らは「黒だ、黒だ」って言ってんのにね、「なぜ黒がダメなのか」って聞いたら、「映画は美しいモンじゃなきゃいけない」って〔円谷が〕言うんだよ。黒という世界は、観ているお客さんに不親切だっていうわけ。それでわざわざ濃紺の宇宙空なんだよな。だけど俺は『２００１年宇宙の旅』（68年）を観たときに、「見てみろ、黒じゃねぇか」って言ったんだよ。でも当時の映画っていうのは、キレイなもんだと、夢のもんだと。夢に黒なんてダメだっていう考え方があったんだよ。（飯塚・松本 2016: 119–20）

［6］このイメージについては、一九六六年七月二八日号の『週刊大衆』に掲載された「怪獣ゴジラを育てた好々爺」（『週刊大衆』9(29): 40–2）という記事をはじめ、複数の雑誌記事で確認できる。

［7］引用で飯塚の念頭にあるのは中期に制作された『宇宙大戦争』（一九五九）や『妖星ゴラス』（一九六二）だと考えられるが、『怪獣大戦争』（一九六五）などの後期の作品でも宇宙の場面の背景は濃紺になっているため、ここで参照することにした。

飯塚は現実に近づけた表現にすることを円谷に進言したが、円谷はそれを退け、「濃紺の宇宙空」にこだわった。この判断が、演出効果を得るためには不自然であっても誇張された表現のほうが望ましいという前期の主張の延長にあることは明らかだろう。

だが、ここで注目したいのは、円谷が映画を「夢」とみなし、たとえ現実と違っても観客に「美しいモン」を見せなければならないと考えていたことのほうである。このように美化された幻想的な表現を円谷が好んでいる様子は、後期の執筆記事で怪獣映画と強く結びつけられることに抵抗する際に、「「かぐや姫」のような美しい伝説的な物語とか、女性ファンにも喜んでもらえるような幻想的な恋物語」（1965『日刊スポーツ』: 367-8）を手掛けたいと語っていることからもうかがえる。また、前期に執筆されたライティング論では、カップルの場面の演出に関して「二人だけの甘美な雰囲気と、情緒を醸《かも》し出さなければならない」（1933『映画文化』: 90）と主張していたが、この主張にも同様の選好が読み取れよう。それゆえ、この選好は演出効果の重視と同じく、前期から一貫して円谷の演出観の一部をなしていたと考えられる。[8] そのことは次の回想にも表れている。

広重の江戸名所図絵に、両国橋の夜景を描いた作品がある。前景に、川面から見上げた橋脚の構成美を力強く描き、美しい満月が橋の下にかかっている。川面を下る屋台船の灯影も美しく、酔客のさんざめきや、弦歌の音が隅田川の川面を流れてゆくようすが想像され、遠く深川あたりの遊里の賑わいも聞こえてくるようだった。しみじみとした江戸時代のロマンが画面いっぱいにただよった表現の巧みさに、私はなんとかしてこれを映画の上に表現してみたくなったものである。

そのころ、私は時代劇映画のキャメラマンだった。時代劇といえば、いうまでもなく、遠い昔のロマンを夢のように見せるものであるが、私は運よく実験的作品の担当を命じられた。これは私どもの腕の見せ所とばかり張り切ったものであった。

〔……〕彼〔林長二郎〕の演技にピッタリの雰囲気描写のセッティングが、みごとに効果をあげた。あまったるい霧の夜の深川情緒が、思う存分描写されたわけである。（1967『玉川児童大百科第十四巻』：613–4）

ここでいわれる「しみじみとした江戸時代のロマン」や「あまったるい霧の夜の深川情緒」も、「キレイな」「夢」を描くために「濃紺の宇宙空」にする演出と同じく美化された幻想的な表現といえよう。こうした円谷の選好について、実相寺は「残酷描写を回避する、という視点は常に一貫していた。残酷趣味を嫌い、露悪的な描写を嫌い、生理的な汚しさを憎まれていた」（実相寺 2001: 28）と的確に指摘している。露悪的な表現も観客の心情を大きく揺さぶるという意味では強い演出効果をもちうるが、そうした効果は円谷の選好に沿うものではなかった。反対に、円谷は理想とする演出効果を積み重ねることで、美化された幻想的な世界を描こうとしたのである。その理由は明確には語られていないが、おそらく、美化された表現には観客を心地よく感じさせるという有用性があるからだろう。その意味で、美化された幻想的な表現への選好の背後にも実用主義的なハビトゥスの影響を読み取ることができる。

もっとも、手掛ける作品の内容に左右されるため、この選好は円谷の作品で常に表出しているわけではない。だが、エロ・やくざ映画との対比が重要になった後期に、この選好が前景化しやすくなったことは間違いない。それが端的に表れているのが、残酷表現を回避した演出であり、前項でみた子どもへの配慮であった。つまり、健全さへの準拠という戦略が採用されたのも、一九六〇年代の映画場と円谷のハビトゥスの邂逅ゆえのことだったのだ。記事執筆と作品制作にまたがるこの戦略変更によって、円谷は卓越化の第三ステップを達成したのである。

---

［8］前章でみたように、『空の大怪獣ラドン』にみられる死の不可視化の背景には、さまざまな要因が考えられるが、この選好はそのうちの一つといえるだろう。

# 第七章　技術解説の影響

## 知覚規範の形成

第四章から第六章では、作品制作や記事執筆といった円谷の諸実践を、彼が身体化していた実用主義的なハビトゥスと当時の映画場の構造との関係において、時期別に論じてきた。本章では、こうした円谷の実践によって、まえがきで確認したような特撮を見る経験が形成されたことを明らかにしたい。ここで議論の鍵となるのが、円谷が執筆記事のなかで積極的に特撮の技術解説を行っていたことである。こうした技術解説は、「一般誌・映像主題」の記事数が急激に増加した中期にとりわけ顕著だが、前期や後期にも執筆されている。では、これらの技術解説記事は、当時の観客にどのような影響を与えていたのだろうか。

まず考えられるのは、技術解説という「タネ明かし」によって、観客の関心を削いでしまうという負の効果である。実際、円谷は記事のなかで、技術解説によって「白けてしまった」という観客の声があったことに言及している。

> 今までに、何回かテレビ番組でこのタネ明かしを公開したこともあるが、そのたびにおしかりのファン・レターが沢山私のところに舞い込んできた。どれをみても、内幕暴露はありがたくない。映画を見る気がしなくなると、一様に不満を訴えてきた。（1962『北海道新聞』: 633）

このように、作品世界への没入を阻害するとして技術解説を否定的に捉える観客もいたことは間違いない。だが、これからみていくように、白けることなく積極的に「タネ明かし」を消費する観客も少なからず存在していた。本章で照準するのは、こうした観客たちである。

本章ではまず、こうした観客たちの経験を分析するための補助線として、アメリカの映画学者トム・ガニングが提示した「アトラクション」概念と映画の「動き」への注目という二つの論点を参照する。これらによって特撮を見る独特の経験を記述するとともに、その形成に技術解説記事が寄与したことを示す（第一節）。

そのうえで、本章の後半では、『週刊少年マガジン』（以下、『マガジン』）に掲載されたジャーナリスト大伴昌司による連載・特集記事を分析する（第二節）。円谷の執筆する技術解説記事が減少すると同時に、怪獣映画の内容も変質していった一九六〇年代において、大伴の記事はこうした変化を補うものであった。これを明らかにすることで、円谷に加えて大伴による記事も、当時の受容者に大きな影響を与えていたことを明らかにする。

## 一　特撮を見る経験と技術解説記事

スクリーンに映し出された映像が作り物であることを理解しながら、そこで描かれるスペクタクルに鮮烈な驚きを感じる。その迫真の映像に魅入られつつも、次の瞬間にはそこに訝しさを覚え、それがどうやって撮影されたのかを詮索してしまう。まえがきで述べたように、こうして信疑のあいだを行き来するところに特撮を見る経験のユニークさがあるように思われる。この経験を記述するために、まずはガニングのアトラクション概念をみていくことにしよう。

### 一－一　アトラクション概念

映画の上映がはじまった一八九五年からおよそ十年のあいだ、映画はストーリーテリングの装置としてではなく、視覚的な見世物として経験されていた。こうした初期映画のあり方を、ガニングは「注意喚起《アトラクション》の映画」と呼ぶ。

アトラクションの映画は観客の注意をじかに引きつけ、視覚的好奇心を刺激し、興奮をもたらすスペクタクルによって快楽を与える——虚構のものであれドキュメンタリー的なものであれそれ自体が興味をかき立てる独特のイベントなのである。〔……〕ストーリー展開や物語世界の創造と引き換えにショックや驚きのような直接的刺激を強調することで、物語に没入させることよりも演劇的な誇示の方が優位に立つ。アトラクションの映画は、心理的動機や個人的人格を備えた登場人物を創造することにエネルギーを費やすことはほとんどしない。フィクションとノンフィクションの双方のアトラクションを活用することによって、そのエネルギーは、古典的物語には不可欠である登場人物本位の状況へと内向きに作用するよりも、そこに居合わせていると想定された見物人に向けて外向的に作用するのである。(Gunning 1990=2003: 308)

この見せびらかしという行為の直接さが、スリルそのものを強調することを可能にしている——即座の観客の反応ということである。映画の説明者は呼び物《アトラクション》に注意を集中し、観客の好奇心をつのらせる。それから映画は見せびらかしの行為をして、消えていく。心理的な物語と違って、注意喚起《アトラクション》の映画は複雑な展開を考慮に入れてはおらず、本当のところ進行をわずかに遅れさせることだけができるにすぎない。(Gunning 1989=1998: 109)

スクリーンに映し出される作品世界に観客を誘おうとする物語映画とは対照的に、初期映画は「ショックや驚きのような直接的刺激」を強調することで「そこに居合わせていると想定された見物人に向けて外向的に作用する」一種の見世物であった。アトラクション概念は、こうした初期映画に特徴的な性質、すなわちイメージを見せることに重点を置き、観客の好奇心を刺激したりスペクタクルによって驚きやスリルを与えたりする映画の非物語的な側面を意味している。

もっとも、初期映画の研究によって発案された概念だからといって、ガニングはこうした映画のアトラクション的側面を初期映画に固有のものと捉えているわけではない。映画のアトラクション的側面は、物語映画が支配的となった後にも「大衆的な映画製作の本質的な部分に残存して」(Gunning 1990=2003: 311) おり、物語の一要素をなす効果として組み込まれている。その例として、ガニングは「スピルバーグ-ルーカス-コッポラ的な効果の映画《シネマ・オブ・エフェクツ》」(Gunning 1990=2003:313) を挙げる。すでに述べたように、円谷は観客に、物語に沿った心理的な効果を与える演出を目指していたのであるから、この「効果の映画」に円谷の作品を加えても異論はないだろう。それゆえ、円谷の手掛けた作品にアトラクション的側面が含まれていること自体は、何ら不思議なことではない。

むろん、ここでわざわざ新たにアトラクション概念を導入するのは、このように自明なことを指摘するためではない。実のところ、この概念には先述した「ショックや驚きのような直接的刺激」とは異なる性質も含意されており、ここでの分析にとってはそれこそが重要である。では、その性質とはどのようなものか。

それは、目の前で繰り広げられるイメージに対するメタな認識を伴った経験である。これを確認するために、ガニングが初期映画に加えて奇術劇場やだまし絵といった一九世紀の視覚文化を論じている箇所を参照しよう。

> 奇術劇場は、信じるのが不可能なものを目に見えるようにするために懸命の努力をした。その視覚的な力は、劇場と観客のだまし=だまされの遊戯で構成されている。すなわち、分かってはいるけれど確かに見えるという、知的な否認の限界を試すという何かに取りつかれたような欲望である。
>
> 美学的錯覚《イリュージョン》の一ジャンルとしてのだまし絵は、伝統的な美学的受容の中で完璧な錯覚が果たす、問題の役割を強調している。マーティン・バタースが述べているように、だまし絵は単に再現の正確さではなく「見る者

の心に不快感」をもたらすことを目指している。この不安は「メッセージの矛盾」から生じるもので、すなわち、一方では絵画を見ているのだと分かっており、その一方で「より精密な検証と触覚の動員すら必要」と十分に納得させるほどの視覚体験であるということである。イメージのリアリズムは、信頼と不信の間を揺らめきながら、観客の経験が劇的に広がっていくことへ奉仕している。〔……〕だまし絵、『列車の到着』、奇術劇場という〕これら三つの形態はすべて、十九世紀の幻想的な芸術は単純な現実効果というよりも、それが錯覚にすぎないという事実を意識しながらも巧みに、それらの信じがたいことの特性を利用していたことを示している。（Gunning 1989=1998: 104–5）

当時の観客は提示されたイメージが「錯覚にすぎないという事実を意識」したうえで、「分かってはいるけれど確かに見えるという、知的な否認の限界を試す」「だまし＝だまされの遊戯」に興じていた。この「信頼と不信の間を揺らめ」く観客の経験は、明らかに直接的なショック作用に還元できるものではない。当時の観客が感じていた驚きやスリルは単なる生理的な反応ではなく、メタな認識を伴った「知的」なものも含まれるのである。

そして、この種の経験が成立するためには観客の側にも条件が存在する。実際、初期映画が上映されることもあった当時の奇術劇場で「劇場と観客のだまし＝だまされの遊戯」が成立したのは、「露出狂」的な制作者／興行師によって観客に呼びかける誇示的な身振りやスペクタクルな光景がスクリーンに映し出されたのみならず、そこに集った観客の多くが「だまされやすい田舎者ではなく、目の肥えた都会の娯楽に通じた者たちで、舞台技巧のもっとも新しいテクニックを見ているのだということを十分に分かっている連中」（Gunning 1989=1998: 104）だったからこそであった。このように、観客がメタな認識を伴った驚きを感じることができるためには、映し出されるイメージについての知識や関心をもっていなければならない。

以上のように、アトラクション概念は単にストーリーテリングとは異なる映画の側面を意味しているのではなく、それを観客との関係性として捉えようとする点に特徴がある。この点の重要性は、「アトラクションの映画」論文を邦訳した中村秀之によっても指摘されている。

この明晰な論考をいささか特異なものにしているのは、あらかじめテクストに書き込まれた主体化の作用にも観客の側の身体的心理的経験にも還元され得ない両者の間の構造、イメージと身体とが遭遇する事件の現場を組織化する方式に着目している点にある。すなわち、「アトラクションの映画」という論文が実定性を与えようとしている真の対象は、映画という出来事がそこに現出する境界面《インターフェース》にほかならないのだ。この点を見逃してしまうと、この論文のポテンシャルを受け止めることができなくなる。(中村 2003: 317)

まとめると、アトラクション概念は、提示されるイメージの性質と特定の時空間に存在する観客の双方を視野に収め、両者のあいだで生じる出来事として驚きや興奮といった経験を捉えようとするものである。そのうえ、観客が感じる驚きや興奮は生理的な反応だけではなく、上映されるイメージに対するメタな認識を伴うものも含まれる。特撮を見る経験の場合、特撮の仕掛けを意識した驚きやそのタネを詮索することが、イメージに対するメタな認識を伴った観客の反応といえるだろう。

だが、信疑のあいだを行き来するところに特撮を見る経験の特徴があるのだとすれば、このようなメタな認識を伴う観客の反応が、作品を鑑賞しているあいだに生起したり消滅したりするメカニズムを明らかにしなければならない。これを検討するために、続いて、近年のガニングの議論にみられる「動き」という論点を確認することにしよう。

## 一―二　動くイメージと物へのフェティシズム

アトラクション概念によって、物語映画的な表象システムの未発達な段階とみなされてきた初期映画に対する認識を一変させたガニングは、その後も精力的に研究を展開し、映画研究の第一線を走り続けている。二〇二一年には、その研究の一部が日本語オリジナルの論文集『映像が動き出すとき――写真・映画・アニメーションのアルケオロジー』として邦訳された。編訳者の長谷正人は、多様な視覚文化を扱うガニングの議論の背後には一貫して動きというテーマがあると指摘する。

したがって、映画の本質を〈動き〉に見出そうとするガニングのこうした諸研究は、その四半世紀以上前の一九八六年に彼が提起していた「アトラクションの映画」という有名な概念〔……〕を、さらに深化させたものだと言えるかもしれない。「アトラクションの映画」は、初期映画のなかに、トリックやエロティシズムや乗り物からの光景など、物語への心理的没入とは異なった、観客の好奇心に生理的に訴えかけようとする見世物的な傾向を発見してそれを肯定しようとする概念だった。本書における〈動き〉の魅力もまた基本的には、この「アトラクション」的な効果の一部と考えてよいだろう（じっさいに第五章は「動きのアトラクション」と題されている）。（長谷 2021: 11）

先ほどみたように、アトラクション概念には観客の生理的な反応に加えて、メタな認識を伴った「知的」な驚きも含まれるように思われるが、これについては後で改めて検討したい。この長谷の指摘で重要なのは、運動というテーマが、アトラクション概念のもつ含意のうち、生理的なショックや驚きといった点を発展させたものであるということだ。実際、ガニングは先述の論文集にも収録されている「インデックスから離れて――映画と現実性の印象」という論文で、映画の動きについて次のように述べている。

映画的運動の観客性は、運動を見ることに伴う身体的な反応のような新たな問題を提起する。この運動感覚《キネステジー》の感覚について考察することで、たいていの観客論にみられる視覚性やイデオロギー性への排他的な強調を回避することができるし、代わって、映画観客は身体を備えた存在なのであってスクリーンの前で何かしら宙吊りにされる単なる目や精神ではないと認めることができるのだ。運動感覚の生理学的な基盤は、観客研究に感情的な情動を再導入しようとしている近年の試みを超える（あるいは補う）ものである。私たちは単に運動を見るのでもなければ、プロット上でそれが果たす役割から感情的に影響を受けているだけでもない。私たちははらわたで、あるいは身体全体において運動を感じるのだ。（Gunning 2007=2021: 159）

観客である私たちは、目の前で動くイメージを見るのではなく、その動きを「はらわたで、あるいは身体全体において」感じる。この点を強調するガニングの主張を敷衍するならば、初期映画が見世物的に受容されたのは、映画のもたらす新たな運動感覚が人々を魅了したから、ということになろう。この議論はたしかに、アトラクション概念からもう一歩踏み込んだものになっているように思える。だが、さらに興味深いのは、この論文ではアトラクション概念が対照項とした映画のストーリーテリングの機能においても映画の動きが重要な役割を果たしていると主張していることである。

そもそも、この論文の目的は写真的なインデックス性、すなわち被写体とフィルムに映った像との物理的な結びつき——被写体から反射された光がレンズを通ってフィルムに化学変化を生じさせる——を映画におけるリアリズムの基盤としてきた既存の映画理論を批判し、インデックス性に代わって映画の動きという観点を提示することにあった。そのために、ガニングは映画理論家のクリスチャン・メッツの初期の論考を取り上げ、映画の動きが観客の知覚を巻き込むことで現実性の印象（impression of reality）が生じるというメッツの主張を再評価する。

投影された動くイメージである映画は、私たちが知覚する運動に対して私たちが参入＝融即する〔participate〕

ことを要求する。〔……〕映画的運動の運動効果によって支えられているから、「融即」こそが、映画的イメージに段々と参与していく感覚、すなわち現実性の印象と言われ得る現前の感覚を適切に表現していると私は信じている。(Gunning 2007=2021: 164–5)

映画的運動についてのメッツの説明は、映画の現実的な印象に関するオルタナティヴな理論の少なくとも一部となるもの（そしておそらくは中心となる一部）を与えてくれるだろう〔……〕メッツが示唆するように、映画《フィルム》が与えてくれる「信用できるという〔……〕感情は、「現実主義的」な映画に対してだけでなく、荒唐無稽な映画やファンタジー映画に対しても作用を及ぼす」。〔……〕ただ、運動のファンタジー的な可能性、あるいはむしろ、ファンタジーを信じるに足るものにするその役割、私なら内臓感覚的《マーキュリアル》（visceral）と呼びたいものにする役割は、映画の観客性と様式において映画が果たしている縦横無尽な機能を見せてくれるものである。(Gunning 2007=2021: 167–8)

映画的運動がもたらす現実性の印象は、リアリズム的な映画様式（ドグマ95運動の作品における手持ちカメラの運動を想起せよ）、特殊効果に依拠する高度に人工的なファンタジー（『スター・ウォーズ』における運動《キネシス》の重要性）、あるいは（アニメーターのオスカー・フィッシンガー作品のように）抽象的な視覚的シンフォニーのそれぞれを一手に引き受けることができるのだ。メッツは映画的運動によって可能となる現実性の印象の役割について、「イメージの非現実性のうちに運動の現実性を注入し、そのことによっていまだかつて達成されたことのない程度にまで想像的なものを現実化すること」と述べている。翼を持った、神々の使者マーキュリーのように、映画的運動は天と地の間、身体化された感覚と空想の飛翔との間の境界を横断する。それは単に映画様式の全範囲に及んでいるだけでなく、一方を他方と混合し、ファンタジー的なものに対して視覚的な運動のリアリス

ティックな印象を授けるのである。（Gunning 2007=2021: 168–9）

映画が提示するイメージは本当に動いているのであり、それはマンガの効果線のような運動の描写ではない。その意味で、観客は「動いている」という描写を見ているのではなく、その描写が動いている瞬間を見ているといわねばならない。もちろん、だからといって「映画のイメージを現実と取り違えたり、スクリーンへと歩き出そうとか、あるいはそこで描かれた虚構の出来事と物理的に接触しようとか考えさせられてしまうような、幻覚や現実の「幻影」に巻き込まれたりする状態に身をゆだねさせてしまうものではまったくない」（Gunning 2007=2021: 167）。それでも、ガニングによれば、動きをその場で実際に知覚すること（融即すること）は現実性の印象を生み出すことで「ファンタジーを信じるに足るものにする」主な要因なのである。

ガニングが主張する動きのこの機能を、物語への心理的没入の基盤（の一部）とみなすことは不当ではあるまい。運動は観客の知覚を巻き込むからこそ、一方ではその衝撃的な身体感覚それ自体が見世物的な娯楽性をもち、他方ではフィクションに現実性の印象を付与する。このように、アトラクション概念によって一度は区別した映画の二つの側面のあいだに運動という共通の基盤を見出すことで、ガニングは両者を包括的に捉えるより高い視座を切り拓いたといえよう。

そして、特撮を見る経験を記述するうえでも、映画の動きが現実性の印象を与え、観客の心理的没入を促すという指摘はきわめて示唆的である。たとえば、特撮によって描かれた建物の崩壊や光線による爆発のような画面上の激しい動きを伴う映像は、それが引き起こす身体感覚によって観客・視聴者を魅了するとともに、空想の世界を「信じるに足るものにする」。このことは疑いえないように思われるが、それに加えて、より穏やかな場面の描写においても、映像の動きがリアリティを担保する重要な役割を果たしている。

このことを示す好例は、『妖星ゴラス』（一九六二）の南極基地のシーン（0:43:03～0:45:30）だろう。地球の六千倍の質量をもった黒色矮星ゴラスとの衝突を避けるために、南極でジェットパイプの建設が着々と進んでいる様子を描いたこのシーンは、合計三五のショットのうち六ショットしか人間が映っておらず、それ以外はミニチュアによって描かれている。この点で、このシーンにも『空の大怪獣ラドン』（一九五六、以下『ラドン』）での博多市街地のシークエンスと同じ特撮の自立化をみることができる。

しかし、『ラドン』とは異なり、このシーンには市街地の破壊描写のような動きの激しさはないため、このシーンを見てもショックや驚きのような強い身体感覚が生じるわけではない。にもかかわらず、このシーンは高いリアリティを達成しており、円谷作品のなかでも突出した出来栄えと評されることも多い。その一因は、このシーンでは移動ショットやパン・ティルトなどのキャメラワークが多用されるとともに、観客の注意が最初に向かうであろう前景のミニチュアのみならず、後景にあるベルトコンベアやクレーンのミニチュアまで動かしたり、背景の足場に溶接工事の火花を散らしたりと、画面全体にさまざまな動きが表現されていることにある。実際、ライターの高鳥真は、このシーンを子細に分析した論考で後景のミニチュアまで動いている様子に何度も言及し、その様子を「ものすごい画面密度」（高鳥 2021: 189）と評している。また、中野昭慶による次のコメントからも、このシーンにおける動きの重要性が読み取れる。

円谷演出の本編ショットに溶け込む、あの独特のリアリティーのひとつはこの人形を絶妙のタイミングで扱う隠し業《わざ》が生み出すものではないかとぼくは思う。前述の南極基地のミニチュアセットにも多数の人形が動員された。巨大な噴射口の周りに組まれた工事用の足場には無数の豆粒のような人形がとりついている。溶接の火花が明滅する中で人形が動いているように見えるから不思議だ。

しかし、しょせん人形は人形である。よく見れば人形かなって思った瞬間、円谷さんは絶妙なタイミングで実物の人間をなめた〔前景に置いた〕ショットに切り替える。合成でもなんでもない。ミニチュアセットの大ロングショットを背景にしてその場で撮ってしまうのだが、このショットがワンカット挿入されるだけで、ミニチュアセットは本物の雰囲気を醸し出すのである。（中野 2001: 27）

「溶接の火花が明滅する」微細な動きを伴うことで、本来は動いていない「豆粒のような人形」さえも「動いているように見える」。だが、人形まで動いているように見えるという印象は一時的なもので、ショットが継続するなかで「よくみれば人形かな」と認識が改められる。すると次の瞬間、前景で人間が作業している様子にショットが切り替わることで、再び映像にリアリティを感じるようになる。

このように、中野のコメントからは、映像を見るなかで観客の注意が移り変わり、認識が更新されていく様子を読み取ることができる。溶接の火花の明滅が観客の注意を引きつけ、徐々にその周辺の観察が進み、ショットが切り替わることで前景の人間に注意が移る。この注意の変遷のなかで、火花や人間の動きがミニチュアを「本物」のように感じさせる主な要因となっていることは間違いないだろう。円谷による演出の「独特のリアリティー」は、さまざまな映像の動きに支えられているのだ。そして、中野が語るこのような認識の更新こそ、信疑のあいだを往復する特撮を見る経験のユニークさにほかならない。

動きが伴うことでミニチュアが一瞬リアルに見え、映像に慣れるにしたがって、それがミニチュアにすぎないことに気づく。こうして認識が更新されるタイミングで次のショットに切り替わり、またその映像にリアルさを感じる。特撮を見る経験がこうした認知プロセスによって成立していると想定した場合、アトラクション概念に含意されたメタな認識を伴う観客の反応——特撮の仕掛けを意識した驚きやそのタネを詮索すること——は、動きが与える現実性の印象の後で、映像に慣れて画面を観察するようになったタイミングで生じるものと理解できる。とりわけ、一ショットが長く、またショット内での動きが減退した場合には、「参入＝融即すること」への要求が弱まることで、映像から距離を取った認識が生じやすいはずだ。このことを踏まえると、物へのフェティシズムについての実相寺昭雄の議論が、実際には円谷の演出上の特徴ではなく、特撮を見る経験の特徴を論じたものであるとわかるだろう。

第一章で整理したように、実相寺は円谷の演出上の特徴として、本編への的確な対応、ごまかしのない必要最小限のカット数とともに物へのフェティシズムを挙げ、これらによって本編と特撮の滑らかなつながりが達成していると論じた。しかし、ほかの二つの特徴と異なり、物へのフェティシズムは映し出された物の質感によって本編と特撮を媒介すると同時に、両者の完全な融合を阻害するという両義的な役割を与えられている。この両義性は、つまるところ、その映像が本物に見えることもある一方で、そこにミニチュアらしさ、さらにいえばミニチュアへの「愛情」（実相寺 2001: 14–5）を感じることも意味している。したがって、実相寺のいう「お話とうまくからみ合ったこのフェティシズムに酔わされる」（実相寺 2001: 14）経験は、映像にリアルさを感じることとミニチュアらしさを感じることとの往復を指すと解釈できる。これが中野のコメントから読み取れた注意の移り変わりによる認識の更新と重なるものであることは明らかといえよう。

また、『南海の花束』（一九四二）の墜落シーンについての議論も、同様の観点から捉え直すことができる。第四章でみたように、中盤の墜落シーンでは、飛行機が海面に墜落して主翼や尾翼が破損し、高波に揉まれる様子を固定キャメラで捉えた一三秒に及ぶ最終ショットが存在する。この最終ショットの後半は、波や雨の動きこそあるものの、墜落した瞬間と比べると画面内の動きが全体的に鎮まっており、一ショットの長さも相まって、映像から距離を取った認識が生じやすくなっている。実相寺が「きちんとした作り物で仕事をしている自信」（実相寺 2001: 14）を読み取ったのは、まさにこのショットだった。この一致も、物へのフェティシズムが演出上の特徴ではなく、映像に慣れて画面を観察した結果として生じた認識の一種であることを示唆している。

一方で、本書の第四章では、このシーンと終盤の墜落シーンの比較や演出効果を重視する円谷の演出観を踏まえ、次の可能性を指摘した。すなわち、観客に思考を巡らせる時間的な余裕を与えることで、その後に生じるであろう支所長・五十嵐と操縦士たちとの対立の激化を想起させ、不安を感じさせるという演出効果がこのシーンに見込まれていたという可能性である（☞九八頁）。この解釈においても、最終ショットでは映像それ自体の知覚とは別の認識が生じている点は実相寺と同じである。つまり、物へのフェティシズムを読み取ることと、物語のその後の展開を推測することは、映像から距離を取った認識という意味で等価なのだ。

このことは、観客が特撮に対する関心をもつことによってはじめて、信疑のあいだを行き来するという独特の経験が成立することを意味している。映像に慣れる時間的な余裕や画面内の動きの減退によって映像から距離を取った認識が生じうる間隙で、観客はいつでも特撮の「裏側」を想像したり、ミニチュアに「自信」や「愛情」を読み取ったりするわけではない。物語世界の今後の展開に思いを馳せる可能性もあれば、その間隙を退屈に感じることもありうるからだ。このことは、アトラクション概念を検討した際に、観客がメタな認識を伴った驚きを感じることができるためには、映し出されるイメージについての知識や関心をもっている必要があったことからも裏づけられるだろう。

実相寺の場合には、『スター・ウォーズ』（一九七七）をはじめとした新しい技術を使った作品の登場によって、ミニチュアや着ぐるみを使った特撮への「歪んだ郷愁」（実相寺 2001: 11）を抱いていたことが、物へのフェティシズムを読み取った条件だった。では、円谷の作品を見た当時の観客のあいだでは、信疑のあいだを行き来するという独特の経験は成立していたのだろうか。そして、もし成立していたとすれば、観客のあいだに特撮に対する関心を形成した要因は何だったのか。

## 一―三　技術解説と特撮に対する関心

『映画評論』に掲載された奥野健男による批評では、『ラドン』を見たときの驚きが次のように語られている。

> 何度眼をこすって見ても、重爆より大きな鳥が佐世《ママ》保のデパートの屋上に、ゆうゆうとまっているのだ。それが単なるはめ込み写真の手品と知っていてもまことに壮大な眺めであることにはかわりがない。（奥野 1957: 21、

傍点ママ）

岩田屋デパートの上にいるラドンが「はめこみ写真の手品」だとわかっていても「壮大な眺め」だと感じる。この奥野の驚きが、ガニングの論じた「知的な否認の限界を試す」観客の経験、「信頼と不信の間を揺らめ」く「劇場観客のだまし＝だまされの遊戯」と大きく重なることは明らかだろう。ここで奥野は、特撮に対するメタな認識を伴った驚きについて語っているのだ。

先述したとおり、こうしたメタな認識を伴う経験が成立するためには、観客が映し出されるイメージについての知識や関心をもっていなければならない。批評家である奥野が作品の技術的側面にも注意を払って鑑賞していたことは不思議ではないが、問題は、当時の観客たちがどうだったのかである。この点に注意して『ラドン』に関連する円谷の執筆記事をみると、当時の観客たちも「どのようにして撮影されたのだろうか」といった関心を抱いていたことがわかる。

たとえば、『ラドン』の封切り前日である一九五六年一二月二五日に『産経時事』夕刊に掲載された「ものすごくあばれまわる空想特撮映画「ラドン」特殊撮影のくしんをきく」という記事がある。この記事は、小中学生を対象とする紙面の中心的なトピックとして掲載されており、三人の小学六年生が円谷を訪れて『ラドン』の特撮について話を聞くという構成になっている。小学生を読者の代表としてインタビュアーにしていることから、この記事は当時の子どもたちが抱いていた感想や疑問をある程度代弁していると想定することができるだろう。ここで開口一番に語られる「すごかった！　ラドンはなんで作ったんですか。[1]」（1956『産経時事夕刊』：450）という質問からは、彼／彼女

［1］作品内容に踏み込んだ質問がなされていることから、この三名の小学生は事前に作品を見たうえでインタビューに臨んでいると思われる。

らが特撮のシーンに対して視覚的な驚きを感じるとともに、特撮の仕掛けにも関心を抱いていたことが読み取れる。

加えて、一九五七年三月一九日の『朝日新聞』夕刊でも、「私は知りたい」という読者投稿を扱うコーナーに「トリック撮影のいろいろな方法を知りたい」という質問が計十名から寄せられている（1957『朝日新聞夕刊』: 412-5）。『ラドン』の撮影風景の写真が添えられたこの記事でも、具体的なシーンに言及した技術解説が展開された。ここからも、多くの観客が特撮に対する関心を抱いていた様子がうかがえよう。これらの記事を踏まえると、奥野の批評で語られていたようなメタな認識を伴った驚きは、奥野の個人的な経験にとどまらず、当時の観客に少なからず共有されていたものと推測できる。

ところで、この二つの記事では、作品を見たことによって特撮に対する関心を抱き、それが技術解説を求めることにつながったという因果経路が示唆されている。だがもちろん、これとは逆向きの因果経路、すなわち技術解説記事を読んだことによって特撮に対する関心を抱き、実際の作品の鑑賞につながっていったという経路も十分ありうるだろう。実際、小説家・批評家の小林信彦は戦中の経験を次のように語っている。

〔『ハワイ・マレー沖海戦』（一九四二）について〕こんなストーリーでも観客がつめかけたのは、クライマックスに真珠湾とマレー沖の戦いがあるからである。上映時間百十五分——約二時間のうち、ラストの三十分が特撮である。円谷《つぶらや》英二の名が一夜にして高まったのは、この映画の特撮によってであった。明らかに作りもののスペクタクルと知りながら、人々がそれを楽しむ習慣はこの映画から始まった。そして、〈特撮の内側について知る楽しみ〉も、ここに始まる。（小林 1998: 62）

映画の公開と同時に、三十分間の特撮場面をいかにして撮ったかのノウハウが図入りで雑誌にのり、ぼくたちを魅了した。いずれも初めて知ることばかりだった。（小林 1998: 66）

ここで注目したいのは、「明らかに作り物のスペクタクルと知りながら、人々がそれを楽しむ習慣」や「〈特撮の内側について知る楽しみ〉」と「三十分間の特撮場面をいかにして撮ったのかのノウハウ」に魅了されたことの関係である。雑誌記事でなされた技術解説が「初めて知ることばかりだった」と語られていることから、この記述は、雑誌に掲載された技術解説を読んだことで、特撮場面をスペクタクルとして楽しむだけでなく、その「内側」に関心をもって作品を鑑賞するようになったと解釈できる。これはまさに、技術解説によって特撮に対する関心が喚起され、それによってメタな認識を伴ったアトラクション的な鑑賞経験が成立した事例といえる。

作品の鑑賞によって特撮に対する関心を抱き、技術解説を求めるようになるという因果経路と、技術解説記事を読んだことで特撮に対する関心を抱き、作品を鑑賞するようになるという因果経路。この二つは矛盾したり打ち消し合ったりすることはなく、両者を相互に強化するポジティブフィードバックになっている。それゆえ、論理的には、この循環が成立すれば、観客たちの特撮に対する関心は高まり、一方では技術解説記事の消費が促され、他方ではメタな認識を伴った経験が強められることになるだろう。

中期には技術解説記事を含めて円谷の執筆記事数が急増していた。この変化の制作者側の背景についてはすでに論じたが、当然ながら、そもそも需要がなければ円谷が多くの記事を執筆する機会を得ることはできなかったはずだ。実際、第五章で確認したように、当時は媒体側から頻繁に「タネ明かし」の取材が申し込まれていた（☞一四九頁）。このことは、当時の受容者が技術解説記事を求めていたことの証左といえよう。それゆえ、中期にこの循環が成立していたと考えることは不当ではあるまい。作者としての自己呈示や「技術に対する評価」への読み替えといった中期の執筆戦略が成功した一因は、この循環によって観客のあいだに特撮に対する関心が形成されていたことにある。そして、この循環が成立していたとすれば、技術解説記事の消費と対をなすメタな認識を伴った鑑賞経験も、多くの観客に広がっていたと考えられる。

以上のことは、技術解説記事の消費と作品の鑑賞という二つの実践が循環することで、観客の注意を特撮に向けさせる新しい知覚規範が形成されたこと――いいかえると、特撮に対する関心を抱く性向ないし図式が観客に身体化されたこと――を意味している。ここで、円谷にとって、これらの記事執筆は観客に特撮の意義をアピールするとともに、作者としての認識を形成する戦略の一つだったことを思い出すならば、この新しい知覚規範は円谷の戦略を超えたところで成立したといわねばならない。つまり、この過程で重要な役割を果たしたのは、円谷をはじめとした制作者ではなく、作品の鑑賞に技術解説記事の消費という別の実践を結びつけた受容者たちだったのだ。

そして、こうして生じた知覚規範は、円谷以後の特撮ジャンルの制作・受容にも大きな影響を与えたと考えられる。その全貌を捉えることは本書の射程を大きく越えるため、次節では、円谷が映像主題の記事を執筆しなくなっていった後期における受容者の様相の一端を明らかにしたい。斜陽化による執筆戦略の変更もあり、後期には円谷自身による技術解説記事は減少した。しかし、それは特撮の技術解説がなされなくなったということではない。というのも、一九六〇年代のとりわけ後半には、円谷ではない人物の執筆した特撮関連の解説記事が少年マンガ雑誌に数多く掲載されていたからだ。その代表が、『マガジン』に掲載された大伴昌司による連載・特集記事である。

## 二　二つの「空白」とその補完

「右手にジャーナル、左手にマガジン」という一九六〇年代後半に流布したフレーズが物語るように、当時の『マガジン』は、子どもだけでなく学生をはじめとした若年層にまで広く読まれる雑誌の一つだった。それゆえ、これから論じる受容者の様相も、子どもの観客・視聴者に限定されない広がりをもっていたと考えられるだろう。

以下の分析では、一九六五年から一九六九年に刊行された『マガジン』のうち、京都精華大学国際マンガ研究センター／京都国際マンガミュージアムが所蔵する二二七冊（二〇一八年三月二〇日時点）を対象とした。その結果、特撮や怪獣に関する特集記事が合計で三七件掲載されていたことを確認できた。[2]これらのほとんどが第一次怪獣ブームと重なる一九六六年から一九六八年に集中しており、内容としては、制作のプロセス全体を示す見開きページ（8巻44号：18-9）をはじめとした技術解説に加えて、怪獣の解剖図のように作品の細かな設定を解説したものも多数掲載されていた。[3]

また、一九六七年一月二九日号（9巻5号）から一九六七年七月一六日号（9巻32号）までの約半年間には、「怪獣なんでも相談室」（以下、「相談室」）という読者からの質問に答える投稿コーナーが連載されていた。[4] 技術解説に関連する内容は特集記事よりもこの連載で顕著であり、「相談室」で取り上げられた計七二件の読者質問のうち、半数以上の四一件が「しおふき怪獣ガマクジラの舌が長くなるしかけと、しおをふき出すしかけを教えてください」（9巻28号：97）といった特撮の技術や仕組みに関するものだった。技術解説に次いで多い質問の類型としては、「ビートル機が宇宙へいくとき、空気の取り入れ口がないのは、なぜですか」（9巻10号：166）のような作品世界の設定に関するものが挙げられ、この種の質問は合計二〇件確認できる。[5]

このように、『マガジン』では特集記事でも連載記事でも、技術解説と設定解説の二種類の内容が中心になっている。そこで、以下ではこの二つに議論の焦点を絞って検討を進める。だがその前に、これらの記事の企画や構成を担当していた大伴昌司について確認しておきたい。

---

[2] なお、蔵書には含まれないが、前号で特撮の特集が予告されたものが四件あった。加えて、これとは別に他の題材の特集で怪獣のイラストが描かれたり、オリジナルの怪獣が紹介されたりといった記事も複数存在する。
[3] 以下、『マガジン』を指示する場合は巻号とページ数のみを示す。
[4] このコーナーは単行本に再収録されており（講談社編 2014）、合計で二四回にわたって掲載されていたことがわかる。蔵書に含まれていなかったために調査時に確認できなかった号についてはこの単行本で質問内容と誌面の構成を確認した。
[5] 残る一一件はそのどちらにも分類できなかった。

## 二–一　円谷英二から大伴昌司へ

一九五八年にミステリー小説を扱った同人誌『ＳＲマンスリイ』で本格的に執筆活動を始めた大伴昌司（本名は四至本豊治）は、一九七三年に急死するまでの約一五年のあいだに、多岐にわたる活動を展開した人物である。具体的には、ミステリーやＳＦ・怪奇幻想といったジャンルを中心とした評論、海外作品の紹介、作家へのインタビュー、日本ＳＦ作家クラブの事務局長として従事した一九七〇年の国際ＳＦシンポジウムの企画、そして、『マガジン』をはじめとした少年雑誌の特集の構成などが挙げられる。このうち、図解を駆使して構成された少年雑誌の特集は大伴のもっとも有名な仕事といえ、なかでも大伴が担当した「情報社会」特集は、ジャーナリストの立花隆によって「『少年マガジン』は現代最高の総合雑誌か」という論考が発表されるほど話題となった（立花 1969）。先述したように、当時の『マガジン』は子どもだけでなく学生などの若年層にまで広く読まれる雑誌だったが、大伴はこの『マガジン』の普及に大きく貢献していたといえよう。

そして特撮の場合、大伴による怪獣の図解（その多くが『マガジン』に掲載された）は書籍化もなされ、当時の受容者に強い印象を与えていた。このことは、徳仁親王がデパートで『怪獣図鑑』や『怪獣画報』を手に取ったというエピソード（『朝日新聞』朝刊 1967. 5. 15: 15）に端的に表れている。加えて、特撮ファン雑誌の『スターログ』でも、一九八三年（『スターログ』(52): 28-33）と一九八五年（『スターログ』(85): 42-5）に大伴を取り上げた記事が掲載されており、ここからも大伴の図解がもっていた影響力の大きさが読み取れる。

また、特集記事だけでなく、連載記事の「相談室」の構成・解説を担当していたのも大伴であった。ただし、正確にいえば、大伴がクレジットされるのは第二回からであり、初回では「怪獣映画の王さま円谷監督が、きみたちの質問に、ずばり答えます！」（９巻５号：174）という惹句が記述されているだけである。また、このコーナーが連載される直前の一九六七年一月一五日号（９巻４号）には、「来週第五号から登場の「怪獣なんでも相談室」は、円谷監督が読者の質問に答える特別連載企画だ！」（９巻４号：61）という予告が欄外に掲載されている。[6] つまり、誌面の記述をそのまま受け取るのであれば、解説者は円谷から大伴へと交代している。とはいえ、再収録された単行本でも初回が含まれている（講談社編 2014: 131）ことから、円谷の名前が提示されたのは宣伝にすぎず、実質的には最初から大伴が担当していたと考えるのが妥当だろう。この表面上の交代は、円谷の名前がひとり歩きしていたことを示すと同時に、特撮をめぐる言説の生産が円谷の手を離れて拡散していったことを象徴しているように思われる。

さて、大伴が『マガジン』の記事で手掛けた技術解説と設定解説は、円谷が後期に行った戦略変更によって生じた「空白」を補うものでもあった。以下ではこの点について、詳しくみていくことにしよう。

## 二―二　技術解説の継承

第六章でみたように、後期の円谷は健全さに準拠することで卓越化の第三ステップを達成した。この戦略変更によって、後期の円谷は技術解説記事を頻繁には執筆しなくなった。これを踏まえると、大伴による技術解説が、円谷の執筆した技術解説記事の「空白」を補うものであったことは、すぐにわかるだろう。実際、特撮に関する幼少期の思い出を回顧する語りのなかには、しばしば、少年マンガ雑誌に掲載されたメイキングや技術解説によって特撮に対する関心が高まったという語りが散見される。次の二つの引用は『マガジン』での大伴の記事に直接言及しているわけではないが、当時の少年マンガ雑誌がもっていた影響力を示す範例である。

> 僕が怪獣好きになったきっかけは『動物図鑑』の最後の2ページに少しだけ載っていた太古の恐竜を見たときから――さらに兄貴のマンガ雑誌に載っていた「空の大怪獣ラドン」（56年）や「大怪獣バラン」（58年）の撮影風景の写真を見て少しずつ熱が高まっていったんです。（ラサール石井 2001: 122）

［6］九巻四号では、計九回の「相談室」の予告のうち八回で円谷の名前を挙げている。

昔は『小学ウン年生』の雑誌とかだと、割とメイキングがありましたよね。多分そういうところで意識していたんだと思いますけど。特撮映画に対する興味っていうのはズッとあったんですよ。（西川 2001: 117）

それゆえ、大伴による技術解説も、中期以前の円谷が執筆した技術解説記事と同じく、特撮に対する関心を抱かせる効果をもっていたと考えられる。とはいえ、大伴の手掛けた技術解説が円谷のそれとまったく同じだったわけではない。「相談室」に取り上げられた技術解説を求める質問を具体的にみていくと、四一件中二〇件の質問で怪獣や作品の固有名が挙げられ、個別ケースの詳細な解説を求めていることがわかる。その最たる例としては、「ひとで怪獣ペスターの中には、どのように人が入っているのですか」（9巻5号：174）のように、着ぐるみの中の様子や内部機構を尋ねる質問が挙げられよう。この質問は、怪獣の着ぐるみの中に人が入るという基本的な点を理解したうえで、さらに「ペスター」についての具体的な説明を求めている。そして、これとほぼ同様の質問が、「ドドンゴ」（9巻9号：190）「ジャミラ」（9巻15号：86）「キングギドラ」（9巻27号：86）といった別の怪獣に関しても寄せられている。このように、「相談室」では、実質的に同じ技術が、対象となる怪獣を変えて繰り返し取り上げられているのである。

こうした様子からは、当時の受容者が、よく知られた技術が個々のケースでどのように用いられているのか、という細かな点に関心を抱いていたことが読み取れる。それゆえ、この時点ですでに、受容者のあいだには特撮に対する関心の大枠は形成されていたと考えられる。その意味で、大伴が「相談室」で技術解説を受容者から求められたのは、中期までの円谷の実践があったからこそといわねばならない。

一方で、円谷の執筆記事には新規な映像に対する観客の驚きや疑問も読み取れたが、大伴の記事にはもはや、そうした驚きや疑問は存在しない。その代わりにあるのは、細かな差異に注目して知識を蓄積しようとする欲望である。そして、この種の欲望は、実は『マガジン』における特撮関連記事のもう一つの柱である設定解説にも読み取ることができる。

## 二―三　設定解説の創造

設定解説と呼べる記事は、複数の作品にまたがる内容と一つの作品の設定を掘り下げる内容の二つに大別できる。前者の例としては、「相談室」に寄せられた「地球怪獣と宇宙怪獣のうち、いちばん強いのはどれですか」（9巻11号：206）という質問や、特集記事であればウルトラマンとキングギドラが戦闘する口絵（8巻39号：2-3）、複数作品の怪獣を海洋怪獣と括り並列して取り上げたもの（8巻54号：12-3）などが挙げられる。また、「ペギラ・ゴラス・チャンドラーの身長を教えてください」（9巻6号：104）といった質問や、怪獣やメカ、基地などの内部図解（9巻30号：13-9）などは後者に分類することができるだろう。

こうした設定解説記事において注目すべきは、複数作品にまたがる内容はもとより、一つの作品の設定を掘り下げる内容であっても、『マガジン』に掲載された情報の多くは当時の製作会社が設定していないものであったということである。『ウルトラマン』（一九六六）の監督・脚本を務めた飯島敏宏が語るように、こうした大伴の設定解説は、ときに制作者たちに取り入れられることもあった。

それで、彼が出現するまでは、ぼくらはああいう考え方はまったくしてませんでしたからね。大伴昌司氏が現われてからですよ。性能とか重さとか性質とか、そういう性格設定をやるようになったのは。

彼が初めてそれをきちっとやったわけです。出版社との打ち合わせなんかの時に、「それは高さが四〇メートルである」とかね。「重さは何トンである」とか、彼が決めて発表してたみたいですよ。

脚本から拾って位置づけしていったのもありますし、逆に彼が勝手に決めちゃったのもありますね。ぼくらはそれを見て、「あ、そうか。そういう性質だったのか」なんていってね。

〔……〕二回目に撮影するときは大伴昌司の設定した性格づけにのっとって、ちゃんと撮るみたいなことがありましたよ。（竹内 1988: 183-4）

大伴は、まさに記事の執筆を通して作品世界を創造していった。この点で、大伴の設定解説は今日の二次創作とも連続的といえるが、こうした質問が多く寄せられていたことからは、技術解説と同じく、受容者が作品に関する詳細な知識を蓄積しようとする欲望を抱いていたことが読み取れよう。だが、それに加えて、こうした作品世界の細かな設定が受容者に求められていた背景には、一九六〇年代に生じた作品の変質も挙げられる。

この背景については、森下達（2016）の指摘が参考になるだろう。森下は、現実味のある科学的根拠を示すことが求められていた一九五〇年代の後半に対し、一九六〇年代には非日常の表象によって現実を相対化することが重視され、「怪獣のキャラクターを現実から「切断された」形で存在するものとして描くこと」（森下 2016: 232）が正当化されるようになったと論じる。つまり、怪獣映画が作品外部の論理に立脚しなくなったのである。この指摘を踏まえると、『マガジン』の設定解説は、作品が失った外的論理に代わる内的論理を拡充するために要請されたということができる。実際、このことは大伴による図解の原画集に掲載された高橋克彦（1995）による回想に端的に表れている。

円谷プロの考案した怪獣は話を面白く仕立てるために、子供相手の映像ということもあってか、どんどんリアリティから離れてファンタジーの領域に踏み込んでいった。理屈など恐らくどうでもいい問題だったのである。そこに大伴昌司が加わらなければ、きっとウルトラマンとて少年探偵団と同様に今はノスタルジーとして語られていたに違いない。〔……〕火を吐く仕組みを説明し、真空でも生きられる動物があると教え、翼がなくてもジェット噴流で可能だと説き、体内でミサイルを製造する過程を図示して見せた。テレビの怪獣はぬいぐるみに過ぎないが、広い宇宙にはそれに似た怪獣が存在する可能性があるのだと力説する。それによって子供たちは怪獣の実在を、少なくともサンタクロースよりも確かなものと受け止めた。小学生の集団がピストルを持つギャング団と対決することより遥かに現実味を覚える。

大人たちには荒唐無稽としか映らなかった内部図解も、子供たちには人間の解剖図に等しい真実と感じられたのだ。このリアリティがあってこそ、ウルトラマンと怪獣たちは永遠の生命を獲得できたのである。リアリティとは理屈に他ならない。（高橋 1995: 2-3）

このように、大伴の設定解説は、作品の変容に伴って失われた外的論理の「空白」を補い、「リアリティ」の根拠を与える機能を果たしていたのである。量産されるようになった怪獣ものの映画・テレビ映画を鑑賞し、大伴の記事を読むことで作品では描かれなかった世界の広がりを想像する。一九六〇年代後半に生じた怪獣ブームは、こうした作品の鑑賞と記事の消費の連関によって生じたものであった[7]。

そして、大伴が受容者に喚起したこの二つの欲望、すなわち技術の細かな差異に注目して知識を蓄積しようとする欲望と、描かれなかった作品世界の「空白」を自ら埋めていこうとする欲望は、怪獣ブームが去った後も消失しきることはなかった。事実、一九七〇年代以降の特撮をめぐる言説は、この二つの欲望を抱いた熱烈なファンたちを中心に展開されていくようになる。こうした円谷以後の言説空間については別の機会に論じることにしたいが、少なくとも、大伴の記事執筆がこれを準備したことは間違いないといえよう。

［7］ミュージシャンの伊藤誠は、大伴の図解について次のように述べている。「怪獣たちの図解ひとつとっても、エネルギーの貯蔵所とかパワーの変換とか、実に順序立てて説明されているんです。それで子供の気持ちっていうのは、テレビの三〇分が終っても、そこで終らないでしょ？　むしろ見終ったあとでどんどん怪獣のイメージがふくらんで、いっぺん壊してみるとか、別の怪獣と戦わせてみたらどうだろうとか、頭の中でくり返しくり返しリピートするんですよね。そういう時、大伴さんの図解がすごく役に立ちましたね」（竹内 1988: 6）。

# 第八章　円谷英二の遺産

本書では、社会学者ピエール・ブルデューの場の理論に依拠して、円谷の映画場での歩みを辿りなおしてきた。また、第七章では、映画学者トム・ガニングの議論を援用して特撮を見る経験の特徴を記述するとともに、その成立に円谷の実践がどう影響していたのかを論じた。本書の最後に、これらの分析によって明らかになったことを整理したうえで（第一節）、円谷の諸実践が現代の特撮文化にどのように継承されているのかについて概観したい（第二節）。

## 一　議論のまとめと問いへの答え

第二章では、本書で取り組む理論的な問いとして次の二つを設定した。

（一）「芸術と金銭の対立」とは異なる構造下では、行為者の卓越化はどのような過程を経るのか
（二）商業的な成功を伴った「知覚規範の形成」はいかにして成立するのか

一つ目の問いが円谷の卓越化の過程を問うものであり、二つ目の問いはまえがきで示したような特撮を見る経験の成立背景を問うものであった。また、この二つの問いに答えるなかで、本書では①円谷の諸実践に読み取れるハビトゥスの検討と②特撮を見る経験の特徴の記述にも取り組んだ。円谷のハビトゥスはこれまで多様に論じられてきた円谷の演出・制作上の特徴の背後に通底する傾向性を読み取る点で、特撮を見る経験の特徴は実相寺の物へのフェティシズムという概念の再解釈につながる点で、それぞれ、円谷に関する先行研究に対しても新たな知見を提示できたと考えている。以下では、これらについて、①→(一)→②→(二)の順で本書の議論を整理していく。

## 一－一　演出・制作上の特徴と実用主義的なハビトゥス

円谷の演出・制作上の特徴については、先行研究でさまざまな指摘がなされてきた。そのなかでも、第一章では(1)円谷は写実性を追求していたのか、それとも現実の再現を超えた表現を目指していたのか、(2)モダニズムとロマン主義という相反する二つの態度を円谷が併存させていたのはなぜか、(3)円谷の演出上の特徴に物へのフェティシズムを認めることは妥当か、(4)円谷の非経済的な制作態度はどのように理解できるのか、という四つの論点を提示した。このうち、(3)については第三項で詳述するため、ここでは(1)、(2)、(4)についての本書の答えをまとめたい。

まずは(1)について。当時の慣習を破って林長二郎の顔を黒く写したというキャメラマン時代のエピソードなどから、先行研究では、円谷は写実的な表現を追求していたと解釈されることが多かった。だが一方で、円谷は「映画の表現力の技術拡張」を主張し(宮島・山口 2002: 83)、映画を「美しい」「夢」と捉えてもいた(飯塚・松本 2016: 119–20)。これに鑑みれば、円谷は現実の再現を超えた表現を追求していたようにも思える。この対立はどう理解すればよいのだろうか。

これについて、本書では、円谷の演出観の核心は写実性の追求ではなく演出効果の重視にこそあると主張してきた。

第四章で詳述したように、写実性を追求していたことの根拠としてしばしば挙げられるローキー・ライティングの使用は、実際にはこの演出観ゆえになされた選択であった。また、執筆記事のなかには一見すると写実性を追求しているように思える記述もあるが、それはあくまで観客に心理的な効果を与えるための手段として写実的な表現が有効だからであり、写実性が最終目的になっているわけではない。加えて、第六章では、円谷が演出効果のなかでも美化された幻想的な表現を好む傾向にあったことを指摘した。この選好は常に表出しているものではないが、エロ・やくざ映画との対比が重要になった後期には、健全さへの準拠という戦略として前景化してくることになる。以上から、円谷は現実の再現を超えた表現を目指していたというのが、この論点に関する本書の結論である。

次に（2）について。演出効果を重視して目に見えないものを表現しようとする円谷の演出観はロマン主義と呼ぶにふさわしい。しかし、円谷は同時に、特撮の科学性や特撮による制作の合理化・効率化を主張してもいた。こうした主張は一般的な意味でのロマン主義とは距離があり、むしろモダニスト的といえる。いったいなぜ、円谷は対照的な二つの態度を併存させていたのか。

この疑問に対して、本書では、二つの背後に目の前の物事を手段と捉えたうえでその実用性を問う円谷の基底的な傾向性を見出し、これを実用主義的なハビトゥスとして概念化した。一見して対照的に思える円谷の態度は、実のところ、実用主義的なハビトゥスの異なる現れなのである。このハビトゥスは円谷の最初期のキャリア、すなわち映画業界に参入する前に経験した機械・工学系の教育や職業の経験によって形成されたと考えられる。また、先述した演出観は、このハビトゥスを身体化した円谷が、映画業界への参入時に枝正義郎への師事や前衛映画『狂つた一頁』（一九二六）への参加を経験したことで練り上げられたものだったといえるだろう。

そして（4）について。大規模なミニチュアセットを作ってセットのロケハンをしながら制作を進めたり、『ウルトラQ』（一九六六）をはじめとしたテレビ映画で何度も撮り直しを命じたりと、円谷は非経済的な制作実践を行うことも稀ではなかった。こうした様子から、円谷は完璧主義的に制作を進めていたという理解が一般的であった。しかし、ときには技術的な完成度の点で妥協するなど、制作実践全体をみると、円谷が完璧主義的に制作を進めていたとはいいがたい。また、切通利作は円谷の撮り直しのエピソードを「場面のクオリティを円谷プロ作品として恥じないものにするとともに、それが最初から計算できない判断のありようには厳しい目を向けていた」（切通 2021: 64）と解釈している。だが、セットのロケハンなど円谷自身も計画的に制作を進めていたわけではない点で、切通の解釈にも矛盾が残る。では、これらの非経済的な制作態度には、どのような理由があったのだろうか。

この問題について、本書では複数のスタッフの回想を分析することで、円谷は理想とする演出効果を得るために実験しながら制作を進めていたという解釈を提示した。この解釈に基づけば、テレビ映画での撮り直しも理想とする演出効果を求める探索型の実験の一部だったと理解できる（それに加えて、テレビ映画制作における撮り直しの一部はフィルムでの試写会を念頭に置いたものもあった）。さらに、経済的・計画的に制作を進めるために森岩雄によって導入されたピクトリアルスケッチも、円谷にとっては、理想の演出効果を得るためのいわば予備実験のようなものであったと推測される。効率性や経済性という観点からは矛盾しているようにみえる円谷の制作実践は、理想の演出効果を得るための実験という点で一貫したものだったのだ。第五章で論じたように、このような探索型の実験としての制作実践も、実用主義的なハビトゥスによって可能になっている。

以上のように、これまでさまざまな議論が展開されてきた円谷の演出・制作上の特徴は、実用主義的なハビトゥスによって統一的に理解できる。このハビトゥスは、物事を手段と捉えてその実用性を重視する。しかし、目的（たとえば理想とする演出効果）が具体的なレベルで明確に設定されているわけではないために、目的から逆算した合理的な選択がなされるわけではない。探索型の実験としての制作実践に色濃く表れているこの特徴が、先行研究でときに矛盾する解釈が提示されてきた理由だといえよう。このように、実用主義的なハビトゥスという概念によって先行研究の矛盾を解消する視座を提示したことが、円谷研究に対する本書の貢献の一つである。

もっとも、本書で検証した論点や分析の俎上に載せたエピソードは円谷の実践の一部にすぎず、取り上げることのできなかった論点やエピソードも少なくない。当然のことながら、それらのなかには、実用主義的なハビトゥスとは別の観点から記述したほうが望ましいものもあるだろう。とりわけ、本書では円谷のハビトゥスが前期から一貫しているという強い前提のもとに分析を進めたが、ハビトゥスが実践を構造化する構造であると同時に、場での経験を通して構造化された構造であることに鑑みれば、時期によって、円谷のハビトゥスにも変化が生じていた可能性がある。本書が実用主義的なハビトゥスという概念を提示したのは、この概念が今回取り上げた論点やエピソードを整合的に説明できるものであると同時に、今後の研究において、この概念では説明が難しい事例を発見するための参照項となるからにほかならない。その意味で、この概念は変化や矛盾さえも無理やりに説明してしまう「プロクルーステースの寝台」ではないことには注意されたい。したがって、実用主義的なハビトゥスという概念では説明が難しい円谷の実践を発見し、それを多角的に論じていくことが、残された課題といえるだろう。

あるいは、本書の分析を通して記述された円谷の制作実践の特徴を、ほかの映像作家と比較することも興味深いテーマのように思われる。ここではその一例として、アメリカの特殊効果＝特撮史において革命的な役割を果たしたジョージ・ルーカスの制作実践との差異を簡単に確認したい。アメリカの映画史家ジュリー・ターノックによれば、第一作目の『スター・ウォーズ』（一九七七）には、制作に参加したアメリカの西海岸出身の実験映画作家たちの影響によって、特殊効果の映像に多様性や不均質さが読み取れる。しかし、ルーカスはこの点に不満をもったため、『スター・ウォーズ／帝国の逆襲』（一九八〇）以降、制作への管理・統制を強め、彼の目指す「フォトリアリズム」（本節第三項で詳述）への均質化を進めていった（Turnock 2015: 146–78, 203–16）。これに対して、第六章で指摘したように、円谷の探索型の実験としての制作実践には、スタッフに自由裁量の余地を与え、彼／彼女らの創造性を喚起する一面があった。もちろん、演出効果の重視という方向性を与えている点で円谷もまったく管理・統制をしていないわけではないが、ルーカスとは反対に、円谷が作品にある種の不均質さを持ち込んでいたことはたしかである。

また、ターノックは、ルーカスが目指した「フォトリアリズム」を可能にした技術として、モーション・コントロール・キャメラの重要性を強調している。これによって、作家がフレームの隅々まで、自身の意図したように要素を制御できるようになった（Turnock 2015: 21-101）。この指摘から、ルーカスの目指す「フォトリアリズム」は要素を制御することで加算的に構成されるものであると推察される。したがって、この点も、円谷にとっての理想の演出効果が要素の加算によって演繹できるものではなく、実際にファインダーを覗いたり、フィルムを仮編集したりして確認しなければ把握できないものであったこととは対照的である。以上の比較は概観にすぎないが、両者が日米の特撮・特殊効果史において果たした役割の大きさに鑑みれば、このような対照的な制作実践が、その後の特撮技術や演出様式の展開にどのような影響を与えたのかという論点は、日米の特撮・特殊効果史を比較するうえで興味深いものといえよう。

## 一―二　経済資本を担保に新しい象徴資本を創出する卓越化

次に、円谷英二はなぜ、どのように「特撮の神様」になったのかという本書の中心的な問いに対する答えを整理していきたい。第一章では、円谷の卓越化の過程が三つのステップからなることを指摘した。すなわち、ほかの技師たちとの競合に打ち勝つ第一ステップ、作品の作者の地位を確立する第二ステップ、そして、ジャンルの序列に巻き込まれずに自身の評価を高める第三ステップである。第四章から第六章でみてきたように、前期に第一ステップが、中期に第二ステップが達成され、第三ステップは中期から後期にかけて進行した。その要点は、おおむね次のようにまとめられる。

卓越化の第一ステップを理解するうえでのポイントは、スクリーン・プロセスの成功と戦時体制による映画場の構造変動にあった。演出効果を重視していた円谷は、キャメラマンによる表現の可能性を拡大させるために、早期から特撮の技術開発にも取り組んでいた。しかし、こうした円谷の演出観や率先した技術開発は、画調の管理を重視する当時のキャメラマンのあいだでは異端的な立場にあったと考えられる。そのため、円谷の取り組みはなかなか理解されず、そのことが松竹や日活を退社する一因にもなった。一方で、画調をめぐるキャメラマンたちの関心を理解してもいた円谷は、ほかの合成技術に比べてキャメラマンたちに受け入れられやすいスクリーン・プロセスの開発に従事し、『新しき土』（一九三七）でその有効性が広く認められた。この成功が一因となり、円谷は一九三七年に森岩雄に呼ばれて東京に異動する。そして、戦時体制に移行するなか、軍部に積極的に協力する東宝の方針もあって、円谷は飛行兵教育用の教材映画やプロパガンダのための劇映画の制作に携わる機会を得ていった。なかでも、『ハワイ・マレー沖海戦』（一九四二）をはじめとする戦争プロパガンダ映画の成功によって、円谷は「特撮の第一人者」としての地位を確立した。

しかし、終戦後に公職追放指定を受け、円谷は各社の特撮部分を下請けすることで細々と活動せざるを得なくなる。そんな円谷が再び映画場での地位上昇を果たしていく契機となったのが、『ゴジラ』（一九五四）の成功であった。戦後に生じたこの地位上昇のうち、作品の作者の地位を確立する第二ステップで鍵となったのは、「特技監督」という肩書を得て監督と同等の権力を有するようになったこと、記事執筆を通して観客に作者としての認識を形成していったこと、作品において特撮が物語から自立化し観客の注意を集めやすくなったことの三つであった。とりわけ、記事執筆については、広告効果を狙いつつもメイキングを公開したくない森岩雄の思惑と積極的にメイキングを記事にしたい媒体側の要求という力学が背後に存在したが、円谷はそれを利用して作者として自己呈示していった。

そのうえで、円谷は映画場の構造に的確に対応しながら卓越化の第三ステップを達成した。中期には、特撮が空想科学映画に限定されない一般的な技術であることを強調しながら、海外での商業的成功を引き合いに出すことで、それを「技術に対する評価」へと読み替えていった。この戦略が有効に機能したのは、当時の映画場が、経済資本と象徴資本が一致も対立もしない構造をもつとともに、国際映画祭での受賞や映画の輸出が注目されたことで海外からの評価に敏感だったからこそであった。また、映画産業の斜陽化が進んだ後期には、怪獣映画に制作が集中していくことを逆手に取り、自身の手掛けた作品の健全さを強調することで「子どもに夢を与える好々爺」という文化人的な地位へと到達した。この戦略も、依然として経済資本と象徴資本が両立可能であるとともに、斜陽化によってエロ・やくざ映画が流行し、業界の内外で否定的に受け止められていた当時の映画場の状況ゆえに有効だった。卓越化の第三ステップは、映画場の構造変動に順応したこの戦略変更によって完遂されたのである。

さて、以上のように記述される円谷の卓越化の第三ステップは、一つ目の理論的な問い――「芸術と金銭の対立」とは異なる構造下では、行為者の卓越化はどのような過程を経るのか――への答えにもなっている。続いて、この点を確認することにしよう。

第二章で指摘したように、ブルデューは一九世紀末のフランスの文学場・芸術場を分析し、その基本的な構造が「芸術と金銭の対立」であることを明らかにした。この構造下において、場に固有の象徴資本を獲得しようとするならば、経済資本を否認しなければならない。この知見は、七邊信重（2010）による同人誌即売会の分析をはじめ、さまざまな文化領域に適用されてきた。しかし、「芸術と金銭の対立」や「経済資本の否認による卓越化」はブルデューが発見した経験的な知見の一つであり、すべての場でこの対立が基本原理になっているわけではない。実際、南田勝也（2001）によるロックミュージック場の分析では、対抗文化の興隆した一九六〇年代には経済資本と象徴資本の対立が調停され、「経済資本の否認による卓越化」とは異なる卓越化が成立する可能性が示唆されていた。

円谷の卓越化の第三ステップは、この「経済資本の否認による卓越化」とは異なる卓越化がどのような過程を経るのかについての具体的な知見を提供している。円谷が制作していた怪獣映画や空想科学映画は、商業的には成功しやすい一方で、当時の映画場におけるジャンルの序列では劣位に位置づけられるものであった。そのため、これらの作品を制作することが直接に映画場での象徴資本の獲得に結びつくことはない。そこで円谷は、雑誌や新聞に掲載された記事の執筆を通して、中期においては『ゴジラ』などの商業的成功を「技術に対する評価」へと読み替え、後期においては作品の健全さに訴えることで「子ども向け」の作品制作のもつ意味をポジティブなものへ反転させた。これらの執筆戦略によって可能になった象徴資本の獲得過程は、商業的な成功を果たしたうえで、その成功の意味を再定義することによって新たな評価を確立したという点で、「経済資本を担保に新しい象徴資本を創出する卓越化」と呼ぶことができるだろう。この卓越化は経済資本と象徴資本が一致も対立もしていない構造をもっていた当時の映画場だからこそ成立したものといえる。

もっとも、本書では映画場における円谷の実践に照準して分析してきたため、当時の映画場が社会空間のなかでどのような位置を占めているのか、また、その位置が映画場の構造や円谷の卓越化にどのような影響を与えていたのか、という点については十分な検討ができなかった。この点で、本書の議論にはまだ不完全な部分がある。とりわけ、円谷が健全さに準拠することで文化人的な地位へと到達したという後期の議論は、当時の社会空間における映画場の位置づけの分析によって補完されなければならない。こうした限界はあるものの、本書で示された経済資本を担保に新しい象徴資本を創出する卓越化は、経済資本と象徴資本の対立構造を想定することが困難な大衆文化などの領域に場の理論を応用する際の一つのモデルとなるであろう。

## 一―三　特撮を見る経験の特徴

本書では、スクリーンに映し出された映像を信じることと疑うことのあいだを何度も往復させられることこそが、特撮を見る経験のユニークさであるとみなして議論を進めてきた。この独特の経験は、映画理論を援用するとどのように記述できるのか。本書の第七章では、ガニングのアトラクション概念と映画の動きに関する議論を参照しながらこの課題に取り組んだ。その概要は次のとおりである。

アトラクション概念とは、ガニングが初期映画の研究を通して提示したもので、イメージを見せることに重点を置き、観客の好奇心を刺激したりスペクタクルによって驚きやスリルを与えたりする映画の非物語的な側面を意味している。だが、この概念に含意されているのは生理的な反応だけではない。この概念には、上映されるイメージに対するメタな認識を伴う観客の反応も含まれる。特撮を見る経験の場合、特撮の仕掛けを意識した驚きやそのタネを詮索することが、メタな認識を伴う観客の反応に対応する。

しかし、メタな認識を伴う観客の反応を捉えただけでは、まだ特撮を見る経験の特徴を記述できたことにはならない。というのも、その経験の特徴は信疑のあいだを行き来するところにあるのだから、メタな認識を伴う観客の反応が作品を鑑賞しているあいだに生起したり消滅したりするメカニズムを明らかにする必要があるからだ。そこで参照したのが映画の動きをめぐるガニングの議論だった。ガニングは、私たちが映画を見るとき、運動の表象を見ているのではなく、ある描写が実際に動いている瞬間を見ていることに注目し、クリスチャン・メッツの議論を参照しながら、動きを感じるという実際の知覚によって、現実性の印象が生じると主張した。この議論は、映像の動きがリアリティを生み出し、物語への心理的没入を促すことを意味している。

この議論を踏まえると、円谷が手掛けた特撮シーンにおいても、そのリアリティの一端は映像の動きによって支えられていることがわかる。また、『妖星ゴラス』（一九六二）の南極基地のシーンについての中野昭慶のコメントからは、映像の動きが減退したときに徐々に周辺の観察が進んでミニチュアであることに気づき、ショットの切り替えによって再びリアルさを感じるといった認識の更新が生じている様子を読み取ることができた。このことから、アトラクション概念に含意されたメタな認識を伴う観客の反応は、映像に慣れて画面を観察するようになったタイミングで生じ、次のショットに切り替わると再び物語への心理的没入が優位になると考えられる。特撮を見る経験は、この認知プロセスに沿って成立している。

このことに鑑みると、実相寺昭雄が提示した物へのフェティシズムという概念を、実相寺の意図とは別様に理解できる。実相寺は円谷の演出上の特徴の一つとして物へのフェティシズムを挙げた。だが、この概念が示す特徴を映像から具体的に読み取ることは難しい。また、第五章で確認したように、実相寺が物へのフェティシズムを欠いた撮影方法とみなすマルチキャメラで映像素材を増やして使える部分を編集していくという手法を、円谷は日常的に取り入れていた。それゆえ、物へのフェティシズムを円谷の演出上の特徴とみなすことは妥当ではない。一方で、この概念には本編と特撮を媒介すると同時に、両者の完全な融合を阻害するという両義的な役割が与えられており、実相寺は「お話とうまくからみ合ったこのフェティシズムに酔わされる」（実相寺 2001: 14）とも記述している。これらを考慮すれば、物へのフェティシズムは特撮を見る経験の特徴を概念化したものと捉えられる。

ところで、実相寺は物へのフェティシズムを感じる円谷の映像を「寓話の世界」（実相寺 2001: 10）や「特撮の作る異空間」（実相寺 2001: 14）と呼び、「近頃流行のルーカス、スピルバーグ等の映画を、これ迄の特撮とは別のジャンル」（実相寺 2001: 10）と区別していた。このことは、円谷の死後に生じるモーション・コントロール・キャメラやCGなどの新しい映像技術の登場と、それに伴う特撮ジャンルの形成・再編において、本書で記述してきた特撮を見る経験の特徴が重要な位置づけを与えられている可能性を示唆している。「特撮には最新技術では表現できない魅力がある」と主張されるときの魅力（の一つ）は、本書で記述してきた特撮を見る経験の特徴なのだ。

もちろん、特撮の魅力をどこに見出すかは論者によってもさまざまであろうから、これは一つの仮説にすぎない。ただ、特撮を見る経験の特徴に重要な位置づけを与えることが、一定の広がりをもっていたことはたしかである。たとえば、ウルトラシリーズの脚本を担当した上原正三は次のように述べている。

> 円谷特撮の特徴は、本物そっくりに見せるのではない。いかにもスタッフが苦労してつくったと思われるミニチュア、どこかぎこちないその動き、ときたま見え隠れするピアノ線、そうした手づくりの感触。画面からスタッフの汗の匂いまでも伝わってくる、それが円谷特撮の最大の特徴である。観客は、あの戦車の動き、少しヘンだなと思いながらいつの間にか円谷特撮の世界に引きずり込まれている。〔……〕CG技術を縦横に使うデジタル全盛の現在からすれば、ピアノ線での操演やミニチュアワークを駆使する円谷特撮はアナログ時代の古い技術になるだろう。だが、そっくりなのに質感がなく、薄っぺらに見えるCG画面には魅力がない。（上原 2001: 67）

「あの戦車の動き、少しヘンだなと思いながらもいつの間にか円谷特撮の世界に引きずり込まれている」という経験が、本書で記述した認識の更新と重なることはもはや明らかだろう。それゆえ、こうした語りがいつ頃から普及し、どの程度の広がりをもっていたのかといった点を検証することが、今後の特撮研究の課題の一つといえる。

そして、実相寺や上原が特撮を新しい映像技術と対比させていることから、この検証の際にはアメリカの特殊効果史に関する近年の研究を踏まえた議論が重要になると考えられる。本書の議論で度々紹介したターノックは、一九七〇年代以降の特殊効果の美学（aesthetics）として「フォトリアリズム」と「運動感覚」を挙げ、とりわけ今日では、キャメラを通して撮影された映像を再現する「フォトリアリズム」――手持ちキャメラのブレやレンズフレアなど、肉眼での経験とは異なる表現様式を含む――がブロックバスター映画の支配的な美学になったと主張している（Turnock 2015; 住本 2020）。特撮とCGなどの新しい映像技術の対比が語られる際にしばしば言及される「リアル」さは、まさにこの「フォトリアリズム」を指すと考えられるため、ターノックの議論は特撮ジャンルの美学を検討する際の参照項となるであろう。

また、ターノックは、新しい映像技術によって一九八〇年代以降に周縁化したストップ・モーション・アニメーションの美学を「リアルすぎない主義（not-too-realism）」と呼んでいる（Turnock 2015: 239-50）。時代遅れとみなされながらも「フォトリアリズム」と対抗関係にある点で、一九八〇年代以降のストップ・モーション・アニメーションは、同時期の特撮と似た立ち位置にあるといえる。そのため、両者の比較は興味深いテーマのように思われる。[1]

## 一-四　商業的成功と並行した知覚規範の形成過程

先ほどまとめたように、映像の動きに注目することで、特撮を見る経験で生じている認知プロセスを記述することができる。しかし、アトラクション概念に含意されたメタな認識を伴う観客の反応が、必ず特撮の仕掛けを意識した驚きやそのタネを詮索することになるとは限らない。映像から距離を取った認識が生じうる間隙で、観客は物語世界の今後の展開に思いを馳せる可能性もあれば、その間隙を退屈に感じることもありうるからだ。それゆえ、信疑のあいだを行き来する経験が成り立つためには、特撮に対する関心をもっているという観客側の条件が必要となる。では、円谷の作品を見ていた当時の観客たちはこの条件を満たしていたのだろうか。

本書では、円谷の執筆記事をはじめとしたいくつかの資料から、当時の観客も少なからず特撮に対する関心を抱いていたことを示した。それらの資料のなかには、作品を鑑賞した結果として特撮に対する関心が生じたと考えられるケースもあれば、技術解説記事を読むことによってこの関心が形成されたケースもあった。この二つは、それぞれ、作品の鑑賞によって特撮に対する関心を抱き、技術解説を求めるようになるという因果経路と、技術解説記事を読んだことで特撮に対する関心を抱き、作品を鑑賞するようになるという因果経路を示唆している。この二つの経路は両者を相互に強化するポジティブフィードバックになっているため、論理的には、この循環が成立すれば、観客たちの特撮に対する関心は高まり、一方では技術解説記事の消費が促され、他方ではメタな認識を伴った経験が強められることになる。中期には媒体側から頻繁に「タネ明かし」の取材が申し込まれており、一般誌上に掲載された円谷の執筆記事が急増していた。このことから、中期には作品の鑑賞と技術解説記事の消費の循環が成立していたと考えることができる。したがって、本書で記述したような特撮を見る経験は当時の観客にも広がっていたと結論づけられる。

この議論は、商業的な成功を伴った「知覚規範の形成」はいかにして成立するのかという本書の二つ目の理論的な問いに対して有益な知見を提供している。というのも、この議論は技術解説記事の消費と作品の鑑賞という二つの実践が循環することで、観客の注意を特撮に向けさせる新しい知覚規範が形成されたこと――いいかえると、特撮に対する関心を抱く性向ないし図式が観客に身体化されたこと――を示しているからだ。

---

［1］この点については真鍋公希（2023）でも論じた。

第二章でみたように、ブルデューは、即座の商業的成功を求めた作品があらかじめ存在する需要に順応するのに対し、限定生産の下位場で制作された作品はその時点で市場をもっておらず、新しい知覚規範を受容者に押しつける必要があるために、受容されるまでに時間がかかると論じた（Bourdieu 1992=1995/1996）。この議論は、前衛的な作品が理解されるようになるまでに時間がかかることを適切に説明している。とはいえ、新しい知覚規範がすべて、このような過程で成立するわけではない。とりわけ、即座の商業的成功を果たした作品をめぐって新しい知覚規範が成立する場合には、これとは異なる過程を経ると考えられる。本書で論じた観客の注意を特撮に向けさせる新しい知覚規範は、まさに商業的成功と並行して成立したものであり、この点で知覚規範をめぐるブルデューの議論を発展させるための適当な事例であった。

すでに述べたように、円谷にとって、技術解説記事を含めた記事執筆は観客に特撮の意義をアピールするとともに、作者としての認識を形成する戦略の一つだった。それゆえ、この新しい知覚規範は円谷の戦略を超えたところで成立したといわねばならない。第七章で示したように、この過程において重要な役割を果たしたのは、円谷をはじめとした制作者ではなく、作品の鑑賞に技術解説記事の消費という別の実践を結びつけた当時の受容者たちであった。つまり、この事例において、受容者は作品あるいは制作者から一方向的に影響を受けたのではなく、新しい規範の成立に中心的に関与したのである。このように、本書では受容者によって作品の鑑賞とは別の実践が結びつけられることで新しい知覚規範が――作品から一方向的に押しつけられるのではなく――形成される過程を明らかにした。

もっとも、資料の限界もあって、本書の議論は断片的な記述にとどまらざるを得なかった。実際、作品の鑑賞と技術解説記事の消費の循環は論理的な可能性として提示されただけで、この循環が直接読み取れる資料を示せたわけではなく、また、本書で記述したような特撮を見る経験が当時の観客にどの程度広がっていたのかという点も定かではない。そのため、今後の文化社会学的な課題の一つとして、別の事例による検証や本書の議論との比較を通して、新しい知覚規範が形成されていく詳細な過程を明らかにすることが挙げられよう。

## 二　遺産の継承

本書でみてきたように、円谷は、トーキー化から戦時体制を経て戦後は史上最高の黄金期から急速に斜陽化する激動の映画業界の趨勢に、ときに流され、抗い、そして乗じることでその歩みを進めてきた。こうして異端のキャメラマンから最終的には特撮の神様へと登り詰めた円谷は、一九七〇年一月二五日にこの世を去る。同年三月には東宝の特殊技術課も廃止され、まさしく一つの時代に終止符が打たれた。

かくして波乱の幕開けとなった一九七〇年代、ハリウッドではモーション・コントロール・キャメラをはじめとした新しい映像技術が次々と開発され、「フォトリアリズム」が支配的な美学となっていく（Turnock 2015）。そして、その後も映像技術の開発と普及は進み、今日ではCGを使っていない商業映画は存在しないといっても過言ではない。当然のことながら、日本の特撮もこの潮流と無縁ではなく、それゆえ円谷を継ぐ者たちは幾多の葛藤や困難に直面しながら円谷の功績を継承することになった。この継承の過程を記述していくこともまた、特撮研究にとっての大きな課題といえよう。[2] 本書でこの課題に取り組む余裕は残されていないが、最後に、『シン・ウルトラマン』（二〇二二）

[2] この継承を考えるうえでは熱烈な特撮ファンたちの存在を無視することはできない。彼／彼女らは、ファン共同体の形成や怪獣映画の自主制作などを通して一九七〇年代以降の特撮文化の一翼を担っていった。その様子は、おたく史研究者の吉本たいまつ（2009）や映画学者の板倉史明（2019, 2021）に詳しい。こうした熱烈なファンたちの活動からは、『週刊少年マガジン』での大伴の執筆記事にみられたのと同じ欲望を読み取ることができる。その意味で、第七章で論じた大伴の実践は、まさに円谷と円谷以後の時代の結節点に位置づけられるのである。
なお、円谷の功績のすべてが引き継ぐべき財産であったわけではないことには注意しなければならない。その一例は、後期の円谷が健全さに準拠することによって、怪獣映画に付随する「子ども向け」という定義を受け入れたうえで、そこに積極的な意味を付与していったことだろう。円谷の後継者たちにとって、この「子ども向け」というラベルは、ときにスティグマとして機能する否定すべき負債でもあった。

を例として、この継承の現在地を概観しておきたい。

周知のとおり、本作の特徴は、円谷以来の「伝統的」な手法とされてきたミニチュアや着ぐるみをほとんど利用せず、登場するキャラクターが全編にわたってCGで描かれている点にある。本作でCGを使用した理由について、准監督を務めた尾上克郎はパンフレットで次のように述べている。

特撮のコアなファン向けに作る企画なら、昔ながらのアナログ特撮というやり方もありでしょう。でも、この作品は、より多くのお客様に満足していただける、間口の広い映画にする必要がありましたから、次元の違うハードルを超えなければなりません。要は特撮かCGか?なんてのは大きな問題ではなくて、この作品で、お客さんに満足していただける最善のチョイスは何か?だけだったんです。〔……〕ただ特撮かCGかに関しては企画次第だと思うんです。ミニチュアを使ったプラクティカルな特撮の方が、よりお客様に喜んでいただけるという作品も絶対にあるはずですし。(『シン・ウルトラマン』パンフレット:30)

「より多くのお客様に満足していただける、間口の広い映画にする」ためには、ミニチュアを使った特撮ではなくCGを使用するのが「最善のチョイス」である。この判断の背景には、日本でもハリウッド映画的な「フォトリアリズム」が支配的な美学となっている――ゆえに、それと馴染まないミニチュア特撮は一般観客には支持されない――ことがあるように思われるが、ともかく、このコメントだけをみれば、『シン・ウルトラマン』は円谷の継承というよりも、むしろ円谷からの決別という側面のほうが大きいように思える。

しかし、本作におけるCGは、決して「間口の広い映画にする」ためだけに使われているわけではない。というのも、本作ではミニチュア特撮を再現するかのような描写が随所に組み込まれているからだ。その典型例は、ウルトラマンの飛翔する姿である。その身体は全編を通して「吊り人形」的で、飛翔する間、ウルトラマンの姿勢が変わることはない。ＣＧを使ったのだから、空中を縦横無尽に飛び回るアクロバティックな姿を描くこともできたはずなのに、本作では、そのような描写は一貫して避けられている。そのことは、同じく初代ウルトラマンをリメイクした『ＵＬＴＲＡＭＡＮ』（二〇〇四）で板野一郎が演出した空中戦と比べれば一目瞭然だろう。また、着ぐるみを模したウルトラマンや「禍威獣」の皮膚感にも、ミニチュア特撮の再現を見て取ることができる。

このようなミニチュア特撮を再現する描写について、尾上は別のインタビューで次のように語っている。

松田　『シン・ウルトラマン』では、特撮以外の技術を使って「特撮っぽい映像」の質感をあえて出そうとしているように見えました。「特撮っぽい映像」を意識的に目指したシーンはどこですか。

尾上　「禍威獣」の質感なんかは、表皮の動きも含めて着ぐるみのテイストを出そうとしています。ウルトラマンが飛んでいる時に、棒みたいにくるくる回ったりするカットもそうかな。あれは初代でも人形を使った特撮でしたから。庵野、樋口、僕はほぼ同世代で、特撮を浴びながら育ったから、特撮っぽくなってしまうのはしょうがないんじゃないかな。

松田　そもそも特撮の世界観や特撮の映像をＣＧで再現するという発想自体がとても興味深いと思いました。

〔……〕

尾上　特撮のテイストというか世界観というのは独特のものだと思うんですよ。それを愛でるのが「文化としての特撮」で、『シン・ウルトラマン』はその申し子なわけです。だから特撮テイストがないと、もはや「ウルトラマン」ではないんじゃないか、と考えたんです。だからツールがＣＧに変わったとしても自ずと特撮テイストは意識せざるを得ない。（松田 2022: 3）

ここで尾上のいう「特撮のテイスト」や「世界観」も、実相寺が論じた「特撮の作る異空間」と重なるもののように思われる。だが、両者の主張は対照的だ。実相寺は、円谷の手掛けた作品に感じられる独特の世界観をミニチュアという技法を強く結びつけていた。それに対して、ここで尾上は、「特撮のテイスト」という表現と「ツール」の選択が別の問題であると提起している。だからこそ、「ツールがCGに変わったとしても自ずと特撮テイストは意識せざるを得ない」し、CGを使って「特撮テイスト」を表現しようとすることも可能なのである。

このことを踏まえると、CGによってミニチュア特撮を再現するという『シン・ウルトラマン』の描写は、円谷が手掛けた作品の魅力を、ミニチュアという技法に依らずに継承しようとする試みであったといえる。それはある意味で、円谷作品の魅力をより純粋なかたちで継承しようとすることでもある。それゆえに、この試みは、円谷作品の魅力とはいったい何なのか、という問いを私たちに改めて投げかけてもいる。

本書は、この問いをめぐる筆者なりの探究の中間報告でもあった。残された課題は多いが、本書がこの問いをめぐる議論を発展させる一助となれば、これに勝る喜びはない。

# 付録　一九五〇年代後半の「作品の空間」の描出

　ここでは、第五章で検討した日本映画における一九五〇年代後半の作品の空間の描出過程と、用いたデータの詳細を示す。まず、ブルデューのいう「作品の空間」概念について確認し、これを描出することが分析的にどのような意義をもつかを検討する。次に、分析方法とデータの取得、変数の選択等について説明する。その後、得られた分析結果に沿って解釈を行う。

## 一　場の理論における「作品の空間」概念の位置づけ

　第二章で述べたとおり、場は特定の社会領域に参加する行為者が、所有する資本の種類や多少に基づいて位置づけられる空間である。これと同様に、各行為者の生産した作品が一定の秩序に基づいて配列される空間を、ブルデューは「作品の空間（l'espace des œuvres）」と呼ぶ。そして、この作品の空間も場の理論による分析の対象となる。

　芸術作品の科学はしたがって、二つの構造間の関係を固有の対象とすることになる。ひとつは生産の場における位置同士の（およびそれらの位置を占めている生産者同士の）客観的な関係の構造、もうひとつは作品の空間における立場決定（prise de position）同士の客観的な関係の構造である。二つの構造間には相同性が成立するという仮説にのっとって、この探求は二つの空間のあいだに、そしてそれらの空間においては相異なる外見のもとに提示されている同一の情報同士のあいだに、ひとつの往復運動を作りだすことで、相互関係の中で読まれる作品と、これもまた客観的な関係の中で把握される行為者またはその位置の諸特性とが同時に差し出す情報を、ともにあわせもつことができる。（Bourdieu 1992: 324–5=1996: 91–2）

ここでいう立場決定とは、どのようなジャンルや表現を採用するかといった作品制作上の諸々の判断を意味する。行為者が彼／彼女の所有する資本に応じて、場で特定の位置を占めるのと同じように、作品はそれがもつ種々の特徴に記された立場決定によって、作品の空間のなかで一つの位置を占めている。そして、どのような作品を制作するかが行為者の獲得できる資本に影響し、行為者の場での位置を決定していくため、仮説としては、作品の空間と場のあいだに「相同性が成立する」。いいかえると、作品の空間と場は「相異なる外見のもとに提示されている同一の情報」を保持する。このように、作品の空間と場は、そこに含まれる要素（作品か行為者か）こそ異なるものの、基本的には同じ構造をもつという仮説に基づいて分析が進められる。

また、この要素の違い以外に、ブルデューは作品の空間と場の違いとして次のような特徴を論じている。

それらの行為者や制度の戦略は、場に固有の資本（制度化されているといないとを問わず）の配分構造の中でそれらが占めている位置に応じて、それらがこの分配構造を保守しなければならないのか変容させなければならないのか、つまり現行の慣習を永続化させなければならないのか転覆しなければならないのか、という利害しだいで決まってくる。けれども支配者と上昇志願者、正統派と異端派の闘争の賭け金＝争点、および彼らが自分の利益を前進させるために活用できる戦略の内容そのものは、問題系として機能することで可能な立場決定の空間を規定し、そうして解決の探求を、したがって生産の進化を方向づけるように作用する、すでに実行されている立場決定の空間しだいで決まることになる。（Bourdieu 1992: 325=1996: 92）

場が行為者の戦略を形式的に規定する――保守戦略を採るか、転覆戦略を採るかという方向を規定する――のに対し、「すでに実行されている立場決定の空間」すなわち作品の空間は、「問題系として機能」することで「生産の進化を方向づけるように作用」し、戦略の具体的な「内容そのもの」を規定する。つまり、場が行為者同士の闘争関係に照準したものであるのに対して、作品の空間は、場と同じ構造を取りながらも、より場の固有の論理の内実を捉えるのに適したものといえる。ただし、こうしたアクセントの差異は分析上の便宜的な区別にすぎない。実際の分析は、二つの空間に相同性が成り立つという仮説のもと、場を構成した後にジャンルや主題の差異を参照して行為者間の対立を解釈したり、作品の空間を構成した後にそこから行為者の位置関係を推測したり、といった作品の空間と場の「往復運動」によって進められなければならないからである。

こうしたブルデューの議論は、次の分析上の含意をもっている。量的な手法によって文化生産の場の構造を捉えようとする場合、行為者と制作された作品のいずれを標本（データセットの一行に相当する）として選択しても問題ない。適切な変数を選択できていれば、理論上は二種類の標本から得られた分析結果は同じになる（相同性が成立する）からである。それゆえ、実際の分析においては、もし行為者と作品のいずれの標本も得られるのであれば、より「正確」なデータセットを入手できたほうで分析すればよい。

さて、特撮技師である円谷英二に注目する本書の場合、標本として行為者を選択することは困難である。なぜなら、円谷を標本として含むデータセットを作成しようとすれば、映画監督のリストで描かれる「監督の場」に円谷を含めてもよいのか、といった疑問が生じるからだ。この疑問は、特技監督という地位を新たに作り出し、また執筆戦略を通して「円谷が作者である」という認識を形成していった円谷の特殊性ゆえのものといえよう。それに対して、作品を標本とした分析（作品の空間の描出）の場合は、こうした疑問は生じない。そのため、ここでは作品の空間を描出し、その構造を把握したうえで円谷が占めていた場での位置を推測するという手順で分析を進める。

## 二　方法とデータ

### 二―一　多重対応分析

映画作品をデータに用いた社会学的研究としては、ガブリエル・ロスマンとオリバー・シルケの研究を挙げることができる。この研究では、ブルデューが論じた「芸術と金銭の対立」という構造的な特徴を理論仮説に採用し、ジャンル選択と受賞経験による経済効果をモデル化している（Rossman & Schilke 2014）。だが、本書ではまさにこの「芸術と金銭の対立」とは異なる構造の様相について検討しているため、記述的・探索的な分析手法を取ることが望ましい。そのため、ここではブルデュー自身も定量的な分析で用いている多重対応分析（multiple correspondence analysis）を採用する。[1]

多重対応分析とは、離散変数によって得られるクロス表の情報を、相関の高い変数内カテゴリーに注目して、それらのもつ情報をより少ない次元（軸）へと圧縮し、変数間の関係を数値化・図示できる分析方法である。また、得られた次元（軸）を用いて図示化できるのは変数だけでなく、同じ軸によって描かれる平面に個々の標本をプロットすることもできる。論理的には、この個々の標本をプロットして得られた図が、作品の空間（あるいは場）を視覚的に表していることになる。分析は得られた軸の解釈を中心に進められる（Le Roux 2010）。

以下で詳述するように、今回分析に用いる変数のほとんどは離散変数であるから、この点でも多重対応分析は本書に適した手法といえる。場の理論を背景として多重対応分析を用いた社会学的な分析は、日本では、社会階層論の文脈で多くの蓄積がある（磯・竹之下 2018; 片岡 2018; 近藤 2011 など）ほか、平石貴士（2019）が音楽アーティストについての分析を行っている。また、本書にもっとも近接するテーマの研究としてはジュリアン・デュヴァルによるフランスの映画場の分析が挙げられる（Duval 2006）。しかし、デュヴァルの研究は監督を対象とした分析であり、作品の空間を描出しようとする本書の意図とは異なる。また、対象とする国や時代も違うため、変数選択の直接の参考にはできない。そのため、ここでは独自に変数を設定し、分析を進めることにした。

## 二-二　分析期間の設定

本来であれば前期や後期も分析の対象とすべきであろうが、ここでは、妥当なデータセットが取得できた中期の前半（一九五五～一九五八年の四年間）を取りあげて分析する。この期間は作品の空間の構造が安定的に持続していたと考えられるため、四年間のデータを統合して分析することができる。以下では、この点について説明したい。

当時の映画産業は、映画の製作から配給、興行までを垂直的に支配するスタジオ・システムが機能していた。また、一九五三年には俳優や監督などの引き抜きを禁止する「五社協定」が結ばれている[2]。これらから、制作から上映までにわたって利用できる種々の資源は、製作会社によって大きく規定されていたと推察できる。加えて、当時の批評では「松竹大船調」「東映時代劇」「東宝特撮」といった表現がなされることもあり、製作会社ごとに作品内容に関するイメージも異なっていたといえる[3]。以上より、製作会社の状態は作品の空間の構造を大きく左右する一つの要因で

［1］この手法は、ブルデューの因果論とも親和的とされる。たとえば、以下の記述を参照されたい。「直接的決定という単純な次元構造しか知らない線的思考とは縁を切り、各要因のうちに宿っている錯綜した関係の網を再構築することに専念するのでなければ、実践の無限の多様性を統一的であると同時に個別的なしかたで説明することはできない」（Bourdieu 1979: 119=1990 (I): 167）。

［2］一九五四年に製作を再開した日活は、一九五八年にこの協定に加わることになる。

あったと考えられる。

そして、製作会社に着目すると一九五四年に一つの分水嶺をみることができる。この年から東映が二本立ての製作・興行を強行し、六月には日活が製作を再開した。この二つの出来事は個々にも重要であるが、独立プロダクションで製作された映画の上映機会を奪うことにつながった点でも注目に値する。実際、左翼的な傾向が敬遠されるようになったことも相まって、一九五三年をピークに独立プロダクションブームは衰退していく(田中 1976: 84)。これらを踏まえると、一九五五年以降は製作会社に関連する変動が収束した時期とみなすことができよう。

一方で、第三章で言及したとおり、映画の観客数は一九五八年をピークに減少していく。もちろん、観客数の減少がすぐに映画場(あるいは作品の空間)の変質を意味するわけではないが、一九六一年の新東宝の倒産やエロ・やくざ映画の流行といった一九六〇年代の日本映画を象徴する出来事を考慮すれば、観客数の減少が作品の空間に何らかの変化をもたらした蓋然性は高いといえよう。そのため、構造が安定的に持続していた時期という条件を踏まえるならば、一九五八年で分析期間に区切りを設けることには一定の妥当性が認められる。[4]

このように、一九五五〜五八年は「大手の製作会社が出揃ったことで独立プロダクションが一貫して衰退傾向にあり、なおかつ斜陽産業化の陰りはまだみえない時期」として捉えられるため、データを統合して分析することが可能である。では、この時期において作品の空間を描出するためには、どのような変数を選択する必要があるのだろうか。

### 二—三　標本集団と変数

分析するデータセットは、時事通信社が刊行する『映画年鑑』の一九五六年版から一九六〇年版に掲載された「作品記録」と「興信録」をもとに作成した(ただし、後述する批評回数は除く)。標本集団に含まれる作品は、「作品記録」に掲載されていた映画作品のうち、一九五五年一月一日から一九五八年一二月三一日のあいだに封切られたものである。データの欠損や明らかな誤植のうち、確認できるものについては、日本映画情報システム、[5] KINENOTE、[6] allcinema[7]の三つのオンラインデータベースから情報を補い、それでもデータの欠損がある場合は当該作品を除外して分析している。映画の全件数は四年間で一九〇〇件であり、実際に分析されたのは一八四七件である。分析に用いた変数は、製作会社、観客数、批評回数、ジャンル、上映時間（長編／中短編）、色彩（カラー／モノクロ）、原作・原案の有無の七つであり、すべてアクティブ変数[8]として分析した（表1）。以下では、それぞれの変数の選択理由とコーディングの方針を示す。

## （一）製作会社

前項で検討したように、製作から上映までのあいだで利用できる資源は、製作会社によって大きく異なると考えられる。データとして利用したのは、「作品記録」に表記された製作会社名である。表記ブレを整理したうえで、系列会社である東京映画と宝塚映画は東宝に含め、作品数の少ない独立プロダクションは一つにまとめた。その結果、分析に用いたのは「松竹」「東宝」「大映」「東映」「新東宝」「日活」「独立」の七カテゴリーとなった（表1）。なお、今回のデー

---

［3］この点については、ミツヨ・ワダ・マルシアーノによる次の指摘も参照されたい。「日本映画におけるジャンルの歴史的特徴は、特定のジャンルが映画会社や撮影所と密接に結びついていることである。日本映画のジャンルは、各々の映画会社を宣伝するために設けられ利用されてきた。特に一九二〇年代から三〇年代という時代は、松竹ならば女性映画か家庭劇、日活といえば新派悲劇か時代劇といった風であり、この傾向は戦後になってますます強化され固定化される。大映の母もの映画、日活のアクション映画ないしは太陽族映画、東宝の怪獣映画やマンガ映画、そしてヤクザ映画といえば東映といった、映画会社とジャンルとの結びつきの例は数限りない」（ワダ・マルシアーノ 2009: 73）。
［4］分析期間が一九五八年までとなったもう一つの理由は、一九五九年のデータが欠損しているという分析上の問題であった。
［5］https://www.japanese-cinema-db.jp/（最終閲覧日：二〇二一年八月三〇日）
［6］http://www.kinenote.com/main/public/home/（最終閲覧日：二〇二一年八月三〇日）
［7］http://www.allcinema.net/prog/index2.php（最終閲覧日：二〇二一年八月三〇日）
［8］多重対応分析では、軸の算出に用いるアクティブ変数のほかに、軸の算出に影響を与えない補足変数を追加することができる。

タでは、日活と新東宝の作品で、ほかの変数が欠損値となる標本の割合が高かった。そのため、ここでバイアスが生じている可能性は否定できない。

### （二）観客数

『映画年鑑』の「興信録」では、浅草興行街の代表的な封切館の観客動員数の週計が記録されている。これらは、映画作品がどのくらい興行的に成功したのかを直接に示すデータといえる[9]。類似のデータとして「興信録」には興収額も併記されており、もちろんこの二つは強く相関しているのだが、興収額を観客数で割ることで得られる単価にはばらつきがあった。このばらつきが映画館ごとの違いを反映していることを踏まえれば、興収額は、製作会社の影響を間接的に反映したデータとみなされる。そのため、興行成績をより純粋に示していると考えられる観客

**表 1　変数ごとの単純集計**

| 変数 | カテゴリー | 度数 | 割合（%） |
|---|---|---|---|
| 製作会社 | 松竹 | 266 | 14.40 |
| | 新東宝 | 191 | 10.34 |
| | 大映 | 305 | 16.51 |
| | 東映 | 409 | 22.14 |
| | 東宝 | 314 | 17.00 |
| | 独立 | 119 | 6.44 |
| | 日活 | 243 | 13.16 |
| 観客数 | ～1万（A） | 394 | 21.33 |
| | ～1万（B） | 147 | 7.96 |
| | 1～2万（A） | 551 | 29.83 |
| | 1～2万（B） | 304 | 16.46 |
| | 2～3万（A） | 198 | 10.72 |
| | 2～3万（B） | 104 | 5.63 |
| | 3万～（A） | 54 | 2.92 |
| | 3万～（B） | 44 | 2.38 |
| | 上映なし | 51 | 2.76 |
| 批評回数 | 0回 | 403 | 21.82 |
| | 1回 | 1218 | 65.94 |
| | 2回 | 133 | 7.20 |
| | 3回 | 93 | 5.04 |
| 上映時間 | 中短編 | 378 | 20.47 |
| | 長編 | 1469 | 79.53 |

| 変数 | カテゴリー | 度数 | 割合（%） |
|---|---|---|---|
| ジャンル | SF・怪奇幻想 | 34 | 1.84 |
| | メロドラマ | 83 | 4.49 |
| | 家庭・サラリーマン | 51 | 2.76 |
| | 歌謡・ミュージカル | 49 | 2.65 |
| | 学生・青春 | 75 | 4.06 |
| | 記録・伝記 | 35 | 1.89 |
| | 現代活劇 | 138 | 7.47 |
| | 現代喜劇 | 161 | 8.72 |
| | 現代人情 | 266 | 14.40 |
| | 現代探偵 | 110 | 5.96 |
| | 現代恋愛 | 151 | 8.18 |
| | 児童映画 | 24 | 1.30 |
| | 時代活劇 | 420 | 22.74 |
| | 時代喜劇 | 47 | 2.54 |
| | 時代人情 | 104 | 5.63 |
| | 時代探偵 | 57 | 3.09 |
| | 社会・風刺 | 42 | 2.27 |
| 色彩 | カラー | 282 | 15.27 |
| | モノクロ | 1565 | 84.73 |
| 原作 | 原作あり | 1262 | 68.33 |
| | 原作なし | 585 | 31.67 |

数を変数に採用した。

また、前節でも触れたように、当時の映画館では二本立て興行が行われているため、このデータでは一本目に上映された映画と二本目に上映された映画の観客数を、同じ値として処理せざるを得ない。だが、上映順にも興行的な意味があると考えられるため、分析では単独または一本目に上映された作品（A）と、二本目に併映された作品（B）に分け、それぞれで動員数を「〜1万」「1万〜2万」「2万〜3万」「3万〜」の一万人単位でコード化した。

さらに、「作品記録」にはあるものの、「興信録」に掲載された映画館では一度も上映されていない新作映画も存在する。これらをデータの欠損と捉えることもできるが、ここではむしろ、大手製作会社の封切館で上映されていないこと自体に固有の意味があると考え、「上映なし」として分析に含めた。したがって、変数のカテゴリー数は九である。

## （三）批評回数

作品の質的な評価の指標としては、作品がどのように批評されたのかを挙げることができる。とはいえ、レトリカルな表現も含まれる批評言説を安定した基準に従ってコード化することは、質的にも量的にも困難である。そこで、本書では、批評やランキングに取り上げられているかどうか、ということに着目して、そのカウントデータを質的な評価の指標として扱うことにした。四年間を通して安定した本数の批評記事が掲載されていることから、隔週で発行されている雑誌『キネマ旬報』に毎号掲載された「日本映画批評」および「新映画評」[10]、同じく『キネマ旬報』で毎年二月に発表される「キネマ旬報ベスト・テン」の「日本映画の部」へのノミネート、そして月刊誌『映画評論』に

［9］ただし、東京の封切館での記録という点では、地方での上映の様子や興行成績、また封切後にどれほど再上映される機会があったのかなどはわからない。そのため、ここで描出された作品の空間が、当時の日本国内の全体的な受容とは乖離している可能性がある。この点については、後述の第三軸の解釈における議論も参照されたい。

毎月掲載されている「作品評」の三つを対象とし、それぞれでの掲載の有無を合計して、「0回」から「3回」までの四カテゴリーを構成した。

なお、期間は、『キネマ旬報』「日本映画批評」と『映画評論』「作品評」ではともに一九五五年一月号から一九五九年六月（下旬）号まで、「キネマ旬報ベスト・テン」は一九五五年度から一九五八年度の四回である。四年間で、『キネマ旬報』の「日本映画批評」には一四三一件、「キネマ旬報ベスト・テン」に一七〇件、『映画評論』には一六〇件の作品が掲載されていた。ここから、「0回」は批評家から無視された作品、「1回」は全体の約三分の二を占めている点で標準的といえる作品、「2回」は批評家に注目された作品、「3回」は批評家から高く評価された作品を、それぞれ意味しているとみなすことができる。

（四）ジャンル

すべての作品を排他的なジャンルに振り分けることは、現実の映画の制作／受容からはやや乖離のある手続きといえる。また、そもそもある作品をどのジャンルに分類するかということ自体が大きな問題であることも間違いない。こうした点で、ジャンルを変数に加えることには困難も伴うが、ジャンルが作品内容を端的に表す指標として一般的であることも事実であり、作品の空間の構造を明らかにするためには不可欠の変数といえる[11]。

ここでは、右記の問題を克服するために、作品とジャンルを一対一対応させ、なおかつ、上映とほぼ同時代に同一媒体で行われた分類として「作品記録」に掲載されたジャンル名を変数に用いた。ただ、実際には特殊なジャンル名が割り振られるケースや表記ブレも多く、コード化前には三六九のジャンルが存在していた。こうした限界はあるものの、ほかに適切なリストが存在しないこともあり、類似していると思われるジャンルを統合した一七カテゴリーで分析した。

（五）上映時間（長編／中短編）

当初から併映を目的として制作された作品や独立プロダクションによる映画の一部は、上映時間の短いものも多い。こうした特徴を分析に反映させるため、「作品記録」に掲載された映画フィルムのロール数に注目し、一巻あたり約十分と考え、六巻以下を「中短編」、七巻以上を「長編」の二カテゴリーにコード化して変数に加えた。

（六）色彩（カラー／モノクロ）

カラー映画であることは、それが当時には広告の惹句になっていたことからもわかるように、観客の注目を集めるために効果的な特徴であった。また、カラーフィルムはモノクロフィルムより高価であるから、制作の面では、カラーの作品にはより多くの資源が割かれているとも考えられる。こうした理由から、「興信録」に記録されたカラー／モノクロを変数とした。

（七）原作・原案の有無

小説や演劇、ラジオドラマなどの作品を原作とした映画は、とりわけ原作が有名な場合には観客の注目を集めるこ

---

〔10〕『鰯雲』（一九五八、成瀬巳喜男）および『彼岸花』（一九五八、小津安二郎）は「日本映画批評」に掲載されていなかったが、これは長い批評欄である「新映画評」で取り上げられたためと考えられる。そのため、この二作品については、「新映画評」での掲載をカウントすることにした。

〔11〕デュヴァルの分析で用いられた変数は、経済的な成功を表す指標と受賞歴のような象徴的な成功を表す指標が中心であり、制作された作品のジャンルといった質的な特徴は含まれていない（Duval 2006）。この点がデュヴァルの分析の限界といえよう。もっとも、映画の場合には一人の監督がまったく異なるジャンルの作品を制作することも多いため、個人を標本集団とした場合には、この種の質的な特徴を変数に加えることはそもそも困難である。作品を標本集団とすることは、この問題を克服するうえでも有効な方針と考えられる。

とができる。一方で、原作・原案がある場合は、企画から完全にオリジナルな作品に比べると、制作者の自由度は小さくなる場合もあると考えられる。これを踏まえ、「作品記録」に原作・原案者が表記されているか否かによる二値変数を分析に加えた。

## 三　分析結果と軸の解釈

分析にはR ver.3.6.3を、多重対応分析の計算にはFactoMineR ver.1.4.1（Lê et al. 2008）を、結果の図示にはggplot2 ver.3.3.3（Wickham 2016）を用いた。表2に示したのは、データ全体のばらつきに対する各軸の寄与率、つまりデータセットのもつ情報全体に占めるその軸の情報量を示す指標である。離散変数を扱う多重対応分析では、一つの軸の寄与率はそれほど高くないため、この値のままでは評価が難しい。そこで、ここではジャン＝ポール・ベンゼクリが開発した調整法によって得られる修正寄与率を確認する。この修正寄与率は、第一軸で五三・五％、第二軸で一七・三％、第三軸で一二・四％であり、第三軸までにデータセットのもつ情報全体の約八〇％が含まれているとわかる。また、第四軸以降は修正寄与率が十％を下回っており、要約できている情報量が第三軸までと比べて小さいため、第三軸までを取り上げて分析を進めていく。

分析は、それぞれの軸が何を意味しているのか（データ全体のうち、どういった情報を圧縮して保持しているのか）の解釈を中心に進められる。この際に注目するのが、軸に対する各カテゴリーの寄与率（contribution）――軸に圧縮されている情報のうち、どの程度をそのカテゴリーが占めているのかを示す指標――である。寄与率の高い複数のカテゴリーに注目し、それらの軸上での位置関係をみることで、当該の軸がもつ情報の特徴を読み取ることができる。

各カテゴリーの寄与率を合計することで、変数別の寄与率を求めることができる。これを示したのが表3である。この表で示された期待値とは、カテゴリーの寄与率の平均値二・三三％と各変数が含むカテゴリー数（製作会社であれば七）の積をとったものであり、軸への寄与率がこの期待値を大きく上回っているほど、当該の軸に与えている変数の影響が大きく、寄与率が小さければ小さいほど、その軸がもつ情報と当該の変数は無関係であると判断できる。もちろん、これは各カテゴリーについても同様で、寄与率が平均値二・三三％を超えているカテゴリーは、相対的に

表2　各軸の固有値と寄与率（上位5軸）

| 軸 | 固有値 | 寄与率 | 累積寄与率 | ベンゼクリの修正 寄与率 | ベンゼクリの修正 累積寄与率 |
|---|---|---|---|---|---|
| 1 | 0.32 | 6.20 | 6.20 | 53.49 | 53.49 |
| 2 | 0.24 | 4.72 | 10.92 | 17.33 | 70.82 |
| 3 | 0.23 | 4.42 | 15.34 | 12.36 | 83.18 |
| 4 | 0.21 | 4.02 | 19.36 | 7.08 | 90.26 |
| 5 | 0.19 | 3.64 | 23.00 | 3.38 | 93.64 |

表3　変数別の軸への寄与率（%）

| 変数 | 第1軸 | 第2軸 | 第3軸 | 期待値 |
|---|---|---|---|---|
| 製作会社 | 8.55 | 28.41 | 40.91 | 16.28 |
| 観客数 | 28.56 | 22.85 | 39.42 | 20.93 |
| 批評回数 | 16.55 | 15.72 | 0.22 | 9.30 |
| ジャンル | 13.05 | 27.23 | 12.43 | 39.53 |
| 上映時間 | 28.35 | 1.60 | 0.92 | 4.65 |
| 色彩 | 4.91 | 2.25 | 1.70 | 4.65 |
| 原作の有無 | 0.01 | 1.95 | 4.40 | 4.65 |

表4　寄与率の平均（2.33%）を超えたカテゴリー（寄与率の降順）

| | 第1軸 | | 第2軸 | | 第3軸 | |
|---|---|---|---|---|---|---|
| 順位 | カテゴリー | 寄与率 | カテゴリー | 寄与率 | カテゴリー | 寄与率 |
| 1 | 中短編 | 22.55 | 独立 | 16.89 | ～1万（A） | 21.27 |
| 2 | 1～2万（B） | 10.91 | 上映なし | 13.38 | 新東宝 | 20.78 |
| 3 | 0回 | 8.14 | 記録・伝記 | 9.91 | 独立 | 9.12 |
| 4 | 長編 | 5.80 | 新東宝 | 9.90 | 日活 | 5.41 |
| 5 | 東映 | 5.38 | ～1万（A） | 6.70 | 上映なし | 4.43 |
| 6 | 2回 | 4.85 | 2回 | 5.51 | 東映 | 4.27 |
| 7 | ～1万（B） | 4.24 | 3回 | 4.95 | 記録・伝記 | 3.81 |
| 8 | 2～3万（A） | 4.19 | 時代活劇 | 4.63 | 2～3万（A） | 3.77 |
| 9 | カラー | 4.16 | 1回 | 4.07 | 1～2万（B） | 3.37 |
| 10 | 1～2万（A） | 3.66 | 児童映画 | 3.62 | 原作なし | 3.01 |
| 11 | 現代人情 | 3.63 | | | 児童映画 | 2.89 |
| 12 | 3回 | 3.40 | | | 1～2万（A） | 2.47 |

高い割合でその軸がもつ情報を構成している。この点を踏まえ、各軸に対する寄与率の高いカテゴリーを一覧化したのが表4である。

各軸の解釈は、軸によって構成される空間を図示化し、これらの表で示されたカテゴリーがどのようにプロットされているかを参照しながら進められる。また、寄与率が軸に占めるカテゴリーの割合を示すのに対し、あるカテゴリーがその軸にどの程度表現されているかを示す値が平方相関（cos2）である。そのカテゴリーがもつ情報全体のうち、その軸に反映されている情報量がどの程度かを表す指標、といいかえてもよいだろう。要するに、特定のカテゴリーにとってその軸がどの程度重要なのかを検討する際に参照されるのが平方相関である。以上を踏まえ、第一軸から順に解釈を進めることにしよう。

### 第一軸

表3より、第一軸に大きく寄与している変数は観客数と上映時間および批評回数である。まず、観客数と上映時間の二つに注目して図1をみると、第一軸の正の側には「中短編」と二本目に上映された観客数（B）のカテゴリーすべてがプロットされているのに対し、負の側には「長編」と一本目に上映された観客数（A）のカテゴリーすべてがプロットされている。このことから、第一軸は上映形態の違いを反映したものと考えられる。この解釈は、製作コストのかかる「カラー」が負の側に、また二本立て興業を強行した「東映」が正の側に位置していることからも裏づけられる。

実際、個別のデータをみると、「中短編」のうち八七・六％は二本目に上映されており、逆に「長編」の八〇・三％は一本目に上映されている。同様に、「カラー」の七九・八％は一本目に上映され、二本目に上映された映画のうち三二・六％が「東映」で製作されている。したがって、第一軸は上映形態の違いによって、正の側に二本目に上映された作品を、負の側に一本目に上映された作品を配置する軸といえる。

次に、第一軸に大きく寄与しているもう一つの変数である批評回数について検討する。図1をみればわかるとおり、「2回」「3回」は第一軸の座標においてはほぼ同じ位置にあるが、全体的には、第一軸の負の方向へ進むほど批評される回数も多くなるように並んでいる。つまり、おおよその傾向としては、一本目に上映されて批評的な評価も高い作品が負の極側に、二本目に上映されたうえに批評家からも関心をもたれなかった作品が負の極側に位置づけられている。このことから、第一軸は上映順に加えて、大手製作会社による作品の序列を意味していると考えられる。「独立」の第一軸への寄与率は〇・二二％とこの軸の構成にほとんど影響せず、平方相関の値も〇・〇〇四九と小さいことも、この解釈を支持しているといえよう。

そして、この点を踏まえると、先ほど検討した観客数カテゴリーの並び方にも、弱いながらも興味深い傾向が見出せる。図1および「上映なし」を除く観客数カテゴリーの第一軸での統計量を整理した表5をみると、「～1万（B）」「1万～2万（B）」が第一軸の正の極側にあるのに対して、「2万～3万（B）」「3万～（B）」は正の原点寄りにある。同様に、「～1万（A）」「1万～2万（A）」が負の原点寄りにあるのに対して、「2万～3万（A）」「3万～（A）」は負の極側に位置づけられる。したがって、緩やかながら、上映順を問わず、負の方向に進むと観客数が増加する傾向にあるといえる。もっとも、「3万～（A）」の寄与率は一・一五％と平均を下回り、平方相関もほかのカテゴリーに比べて小さく、座標も「2万～3万（A）」とほぼ同じであるから、この傾向はあくまで、一本目に上映されて批評的な評価も高い作品はどちらかといえば経済的にも成功しやすく、二本目に上映されて批評家から無視された作品はどちらかといえば経済的にも失敗しやすい、という弱い相関関係にすぎない（表5）。しかしながら、これは批評的な評価と経済的な成功が両立しうるケースが一定数あることを示唆する点で興味深い特徴といえる。

第二軸

表3より、第二軸に大きく寄与している変数は製作会社、ジャンル、観客数、批評回数の四つである。また、表4

表5　第1軸の統計量（観客数）

| カテゴリー | 座標 | 寄与率(%) | 平方相関 |
|---|---|---|---|
| ～1万（B） | 1.090 | 4.24 | 0.103 |
| 1～2万（B） | 1.216 | 10.91 | 0.291 |
| 2～3万（B） | 0.658 | 1.09 | 0.026 |
| 3万～（B） | 0.641 | 0.44 | 0.010 |
| ～1万（A） | -0.397 | 1.51 | 0.043 |
| 1～2万（A） | -0.523 | 3.66 | 0.116 |
| 2～3万（A） | -0.934 | 4.19 | 0.105 |
| 3万～（A） | -0.935 | 1.15 | 0.026 |

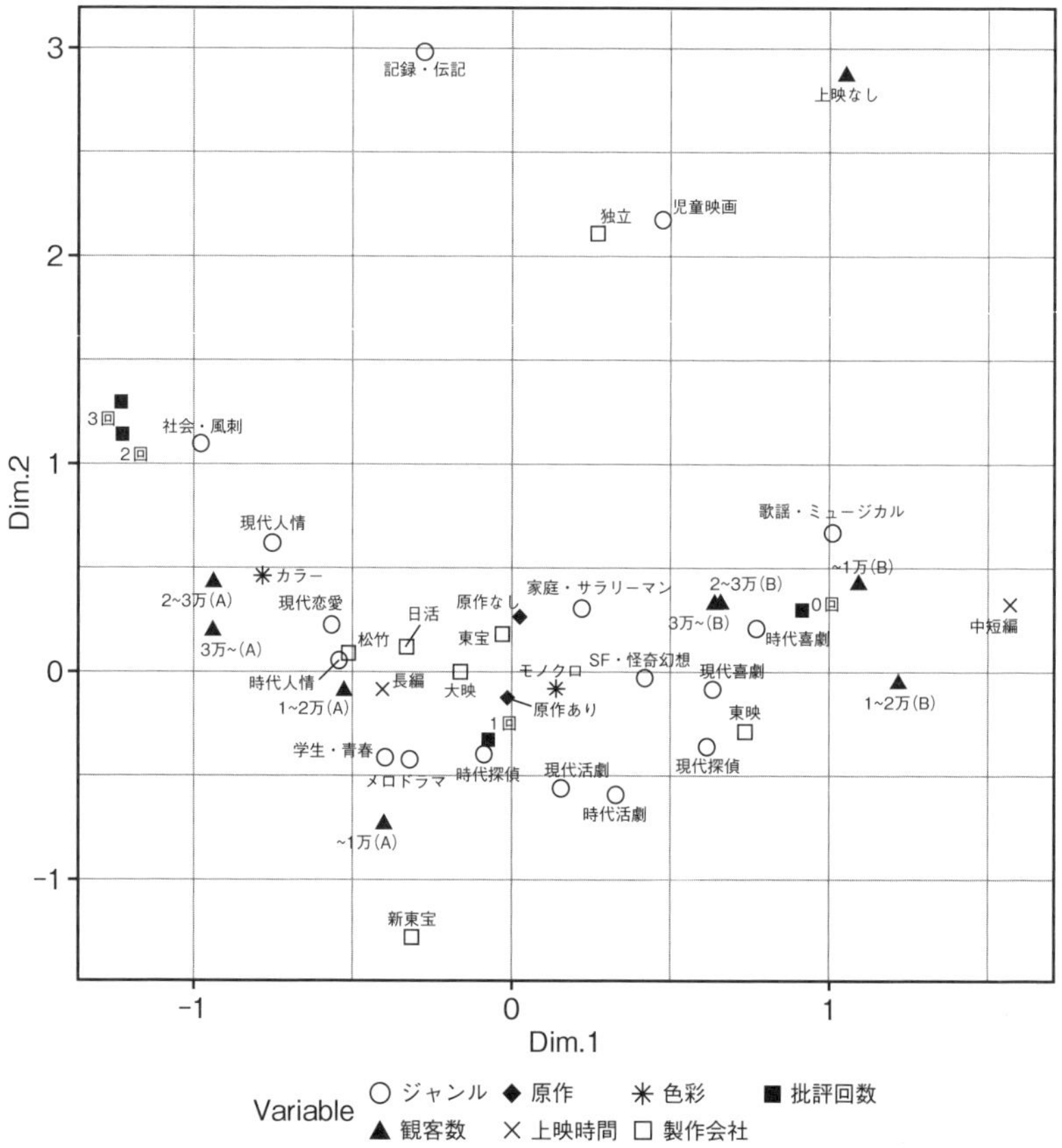


図1　第1-2軸で構成される平面（水平軸が第1軸，垂直軸が第2軸。変数をプロット）

をみると、製作会社の寄与率二八・四％のうちのほとんどは「独立」と「新東宝」カテゴリーであり（二つの合計で二六・八％）、同じく観客数の寄与率二三・九％のうちのほとんどは「上映なし」と「〜1万（A）」であること（二つの合計で二〇・一％）がわかる。図1では、「独立」と「上映なし」が第二軸（縦軸）の正の極に、「新東宝」と「〜1万（A）」が負の極に位置づけられている。これは「上映なし」のうち三九・二％が「独立」、「〜1万（A）」のうち三五・三％が「新東宝」であることを反映したものといえよう。

また、図1では批評回数がU字型にプロットされている。これは、多重対応分析において順序尺度の分布が歪んで表示される馬蹄効果の影響と考えられる。向きが下に凸の形になったのは、「独立」の中で批評回数が「2回」「3回」をとる作品の割合がそれぞれ一六・〇％と一一・八％、「0回」をとる作品の割合が三四・五％と、他の製作会社と比べて相対的に高いことに起因している。この馬蹄効果の影響で、第二軸では批評回数が順番に並んでいないのだが、「0回」の寄与率は一・一九％と低いため、軸が含意する情報への「0回」の影響は相対的に小さいといえる。加えて、以下に示すような他のカテゴリーと「批評回数」との関係を総合すると、第二軸は、正の極のほうが作品の質的な評価が高いことを示していると考えられる。

第一に、「独立」と対極に位置づけられた「新東宝」では、「2回」「3回」をとる作品数が合計で九件と製作会社別で最も少なく、「2回」「3回」に占める「新東宝」の割合はそれぞれ三・八％と四・三％にすぎない。第二に、寄与率の高いジャンルに注目すると、各ジャンル内で「2回」「3回」を占める割合の合計は、「記録・伝記」が三一・四％、「児童映画」が二〇・八％であるのに対し、「時代活劇」では一・二％となっている。「記録・伝記」と「児童映画」の座標はかなり大きな正の値をとるのに対し、「時代活劇」は負の位置にプロットされているから、これも正の極が作品の質的な評価を表すという解釈と整合する。第三に、表4で示したカテゴリーに次いで寄与率の大きな「カラー」（寄与率一・九一％）と「社会・風刺」（寄与率一・六二％）においても、批評回数が「2回」「3回」を占める割合の合計はそれぞれ二一・三％、四五・二％と高いうえに、これらもまた正の位置にある。

以上のことから、第二軸は、「独立」対「新東宝」という製作会社の対比を基調としながら、作品への評価の高低を反映した軸と結論づけられる。ジャンルのカテゴリーのなかで寄与率の高い「記録・伝記」の四二・九％、「児童映画」の四二・七％が独立プロダクションで製作されていることを踏まえると、第一軸が大手製作会社による大作映画で評価の高い作品を一方の極へと位置づける軸だったのに対して、第二軸は独立プロダクションで製作された小規模ながらも芸術性の高い映画が極端な位置を占める軸ということができるだろう。また、「上映なし」「～1万（A）」を除いた観客数のカテゴリーの寄与率は合計で二・八％であり、第二軸の構成にはほとんど影響していない。同様に、「上映なし」の平方相関が〇・一四五、「～1万（A）」の平方相関が〇・二三四であるのに対し、それ以外の観客数のカテゴリーの平方相関の合計は〇・〇五二にすぎないため、第二軸では観客数のほかのカテゴリーが含意する情報はほとんど表現されていないといえる。以上より、第二軸は経済的な成功とは無関係に批評的な評価を表す軸と考えられよう。

第三軸

最後に、第三軸の解釈に移ろう。表4をみると、第三軸でも「独立」と「新東宝」が高い寄与率を示しているが、図2をみると、第二軸とは違って両者はともに第三軸の正の位置にプロットされている。それに対して、同じく高い寄与率を示す「日活」と「東映」は、これらに対立して負の位置にある。

変数の寄与率（表3）に注目すると、第三軸において製作会社に次いで高い寄与率を示しているのは観客数である。そこで、これらが図2でどのように位置づけられているかを確認すると、「上映なし」が正の極に位置づけられているうえに、一本目に上映された映画の観客数が、負のほうへ進むにつれて大きくなるように並んでいることがわかる。二本目に上映された映画に関してはその限りではないが、「～1万（B）」以外のすべてが負の位置にプロットされており、総合的にみると、第三軸を経済的な成功を反映した軸と推測できる。

そこで、図2では、上映順を統合し、五千人ずつで再コード化した観客数を補助変数として追加している。これをみると、「1.5〜2万」「2〜2.5万」「2.5〜3万」の三つは第三軸上でほぼ同じ座標をとっているとはいえ、全体的には第三軸の負の方向へ進むほど観客数が増加するようにプロットされていることがわかるだろう。

また、第三軸の座標とコード化する前の観客数について、「上映なし」を除いてスピアマンの順位相関係数を求めると[12]、$\rho=-0.579$（九五％信頼区間の上限は-0.548）となり、負の相関関係が認められた。加えて、先述した製作会社の対立も経済的な成功度と対応しているのかを検討するために、製作会社別で「上映なし」を除いた観客数の平均値を求め、第三軸上での座標と比較した（表6）。この結果も、「東映」と「松竹」の順が入れ替わっている以外は順序が一致している。

ただし、『映画年鑑』に記載された「各社月別配収」を参照すると[13]、その合計の順番は対応せず、とくに日活のデータには大きな開きがある。これは、今回の興行成績に用いたデータが東京の封切館における観客数であり、全国的な興収とは必ずしも対応していないことに起因すると考えられる。日活の第三軸への寄与率が高かったことを踏まえれば、全国的な興収を用いた分析を行った場合に、第三軸の構成が変化する可能性は否めないだろう。とはいえ、今回のデータに関していえば、第三軸が経済的な成功を表していると解釈することは妥当である。

なお、ジャンルのなかで高い寄与率を示している「記録・伝記」と「児童映画」が第三軸の正の極にプロットされているのは、それぞれに占める「上映なし」の割合が高いこと（「記録・伝記」は二五・七％、「児童映画」は二〇・八％）に起因すると考えられる。また、「原作なし」も平均を超える寄与率をもち、正の側にプロットされてい

[12]　第三軸の座標とコード化する前の観客数のそれぞれについて正規性の検定（シャピロ・ウィスク検定）を行ったところ、ともに一％水準で帰無仮説が棄却されたため、ここでは正規分布を仮定せずに用いることのできるスピアマンの順位相関係数で検討した。

[13]　「独立」以外の六社に関しては一九五五年から一九五八年の合計を一月当たりで平均した。「独立」に関しては、一九六〇年版に掲載された一九五八年下半期のデータから外れていたため、一九五七年までの三年間の記録で平均を求めた。

表 6　観客数の平均と第 3 軸の座標，月平均配収

| 製作会社 | 平均 | 第 3 軸座標 | 月平均配収（百万円） |
|---|---|---|---|
| 新東宝 | 8319.4 | 1.788 | 158 |
| 独立 | 11931.9 | 1.501 | 10 |
| 東宝 | 13621.6 | 0.080 | 351 |
| 大映 | 14719.8 | −0.084 | 392 |
| 松竹 | 16631.9 | −0.363 | 400 |
| 東映 | 16602.5 | −0.554 | 508 |
| 日活 | 20248.2 | −0.809 | 231 |

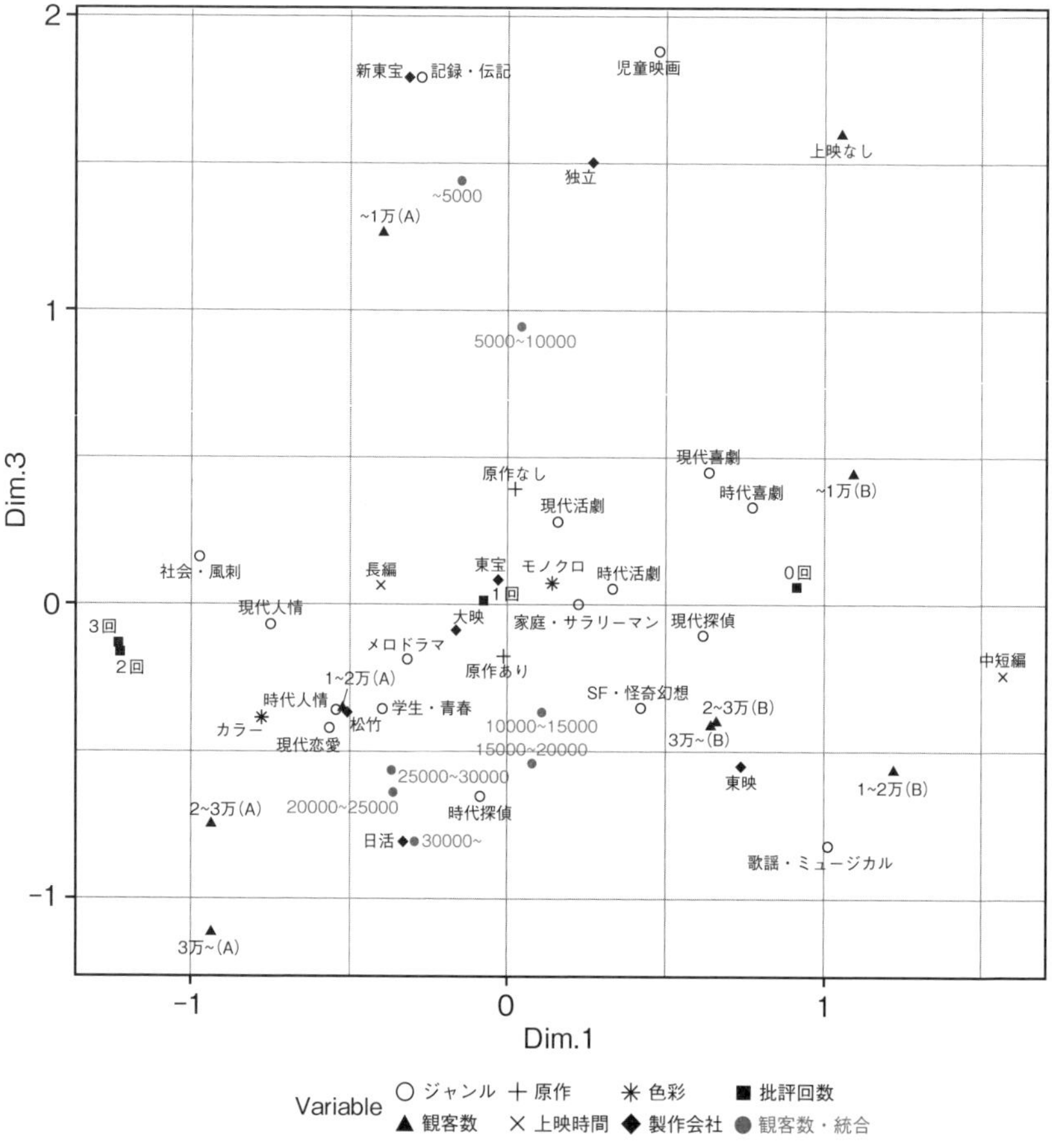


**図 2　第 1-3 軸で構成される平面**

（水平軸が第 1 軸，垂直軸が第 3 軸。変数をプロット。統合した観客数を補助変数として追加）

るが、これも「上映なし」に占める「原作なし」の割合が四七・一％と高い（「原作あり」と「原作なし」の比率はおよそ二：一であるにもかかわらず）ことを反映した結果といえる。

以上より、第三軸は経済的な成功を表した軸であると結論づけられる。ここで注意したいのは、第一、二軸では高い寄与率を示していた批評回数が、第三軸では、四つのカテゴリーの寄与率を合計しても〇・二二％とほとんど寄与せず、平方相関も合計で〇・〇〇四と小さい値を示していることである。このことから、第二軸とは対照的に、第三軸は批評的な評価と無関係に、経済的な成功の度合いを析出する軸といえる。

## 四　第五章の論拠について

### 四―一　「芸術と金銭の対立」とは異なる構造

まずは、前節の分析結果をもう一度整理しておこう。第一軸は、基調としては上映形態の差異を反映した軸であるが、同時に批評的な評価の高い作品を負の極へと配置するものでもあった。また、寄与率や座標を総合的に考慮すると、弱いながらも、経済的にも成功した作品を負の極に位置づける傾向も含まれている。したがって、第一軸は、上映形態の差異に加えて大手製作会社による作品の序列を反映したものと考えられる。この軸の負の極では、緩やかながら、批評的な評価と経済的な成功が両立可能になっている。

第二軸もまた、批評回数の寄与率が高いといえるが、ここでは独立系のプロダクションで製作された映画と関連するカテゴリーが正の極にプロットされており、小規模ながらも評価の高い映画が一方の極を占める軸だと解釈できた。また、この軸では「上映なし」と「～1万（A）」を除く観客数のカテゴリーは低い寄与率しかもっておらず、平方相関も小さいうえにプロットされる位置も比較的中央に集まっているため、この軸と経済的な成功のあいだに相関関係を認めることはできない。

最後に確認した第三軸は、負の方向に進むほど、全体的には経済的に成功した作品が位置づけられる傾向にあった。加えて特徴的なのは、第三軸に対する批評回数の寄与率および平方相関が小さく、その位置もすべて原点付近にプロットされていることである。これらから、第三軸は批評的な評価とは無関係に、経済的な成功の度合いを表した軸だと理解できる。

第一軸では批評的な評価と経済的な成功の両立可能性が示唆されつつも、強い相関関係が認められるわけではない。また、批評的な評価は第二軸でも別のかたちで析出され、経済的な成功は第三軸に表れている。以上の傾向から、一九五〇年代後半の作品の空間は、ブルデューが分析した一九世紀末のフランス文学場にみられる「芸術と金銭の対立」とは異なる原理によって構造化されていることがわかる。このことは、第二軸と第三軸で構成された平面に作品をプロットした図3を確認することで、より理解しやすくなるだろう。

再度、各軸の特性を確認すれば、第二軸は正の方向に進むほど批評回数が多く、第三軸は負の方向に進むほど観客数が増加する傾向にある。したがって、第一象限には経済的に失敗したものの批評的には評価された作品、第二象限には経済的に失敗して批評家からも無視された作品、第三象限には経済的に成功したものの批評的には評価されなかった作品、そして、第四象限には経済的に成功し批評的にも評価された作品がプロットされることになる。これを踏まえて図3をみると、各作品の分布が、第一象限と第二象限に広く散らばっている一方で、第三象限と第四象限は狭い範囲にしか散らばっていないことがわかる。さらに、表7に示した各象限にプロットされている作品数をみると、第一象限が少なく第三象限が多い傾向にある一方で、第二象限と第四象限はともに全体の二五％程度の作品を含んでいる。そのため、第一象限と第三象限の和と第二象限と第四象限の和に大きな差異はない。

ここでもし、ブルデューのいう「芸術と金銭の対立」が個別ケースを超えた構造の相において存在するならば、図3の第一象限と第三象限に作品が広く散らばってプロットされていたり、第一象限と第三象限に作品数が集中したり、といった状態が観察されなければならない。もっとも、仮に作品がそのように分布していた場合、多重対応分析の性質上、現在の第一象限と第三象限を結ぶ対角線上に新たな軸――これこそまさに、文化資本／経済資本の比を意味する――が析出されるため、そもそも今回のような結果は得られないだろう。

したがって、今回の分析結果は、一九五〇年代後半の日本映画の作品の空間が「芸術と金銭の対立」とは異なる構造をもつことを示していると結論づけられる。そのうえ、第二軸と第三軸がそれぞれ独立して析出されたということは、当時の作品の空間の構造が、芸術と金銭が強く相関する――「売れれば売れるほど良い作品だ」――ものでもないことを意味している。この点で、一九五〇年代後半の映画場は、ブルデューのいう「大量生産の下位場」とも異なる構造をもつ。

> 場の中で最も他律的な極、すなわち大量販売を志向する出版社や作家、およびその読者にとっては、成功とはそれ自体が価値の保証である。だからこの市場では、成功が成功を呼ぶ。本の発行部数を公表することによって、ベストセラーを作ることができる。批評家はある本や芝居にたいして、その「成功を予言する」ことによってこの上なく大きな貢献をもたらす（「これは間違いなく成功へとまっしぐらに進むだろう」「目をつぶっていても『曲がり角』の成功は断言できる」）。失敗はもちろん、取り返しのつかない刑の宣告だ。読者のない者は、才能のない者なのだから（先の予言をした同じロベール・カンテールは、「アラバール流の、才能も読者もない著者」という言い方もしている）。（Bourdieu 1992: 210–1=1995: 235）

表７　各象限に含まれる作品数と全体に占める割合

| 象限 | 作品数 | 割合（%） |
|---|---|---|
| 第１象限 | 308 | 16.7 |
| 第２象限 | 420 | 22.7 |
| 第３象限 | 643 | 34.8 |
| 第４象限 | 476 | 25.8 |
| 第１象限＋第３象限 | 951 | 51.5 |
| 第２象限＋第４象限 | 896 | 48.5 |

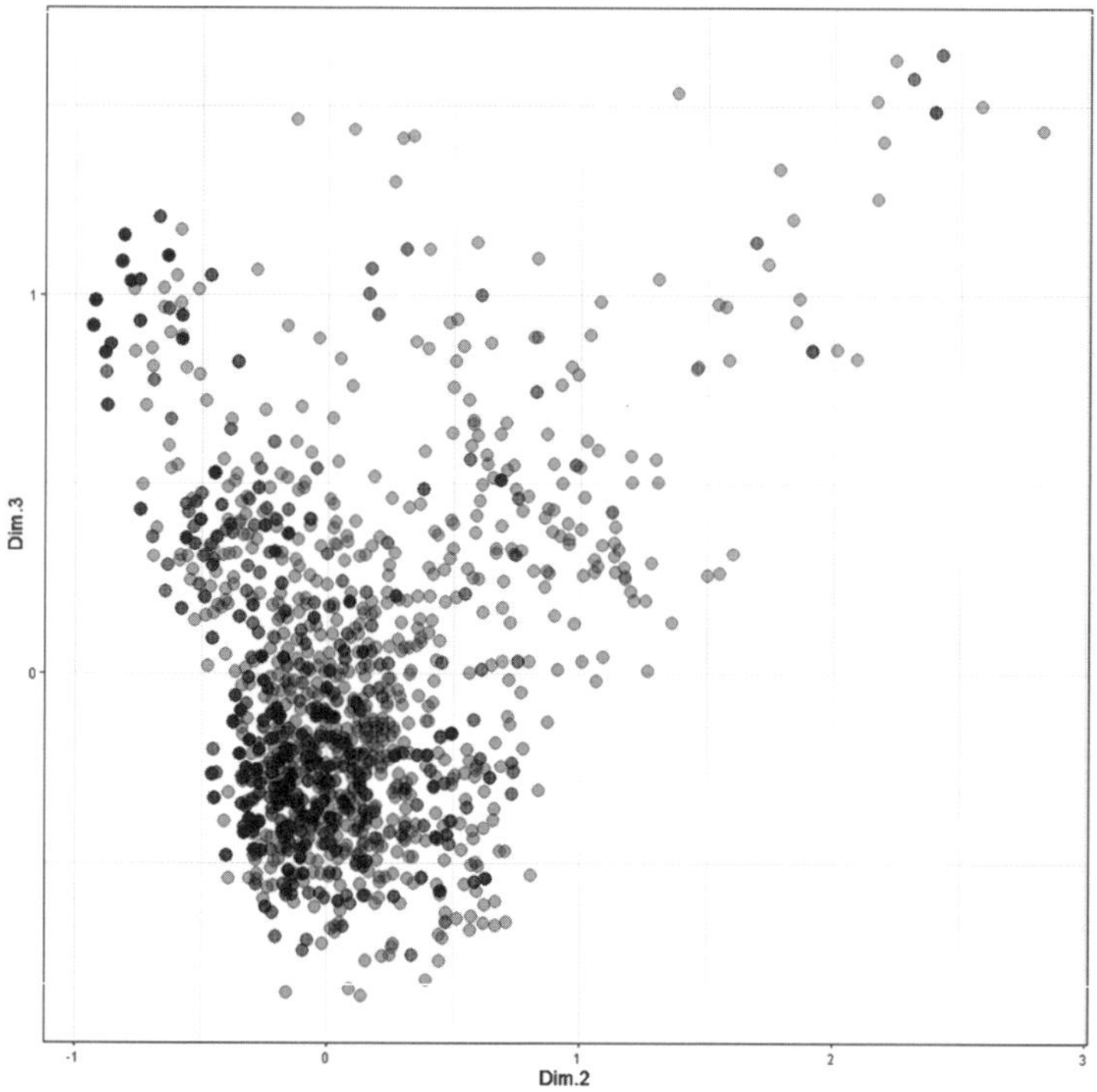


図3　第2–3軸で構成される平面（水平軸が第2軸，垂直軸が第3軸。作品をプロット）

ブルデューは、限定生産の下位場と大量生産の下位場という二つの対照的な構造をもった空間を中心的に論じた。そのため、彼の議論では、芸術と金銭が対立するか一致するか、いいかえれば負の相関をもつか正の相関をもつかということが焦点となり、芸術と金銭のあいだに正であれ負であれ強い相関関係を観察することができないような構造には、ほとんど注意が払われてこなかった。[14] 今回の分析からわかるのは、一九五〇年代後半の作品の空間は、ブルデューが見落としたこの種の構造、つまり経済資本に従属しない独自の資本が確立されてはいるものの、それが経済資本と一致も対立もしない構造をもっている、ということである。では、こうした構造のなかで、円谷はどこに位置するのだろうか。最後に、作品の空間のプロットから円谷の位置を推定することにしたい。

## 四─二　作品の序列と円谷の位置

今回の分析に用いたデータセットのなかには、円谷が制作に関与した二三作品[15]が含まれている。そこで、円谷のクレジット別（「特技監督」が八件、「特殊技術」が一五件）に作成した補助変数を加えると、第一軸と第三軸で構成される平面では図4のようにプロットされる。

図4からわかるように、「特技監督」とクレジットされた場合、「特殊技術」とクレジットされた場合のいずれでも、円谷はこの平面の第三象限、すなわち一本目に上映され、経済的にも成功した地点に位置している。とりわけ、「特技監督」カテゴリーはこの傾向が強く、「特技監督」とクレジットされた作品がいわゆる「大作映画」であったことがよくわかる。また、表8で示したように、第一軸だけでなく第二軸の座標も正の値をとっていることから、円谷が手掛けた作品は、批評においても評価される傾向にあったといえる。この円谷の位置を踏まえると、彼が中期に「空想科学映画のみが、この技術の領域ではないということを強調しておきたい」（1958『キネマ旬報』：425）と主張していたことの意味も、より正確に理解できるようになるだろう。

円谷が自身と切り離そうとした「ＳＦ・怪奇幻想」カテゴリーの位置をみると、図4の第四象限にプロットされている。また、表8に示したように、「ＳＦ・怪奇幻想」の第二軸上での座標は負の値をとる。したがって、当時の「Ｓ

［14］もっとも、ブルデューは大量生産の下位場においても、経済資本とは異なる象徴資本が存在することを示唆するときもある。「それらの事業が、普通の経済的事業から得られる経済的利益と、知的事業にたいして与えられる象徴的利益の両方をともに兼ね備えようとしたら、どうしても金もうけ主義の最も野蛮な形式を拒否し、みずからの利害目的を完全に言明することは避けざるをえないという事実である」(Bourdieu 1992: 202-3=1995: 228)。とはいえ、こうした断片的な指摘だけでは、場の構造やそこでの実践の様相を理解するには不十分だろう。

［15］今回のデータセットでは、竹内博による作品リスト（竹内 2010a）に含まれていた作品のうち、『銀輪』（一九五六）および『隠し砦の三悪人』（一九五八）がデータ欠損のため分析から外れている。

表8　作品の空間における円谷の座標

| カテゴリー | 第１軸 | 第２軸 | 第３軸 |
|---|---|---|---|
| 特技監督 | -0.777 | 0.173 | -0.440 |
| 特殊技術 | -0.478 | 0.300 | -0.078 |
| SF・怪奇幻想（円谷含む） | 0.420 | -0.028 | -0.352 |
| SF・怪奇幻想（円谷以外） | 0.621 | -0.062 | -0.314 |

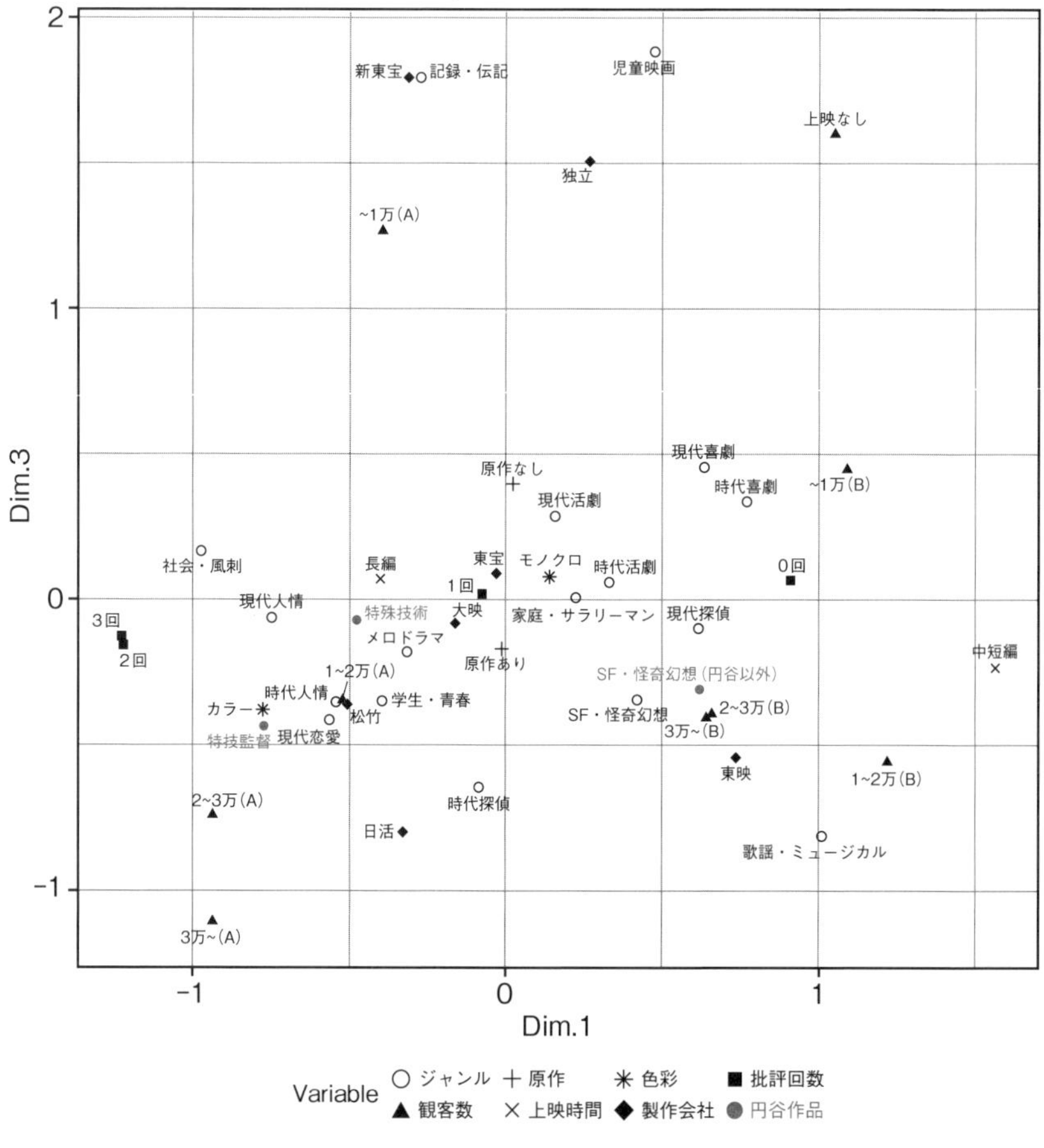


図4　作品の空間における円谷の位置
（第1-3軸で構成された平面に円谷作品を補助変数として追加）

Ｆ・怪奇幻想」ジャンルは、興行的には成功しやすいものの、主として二本目に添え物として併映され、批評的にも注目されにくい傾向にあったといえる。換言すれば、「ＳＦ・怪奇幻想」ジャンルは経済的には成功しやすい一方で、それとは区別されるジャンルの序列においては劣位に位置するものであった。そのうえ、アクティブ変数の一つである「ＳＦ・怪奇幻想」カテゴリーには円谷が特技監督としてクレジットされた八作品中の五作品（『ゴジラの逆襲』『空の大怪獣ラドン』『地球防衛軍』『美女と液体人間』『大怪獣バラン』）が含まれているため、円谷が関与していない作品に限定すると、ジャンルの劣位にあるという特徴はよりいっそう強まる。この点については、補助変数に加えた「ＳＦ・怪奇幻想（円谷以外）」をみれば明らかだろう。

このように、円谷が手掛けた作品の占める位置と、ほかの「ＳＦ・怪奇幻想」ジャンルが占める位置のあいだには大きな乖離がある。だからこそ、円谷はジャンルの序列の劣位に位置するほかの「ＳＦ・怪奇幻想」ジャンルと混同されないようにするために、これらと自身を切り離す主張を展開したといえる。そこでもし、「ＳＦ・怪奇幻想」ジャンルに含まれるほかの作品との差異を明確にできなければ、『ゴジラ』以降の円谷の地位上昇は、おそらく失敗に終わっていただろう。以上のように、ここで描出された作品の空間からは、「ＳＦ・怪奇幻想」ジャンルからの差異化が必要であったこと、そして円谷が（少なくともある程度は）それに成功していたことを読み取れるのである。

# あとがき

卒業論文で特撮を扱おうと決めたのは学部三回生の春だったから、特撮を研究テーマにしてからちょうど十年になる。節目のタイミングで本書を刊行する機会が得られた幸運に、まずは感謝したい。

当時は（今も？）特撮をテーマにしていること自体が珍しく、はじめてお会いした方に研究の話をすると、よく驚かれた記憶がある。「それだけ新しいテーマをやっているんだ」という意気軒昂とした思いもあったが、その反面、とくに修士課程に進学して以降は、どうすれば「学術的な論文」になるかわからず四苦八苦したのも事実である。さらにいえば、「学術的な論文」ではないかたちで発表されている優れた研究は膨大で、それとの違いはどこにあるのか、ということに悩むことも度々だった。趣味の延長で選んだテーマとはいえ、振り返ってみると、このテーマに向き合うことがしんどく感じた時期も多かったように思う。

それでもしぶとく研究を続け、二〇二一年三月に、京都大学大学院人間・環境学研究科に博士論文『円谷英二の「卓越化」——特撮の社会学』を提出することができた。本書は、この博士論文を大幅に加筆修正したものである。博士論文のもととなった既発表の論文およびその後に発表した論文と、本書の各章との対応関係については表にまとめた。初出との対応がこのように複雑なかたちとなったのは、既発表論文を円谷英二の歩みに沿って再構成したために、項や段落単位での組み替えが生じたからである。

学生・大学院生時代は幾度もの紆余曲折を経験したが、本当にたくさんの方々に支えられて、こうして一つの成果にまとめ上げることができた。はじめに、これまで指導してくださった学部・大学院の先生方に感謝を申し上げたい。指導教員の吉田純先生は、興味の赴くままに研究を進めようとする私を尊重しつつ、相談した折にはいつも的確な助言をくださった。長年にわたる先生のご指導がなければ、今回、こうして研究に一つの区切りをつけることはできな

表　初出と各章の対応関係

| 初出時の文献情報 | 初出と各章の対応関係 |
|---|---|
| 真鍋公希，2018,「『空の大怪獣ラドン』における特撮の機能――怪獣映画の「アトラクション」をめぐって」『映像学』日本映像学会（99）: 25–45. | 第４章・第５章・第７章・第８章 |
| 真鍋公希，2019,「1950 年代後半の日本映画における作品の空間の構造分析」『社会システム研究』（22）: 133–47. | 付録 |
| 真鍋公希，2020,「特撮の二つの「内側」と図解形式――少年マンガ雑誌の記事分析」岡本健・田島悠来編『メディア・コンテンツ・スタディーズ――分析・考察・創造のための方法論』ナカニシヤ出版，35–45. | 第６章・第７章 |
| 真鍋公希，2020,「特撮技師の執筆戦略――P. Bourdieu の場の理論の視座から」『ソシオロジ』（199）: 57–74. | 第２章・第３章・第４章・第５章・第８章 |
| 真鍋公希，2021,「幻想を具現化する――円谷英二の理想と方法」『ユリイカ』53（12）: 65–76. | 第１章・第４章・第５章・第８章 |
| 真鍋公希，2022,「『シン・ウルトラマン』は何を継承したのか」『中央公論』136（9）: 178–85. | まえがき・第８章 |

かっただろう。柴田悠先生には合同ゼミでお世話になるとともに，博士論文の公聴会では現代社会論的な観点から本書の知見を問い直す重要な質問をいただいた。木下千花先生には京都大学映画コロキアムでも発表機会をいただき，その度に研究を深化させるうえで貴重なコメントをくださった。公聴会の場で永田素彦先生からいただいた円谷のハビトゥスをめぐる質問は，本書への改稿を進める際にきわめて示唆的なものだった。松田英男先生からは作品に寄り添って分析を進めていく態度を，高橋由典先生からは個別具体的な対象を超えてより大きな視座をもって研究と教育に取り組む態度を学んだ。先生方からいただいた指摘に，まだ十分に答えられていない部分も多いが，それらは今後の研究を通してクリアしていきたい。

平安女学院大学の高橋義人先生には，主催されている研究会で，研究内容だけでなく文体についてもご指導いただいた。理屈っぽい性格ゆえに，今でも抽象的な文章になることが多いのだが，本書がもし，専門外の読者にとっても可読的で整った印象を与えるものになっているとすれば，それは先生にご指導いただいたおかげだと思う。加えて、研究会に出席されているみなさんからも、発表の度に貴重なコメントを頂戴した。研究室の先輩、同輩、後輩のみなさんからは、日々、さまざまな刺激をもらうことができた。それぞれが全然違うテーマに取り組んでいるという少し特殊な環境だったからこそ、日々の議論のなかで、自分の研究の盲点に気づいたり新たな視点を得たりすることができた。とくに、井口智博さんには仕事で忙しいなか本書の原稿にも目を通してもらい、有益な指摘を多数いただいた。

それから、博士後期課程で活動を始めた院生による自主的なプレFD企画「総人のミカタ」のメンバー全員と、この活動を支援してくださった人間・環境学研究科の先生方にも深く感謝したい。博士後期課程の三年間は自身の研究に注力するのが一般的だと思うが、私の場合は研究と同等か、ともすれば研究以上にこの活動に力を注いだ。にもかかわらず、本書のもととなる博士論文を執筆できたのは、この活動が知的な刺激に溢れていたからにほかならない。この活動をしていなければ、研究者としての今の私はなかっただろう。その意味で、私にとって、総人のミカタはまさしく「青春」と呼ぶにふさわしい時間だった。とりわけ、特定助教として関わっていただいた佐野泰之さん、メンバーの伊縫寛治さん、杉谷和哉さん、須田智晴さん、谷川嘉浩さん、萩原広道さん、三升寛人さん、村上絢一さん、山根直子さんには、日頃からいろいろな話をさせてもらった。

同じく特撮について研究している北海道大学の神谷和宏さんと日本経済大学の坂口将史さんからは、博士論文に対して有益なコメントをいただいた。卒業論文で特撮をテーマに決めた一因は神谷さんの著書だったので、時を経てその方と議論できたことを大変うれしく思っている。また、坂口さんからは博士論文での誤記等も指摘いただき、本書での修正につなげることができた。それでも、本書に瑕疵が残されている可能性は否めないが、その責任は筆者にある。また、学術領域の外部でも展開されてきた円谷研究について、可能な限り渉猟するよう心掛けたものの、その膨大さゆえに、本書で言及されるべきでありながら見落とされたものもあるかもしれない。読者の批判と指摘を乞うところである。

円谷英二関連の資料調査では、圓谷誠さん、円谷英二ミュージアムの尾島良浩さん、小林由香さん、須賀川特撮アーカイブセンターの須田元大さんのご協力を賜ることができた。円谷英二の生まれ故郷に足を運び、直筆の資料にまで目を通せたことは、本書を執筆する大きな糧となった。また、『週刊少年マガジン』の分析では、京都精華大学国際マンガ研究センター／京都国際マンガミュージアムの蔵書を閲覧させていただいた。ほかにも、特撮作品の制作、雑誌編集、広告、教育に携わっておられる方々から現場の話を聞く機会にも恵まれた。いただいたご厚意に、これからも研究を通して報いることができればと思っている。

加えて、本書のもととなる論文を掲載していただいた『映像学』『ソシオロジ』『社会システム研究』『ユリイカ』『中央公論』の編集や査読に携わっていただいた方々、『メディア・コンテンツ・スタディーズ』の編者である岡本健先生、田島悠来先生にもお礼を申し上げたい。また、本書の編集は『メディア・コンテンツ・スタディーズ』からのご縁で、米谷龍幸さんにご担当いただいた（米谷さんには、総人のミカタの活動をまとめた書籍も担当していただいている）。コロナ禍の影響で公私ともにお忙しいなか、大幅なスケジュールの遅延にも丁寧にご対応いただいたおかげで、本書を完成させることができた。

そして最後に、生活の全般にわたって支えてくれた家族に感謝を捧げたい。本当にありがとう。

［付記］本書は令和四年度の京都大学「人と社会の未来研究院若手出版助成」を受けた。

二〇二三年二月
真鍋　公希

村田賀依子，2014，「実践感覚と行為者の能動性――ハビトゥス論の再検討」奈良女子大学博士論文．

持田米彦，1940，「画面構成」，『映画撮影学読本（上）』大日本映画協会，332–65．

森岩雄，1955，『映画製作者の仕事』中央公論社．

森岩雄，1961，「妥協ぎらい」『朝日ジャーナル』3(46): 27．

森岩雄，1975，『私の藝界遍歴』青蛙房．

森下達，2016，『怪獣から読む戦後ポピュラー・カルチャー――怪獣映画・SF ジャンル形成史』青弓社．

八木毅編，2022，『特撮黄金時代――円谷英二を継ぐもの』立東舎．

山口猛編，1987，『カメラマンの映画史――碧川道夫の歩んだ道』社会思想社．

山口猛編，1997，『映画撮影とは何か――キャメラマン四〇人の証言』平凡社．

横尾忠則，2004，「新宿の生霊に取りつかれることなかれ。」『東京人』19(10): 151．

好井裕明，2007，『ゴジラ・モスラ・原水爆――特撮映画の社会学』せりか書房．

好井裕明，2017，「特集 映画を読み解く社会学によせて」『新社会学研究』(2): 12–4．

吉本たいまつ，2009，『おたくの起源』NTT 出版．

四方田犬彦，2014，『日本映画史 110 年』集英社．

ラサール石井，2001，「円谷英二になりたかった!!」「素晴らしき円谷英二の世界」編集委員会編『素晴らしき円谷英二の世界』中経出版，122–7．

ワダ・マルシアーノミツヨ，2009，『ニッポン・モダン』名古屋大学出版会．

渡辺浩，1992，『映画キャメラマンの世界』岩波書店．


**【映像資料】**

阿部豊監督，1942，『南海の花束』東宝（東宝 DVD 名作セレクション，2015）．

小田基義監督，1955，『ゴジラの逆襲』東宝（GODZILLAFINALBOX，2005）．

本多猪四郎監督，1954，『ゴジラ』東宝（GODZILLAFINALBOX，2005）．

本多猪四郎監督，1956，『空の大怪獣ラドン』東宝（東宝 DVD 名作セレクション，2015）．

本多猪四郎監督，1957，『地球防衛軍』東宝（東宝 DVD 名作セレクション，2015）．

本多猪四郎監督，1959，『宇宙大戦争』東宝（東宝 DVD 名作セレクション，2015）．

本多猪四郎監督，1961，『モスラ』東宝（東宝 DVD 名作セレクション，2015）．

本多猪四郎監督，1962，『妖星ゴラス』東宝（東宝 DVD 名作セレクション，2015）．

本多猪四郎監督，1967，『キングコングの逆襲』東宝（東宝 DVD 名作セレクション，2015）．

## 文　献


円谷皐・鍋田紘亮，1993，『円谷皐　ウルトラマンを語る』中経出版．

東宝ゴジラ会，2010，『特撮円谷組――ゴジラと、東宝特撮にかけた青春』洋泉社．

中野昭慶，2001，「円谷演出の隠し業《わざ》」「素晴らしき円谷英二の世界」編集委員会編『素晴らしき円谷英二の世界』中経出版，23–9．

中野昭慶・染谷勝樹，2014，『特技監督　中野昭慶』ワイズ出版．

中村秀之，2003，「解題「アトラクションの映画――初期映画とその観客，そしてアバンギャルド」トム・ガニング」長谷正人・中村秀之編訳『アンチ・スペクタクル――沸騰する映像文化の考古学《アルケオロジー》』東京大学出版会，316–9．

成田亨著・滝沢一穂編，2021，『特撮と怪獣――わが造形美術　増補改訂版』リットーミュージック（Kindle 版）．

西川伸司，2001，「子供に向けた優しき目」「素晴らしき円谷英二の世界」編集委員会編『素晴らしき円谷英二の世界』中経出版，116–21．

西村正美，1943，「「ハワイ・マレー沖海戦」の意義――撮影監督制並に特殊技術の成果」『映画技術』5(2): 28–9．

長谷正人，2021，「はじめに」トム・ガニング著／長谷正人編訳『映像が動き出すとき――写真・映画・アニメーションのアルケオロジー』みすず書房，7–17．

氷川竜介，2014，「報告書公開後の動き」『平成 25 年度メディア芸術情報拠点・コンソーシアム構築事業日本特撮に関する調査』森ビル，6-8．

樋口尚文，2021，「円谷英二と実相寺昭雄――その形ならざる姿勢をつぐもの」『ユリイカ』53(12): 214–20．

七邊信重，2010，「「同人界」の論理――行為者の利害 - 関心と資本の変換」『コンテンツ文化史研究』(3): 19–32．

平石貴士，2019，「ブルデューの〈界〉の方法論と対応分析――現代日本のポピュラー音楽の構造分析を事例にして」立命館大学博士論文．

平井輝章，1993，『実録日本映画の誕生』フィルムアート社．

福嶋亮大，2018，『ウルトラマンと戦後サブカルチャーの風景』PLANETS ／第二次惑星開発委員会．

藤井仁子，1999，「日本映画の 1930 年代――トーキー移行期の諸問題」『映像学』62: 21–37．

古田尚輝，2009，『『鉄腕アトム』の時代――映像産業の攻防』世界思想社．

別冊映画秘宝編集部，2016，『ゴジラとともに――東宝特撮 VIP インタビュー集』洋泉社．

本多猪四郎，2010，『「ゴジラ」とわが映画人生』ワニブックス．

ましこひでのり，2015，『ゴジラ論ノート――怪獣映画の知識社会学』三元社．

松下哲也，2021，「世界を模型にした芸術の系譜」『ユリイカ』53(12): 166–74．

松島利行，1992，『風雲映画城　下』講談社．

松田智穂子，2022，「『シン・ウルトラマン』准監督・尾上克郎が語る「庵野と樋口と僕は『特撮』をこう使った」」，現代ビジネス，（2023 年 1 月 9 日取得，https://gendai.media/articles/-/97987?imp=0）．

真鍋公希，2023，「特撮の「リアリティ」の比較社会学のために――Plastic Reality（Turnock, 2015）の論点整理」『研究紀要』(24): 249–60．

三木茂，1940，「文化映画制作者への手紙」『文化映画研究』3(3): 64–5．

見田宗介，2012［1967］，『定本　見田宗介著作集 IV 近代日本の心情の歴史』岩波書店．

南田勝也，2001，『ロックミュージックの社会学』青弓社．

三村明，1943，「「ハワイ・マレー沖海戦」の撮影日誌より」『映画技術』5(1): 62–6．

宮島義勇・新藤兼人，1986，「真実を撮る――キャメラマンの思想」今村昌平・佐藤忠男・新藤兼人ほか編『戦争と日本映画　講座日本映画 4』，216–37．

宮島義勇著・山口猛編，2002，『「天皇」と呼ばれた男――撮影監督宮島義勇の昭和回想録』愛育社．

本映画の海外進出――文化戦略の歴史』森話社，203–23.
白石雅彦，2006，『円谷一――ウルトラＱと“テレビ映画”の時代』双葉社.
白石雅彦，2016a，『「ウルトラＱ」の誕生』双葉社.
白石雅彦，2016b，『「ウルトラマン」の飛翔』双葉社.
白石雅彦，2017，『「ウルトラセブン」の帰還』双葉社.
杉山公平，1955，「カメラマンを心ざす人へ」今村太平編『映画を心ざす人に』社会思想研究会出版部，195–205.
鈴木和幸，2001，『特撮の神様と呼ばれた男』アートン.
鈴木和幸，2019，『大空への夢――特撮の神様　円谷英二伝』大月書店.
鈴木聡司，2020，『映画「ハワイ・マレー沖海戦」をめぐる人々――円谷英二と戦時東宝特撮の系譜』文芸社.
鈴木聡司，2021，「円谷英二拾遺」『ユリイカ』53(12): 142–9.
住本賢一，2020，「ブロックバスター映画における特殊効果映像の美学と「モーション・コントロール・カメラ」使用の二種類の系譜」『映像学』(104): 242–51.
高鳥真，2021，「「南極基地建設」鳥瞰虫瞰――『妖星ゴラス』徹底検証ことはじめ」『ユリイカ』53(12): 183–92.
髙橋修，2018，「特撮映画技師　松井 勇　伝――日本映画界最初期の特撮技術の開拓者（一）」『東京女子大学紀要「論集」』69(1): 1–34.
髙橋修，2019，「特撮映画技師　松井 勇　伝――日本映画界最初期の特撮技術の開拓者（二・完）」『東京女子大学紀要「論集」』69(2): 31–58.
高橋克彦，1995，「大伴昌司という人」竹内博編『ウルトラ怪獣大図解――大伴昌司の世界』小学館，2–3.
高橋敏夫，1998，『ゴジラの謎――怪獣神話と日本人』講談社.
高橋敏夫，1999，『ゴジラが来る夜に――「思考をせまる怪獣」の現代史』集英社.
竹内博編，1988，『証言構成 OH の肖像――大伴昌司とその時代』飛鳥新社.
竹内博・山本眞吾編，2001，『完全・増補版 円谷英二の映像世界』実業之日本社.
竹内博，2001，「『ゴジラ』の誕生」竹内博・山本眞吾編『完全・増補版 円谷英二の映像世界』実業之日本社，66–93.
竹内博，2010a，「円谷英二作品リスト」円谷英二著・竹内博編『定本 円谷英二 随筆評論集成』ワイズ出版，745–65.
竹内博，2010b，「円谷英二年譜」円谷英二著・竹内博編『定本 円谷英二 随筆評論集成』ワイズ出版，767–96.
竹内博，2010c，「解題」円谷英二著・竹内博編『定本 円谷英二 随筆評論集成』ワイズ出版，798–813.
竹内博，2011，『特撮をめぐる人々――日本映画昭和の時代』ワイズ出版.
武富善男，1942，「大船映画流の明るさの釈明」『映画技術』3(4): 60–1.
立花隆，1969，「『少年マガジン』は現代最高の総合雑誌か」『諸君』1(3): 202–11.
田中純一郎，1976，『日本映画発達史 IV――史上最高の映画時代』中央公論社.
田中友幸監修，1983，『東宝特撮映画全史』東宝株式会社出版事業室.
田中友幸，1983，「特撮映画の思い出」田中友幸監修『東宝特撮映画全史』東宝株式会社出版事業室，52–9.
田中文雄，1993，『神《ゴジラ》を放った男――映画製作者・田中友幸とその時代』キネマ旬報社.
谷川建司，2016，「日本映画輸出振興協会と輸出向けコンテンツ――政府資金活用による怪獣映画製作とその顚末」谷川建司編『戦後映画の産業空間――資本・娯楽・興行』森話社，45–83.
円谷英二著・竹内博編，2010，『定本 円谷英二 随筆評論集成』ワイズ出版.

## 文　献


加藤典洋，2010，『さようなら、ゴジラたち――戦後から遠く離れて』岩波書店．

加藤晴久，2015，『ブルデュー　闘う知識人』講談社．

神谷和宏，2011，『ウルトラマンと「正義」の話をしよう』朝日新聞出版．

神谷和宏，2012，『ウルトラマンは現代日本を救えるか』朝日新聞出版．

唐沢俊一，2001，「特撮のカリスマ」『文藝別冊円谷英二』河出書房新社，17-36．

河崎喜久三，1942，「東宝映画撮影技術の回顧」『映画技術』3(2): 63-4．

北浦寛之，2018，『テレビ成長期の日本映画』名古屋大学出版会．

北浦寛之，2020，「一九五〇年代の日本映画産業と海外市場へのアプローチ――国家支援を求めた動きとの関連で」谷川建司編『映画産業史の転換点――経営・継承・メディア戦略』森話社，245-64．

キネマ旬報社編，2012，『特撮映画美術監督　井上泰幸』キネマ旬報社．

木村学編，2018，『ゴジラ 東宝特撮 ピクトリアルスケッチ』ホビージャパン．

切通理作，2014，『本多猪四郎――無冠の巨匠』洋泉社．

切通理作，2021，「「特撮」再考――円谷英二が担わざるを得なかったもの」『ユリイカ』53(12): 53-64．

草壁久四郎，1961，「人物現代史　ゴジラから大戦争まで」『サンデー毎日』40(43): 28-30．

講談社編，2014，『「少年マガジン」「ぼくら」オリジナル復刻版大伴昌司《SF・怪獣・妖怪》秘蔵大図解』講談社．

講談社編，2020，『テレビマガジン特別編集　ウルトラ特撮マガジン　2020』講談社．

小林信彦，1998，『一少年の観た〈聖戦〉』筑摩書房．

小松浩，2002，「助手会の勉強会」宮島義勇著・山口猛編『「天皇」と呼ばれた男――撮影監督宮島義勇の昭和回想録』愛育社，95-6．

近藤博之，2011，「社会空間の構造と相同性仮説――日本のデータによるブルデュー理論の検証」『理論と方法』26(1): 161-77．

斎藤忠夫，1987，『東宝行進曲――私の撮影所宣伝部 50 年』平凡社．

酒井宏，1970，「円谷英二君を偲ぶ」『映画テレビ技術』(213): 6-7．

坂口将史，2021，「円谷英二と特撮が表現するイメージ」『NFAJ ニューズレター』(13): 3-5．

鷺巣富雄，1999，『スペクトルマン VS ライオン丸――「うしおそうじとピープロの時代」』太田出版．

指田文夫，2016，『ゴジラは円谷英二である――航空教育資料製作所秘史』えにし書房．

佐藤郁哉，2007，「社会変動と文化現象――「出版不況」を事例として」友枝敏雄・山田真茂留編『DO！ソシオロジー〔改訂版〕』有斐閣，149-74．

佐藤忠男，1979，「枝正義郎について」『映画史研究』(13): 29-30．

佐藤忠男，1985，「日本映画の成立した土台［日本映画史 1］」今村昌平・佐藤忠男・新藤兼人ほか編『日本映画の誕生　講座日本映画 1』岩波書店，2-52．

佐藤忠男，1991，「ATG 三十年の歩み」『ATG 映画を読む――60 年代に始まった名作のアーカイブ』フィルムアート社，388-403．

実相寺昭雄，2001，「夢の王国断章――円谷英二讃仰」竹内博・山本眞吾編『完全・増補版 円谷英二の映像世界』実業之日本社，10-33．

実相寺昭雄，2006，『ウルトラマン誕生』筑摩書房．

実相寺昭雄・河崎実，2018，「円谷英二――おやじさんはおもちゃをいじる楽しさを大事にしている人だったよ」実相寺昭雄・加藤泰・大岡信ほか著『実相寺、かく語りき――闇への憧れ［継］』復刊ドットコム，148-51．

島崎清彦，2001，「日本の映画技術発展に果した円谷英二の役割」竹内博・山本眞吾編『完全・増補版　円谷英二の映像世界』実業之日本社，34-55．

志村三代子，2015，「『羅生門』から『ゴジラ』へ――輸出産業のホープをめざして」岩本憲児編『日

Lahire, B., 2012, *Monde pluriel: Penser l'unitè des sciences sociales,* Èdition du Seuil.（= 2016, 村井重樹訳『複数的世界――社会諸科学の統一性に関する考察』青弓社.）
Lê, S., J. Josse, & F. Husson, 2008, "FactoMineR: A Package for Multivariate Analysis," *Journal of Statistical Software,* 25(1): 1-18.
Le Roux, B., 2010, *Multiple Correspondence Analysis: Quantitative Applications in the Social Sciences,* SAGE Publications.
Rossman, G. & O. Schilke, 2014, "Close, But No Cigar: The Bimodal rewards to Prize-Seeking," *American Sociological Review,* 79(1): 86-108.
Turnock, J., 2015, *Plastic Reality: Special Effects, Technology, and the Emergence of 1970s Blockbuster Aesthetics,* Columbia University Press.
Wickham, H., 2016, *ggplot2: Elegant Graphics for Data Analysis,* Springer-Verlag New York.
荒正人, 1956,「空想科学映画論」『キネマ旬報』(158): 44-7.
飯塚定雄・松本肇, 2016,『光線を描き続けてきた男　飯塚定雄』洋泉社.
池田淑子, 2019a,「ゴジラと科学神話」池田淑子編『アメリカ人の見たゴジラ、日本人の見たゴジラ――Nuclear Monsters Transcending Borders』大阪大学出版会, 186-217.
池田淑子, 2019b,「ゴジラ映画に見るアメリカ人の心情――『怪獣王ゴジラ』から『モスラ対ゴジラ』まで」池田淑子編『アメリカ人の見たゴジラ、日本人の見たゴジラ――Nuclear Monsters Transcending Borders』大阪大学出版会, 52-91.
磯直樹, 2020,『認識と反省性――ピエール・ブルデュー社会学的思考』法政大学出版局.
磯直樹・竹之下弘久, 2018,「現代日本の文化資本と階級分化――1995年SSMデータと2015年SSMデータの多重対応分析」石井淳編『2015年SSM調査報告書8　意識I』2015年SSM調査研究会, 17-37.
磯山浩, 1966,「怪獣ものから本格SF映画へ――日本映画も大人の鑑賞にたえる特撮を」『キネマ旬報』(427) : 21-4.
板倉史明, 2019,「伊丹グリーン劇場における特撮映画ファンの共同体」板倉史明編『神戸と映画――映画館と観客の記憶』神戸新聞総合出版センター, 219-38.
板倉史明, 2021,「アマチュア特撮映画コンテストと特撮ファン共同体――「グリーンリボン賞」(一九八四－一九九三) における観客参加型上映」大塚英志編,『運動としての大衆文化――協働・ファン・文化工作』水声社, 207-20.
伊藤弘了, 2020,「小津安二郎の興行戦略――『彼岸花』にみる作家性と企業性の折衝」谷川建司編『映画産業史の転換点――経営・継承・メディア戦略』森話社, 99-130.
稲垣浩, 1966,『ひげとちょんまげ――生きている映画史』毎日新聞社.
岩本憲児・佐伯知紀, 1988,『聞書き キネマの青春』リブロポート.
上原正三, 2001,「私が見た"特撮の神様"」「素晴らしき円谷英二の世界」編集委員会編『素晴らしき円谷英二の世界』中経出版, 61-7.
うしおそうじ, 2001,『夢は大空を駆けめぐる――恩師・円谷英二伝』角川書店.
奥野健男, 1957,「映画の魅力はトリックにある」『映画評論』14(4): 20-3.
小倉金彌, 1940a,「シナリオと撮影」『映画撮影学読本（上)』大日本映画協会, 201-23.
小倉金彌, 1940b,「演出と撮影」『映画撮影学読本（上)』大日本映画協会, 224-30.
押井守, 2017,『勝つために戦え！〈監督ゼッキョー篇〉』kindle版, 徳間書店.
帰山教正, 1942,「撮影者と其の写真術の標準――良き映画製作の為の撮影者の責務」『映画技術』3(1): 44-5.
片岡栄美, 2018,「文化的オムニボア再考――複数ハビトゥスと文脈の概念からみた文化実践の多次元性と測定」『駒澤社会学研究』(50): 17-60.
梶田興治, 2010,『僕らを育てたウルトラQの時代』アンド・ナウの会.

# 文　献


Blumer, H., 1969, *Symbolic Interactionism: Perspective and Method,* Prentice-Hall.（= 1991, 後藤将之訳『シンボリック相互作用論――パースペクティブと方法』勁草書房.）

Bourdieu, P., 1979, *La Distinction: Critique Sociale du Jugement,* les Éditions de Minuit.（= 1990, 石井洋二郎訳『ディスタンクシオン――社会的判断力批判Ⅰ／Ⅱ』藤原書店.）

Bourdieu, P., 1980a, *Le Sens Pratique,* les Éditions de Minuit.（= 1988/1990, 今村仁司・港道隆ほか訳『実践感覚1／2』みすず書房.）

Bourdieu, P., 1980b, *Questions de sociologie,* les Éditions de Minuit.（= 1991, 田原音和（監訳）・安田尚・佐藤康行ほか訳『社会学の社会学』藤原書店.）

Bourdieu, P., 1987, *Choses dites,* les Éditions de Minuit.（= 1991, 石崎晴已訳『構造と実践――ブルデュー自身によるブルデュー』藤原書店.）

Bourdieu, P., 1992, *Les règles de l'art: Genèse et structure du champ littèraire,* Èditions du Seuil.（= 1995/1996, 石井洋二郎訳『芸術の規則Ⅰ／Ⅱ』藤原書店.）

Bourdieu, P., 1994, *Raisons pratiques: Sur la théorie de l'action,* Éditions du Seuil.（= 2007, 加藤晴久・石井洋二郎・三浦信孝ほか訳『実践理性――行動の理論について』藤原書店.）

Bourdieu, P., 1997, *Méditations pascaliennes,* Éditions du Seuil.（= 2009, 加藤晴久訳『パスカル的省察』藤原書店.）

Bourdieu, P., 2000, *Propos sur le champ politique, avec une introduction de Philippe Fritsch,* Presses universitaires de Liyon.（= 2003, 藤本一勇・加藤晴久訳『政治――政治学から「政治界」の科学へ』藤原書店.）

Bourdieu, P., & L. J. D. Wacquant, 1992, *Réponses: pour une anthropologie réflexive,* Éditions du Seuil.（= 2007, 水島和則訳『リフレクシヴ・ソシオロジーへの招待――ブルデュー、社会学を語る』藤原書店.）

Callahan, D., 2019,「モンスター・ビジネス――宣伝・配給・上映 *Godzilla, King of the Monsters!* の歴史」池田淑子編『アメリカ人の見たゴジラ、日本人の見たゴジラ――Nuclear Monsters Transcending Borders』, 92–118.

Duval, J., 2006, "L'art du réalisme: Le champ du cinéma français au début des années 2000," *Actes de la recherche en sciences sociales,* (161–162): 96–115.

Gunning, T., 1989, "An Aesthetic of Astonishment: Early Film and the (In) Credulous Spectator," *Art and Text,* (34): 31–45.（= 1998, 濱口幸一訳「驚きの美学――初期映画と軽々しく信じ込む（ことのない）観客」岩本憲児・武田潔・斉藤綾子編『「新」映画理論集成① ――歴史／人種／ジェンダー』フィルムアート社, 102–15.）

Gunning, T., 1990, "The Cinema of Attractions: Early Film, Its Spectator and the Avan-Garde," T. Elsaesser ed., *Early Cinema: Space, Frame, Narrative,* BFI Publishing, 56–62.（= 2003, 中村秀之訳「アトラクションの映画――初期映画とその観客、そしてアヴァンギャルド」長谷正人・中村秀之編訳『アンチ・スペクタクル――沸騰する映像文化の考古学《アルケオロジー》』東京大学出版会, 303–15.）

Gunning, T., 2007, "Moving Away from the Index: Cinema and the Impression of Reality," *difference,* 18 (1): 29–52（= 2021, 川崎佳哉訳「インデックスから離れて――映画と現実性の印象」トム・ガニング著／長谷正人編訳『映像が動き出すとき――写真・映画・アニメーションのアルケオロジー』みすず書房, 145–79.）

Krippendorff, K., 2004, *Content Analsis: An Introduction to its Methodology* [*Second Edition*], Sage Publications.

# 人名索引

## 事項索引

執筆者紹介

真鍋公希（マナベ コウキ）
1993年香川県生まれ。関西国際大学講師。京都大学大学院人間・環境学研究科博士後期課程修了。博士（人間・環境学）。社会学（文化社会学）。

**円谷英二の卓越化**
**特撮の社会学**

2023年 3月20日　　初版第1刷発行

著　者　真鍋公希
発行者　中西　良
発行所　株式会社ナカニシヤ出版
〒606-8161　京都市左京区一乗寺木ノ本町15番地
Telephone　075-723-0111
Facsimile　075-723-0095
Website　http://www.nakanishiya.co.jp/
Email　iihon-ippai@nakanishiya.co.jp
郵便振替　01030-0-13128

印刷・製本＝ファインワークス／装幀＝白沢　正

ISBN978-4-7795-1720-4